岩手県における生活支援相談員の活動と地域福祉

東日本大震災からの10年

「誰一人、独りぼっちにしない」

編著
山崎美貴子
山下興一郎
社会福祉法人岩手県社会福祉協議会

中央法規

発刊によせて

　東日本大震災の発災から 10 年を迎えました。この間、被災者の暮らしの再建に力を貸していただいた県内外のボランティア、関係機関・団体の皆さまに厚く御礼申し上げます。

　これまで災害時における中長期の相談支援を担い、肉親や住まいを失った被災者に寄り添い続けた生活支援相談員活動の変遷や学びの姿、その活動実践が、この 1 冊にまとまりました。

　各地で頻発する災害や今後の地域福祉活動に本書が生かされることを切に願うものであります。

　岩手県内の災害公営住宅は、盛岡市に整備していた 1 棟が 2020（令和 2）年 12 月 7 日に完成したことにより、被災地の沿岸部で 204 地区 5,550 戸、内陸部で 12 地区 283 戸のすべてが完成しました。

　しかし、災害公営住宅や高台移転地などでの新たなコミュニティの構築には、これからも息の長い取り組みが必要です。

　誰もが住み慣れた家庭や地域で、共に支え合い、自分らしく、安心して生活することができる豊かな福祉社会を実現するために、この災害から学んだ教訓を今後に伝えていく所存であります。

社会福祉法人岩手県社会福祉協議会

会長　長山　洋

目次

第 **2** 部　生活支援相談員活動の進め方

第 **1** 章　生活支援相談員の配置と財源

第 **2** 章　生活支援相談員活動の実際 Q&A

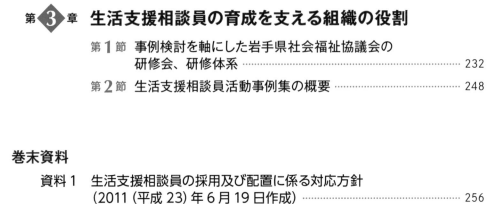
むすびにかえて
震災から10年、岩手県の軌跡を、地域共生社会実現における
市民ソーシャルワーク実践の礎に

編著者、執筆者及び執筆分担

序章

この本に込めた想いと
活用の仕方

第1節　本書を手にとってくださった皆さまへ

　東日本大震災が発生して10年余の時間が流れました。

　2011（平成23）年3月11日午後2時46分、マグニチュード9の巨大地震が三陸沖を震源地として、東北地方の太平洋沿岸部を襲いました。巨大地震はそれにより発生した大津波によって甚大な被害を短時間で広範囲にもたらしました。

　あれからの10年間、被災当事者にとっては、長い時間だったと思う人、あっという間の時間であったと認識する人もおられると思います。被災者の多くはあの日を起点として、それまでとはまるで違う生活となりました。「当日の朝、元気に登校した中学生の娘は夕刻には変わり果てた姿で、遺体となって対面した」と語るお母さん。「職場で津波にのまれ、なんとか救出されたが、家族は家屋もろともに失ってしまった」と語るお父さん。被災の傷跡の深さを抱えて、苦しい状況におられる人々は今も少なくありません。決して過去の出来事ではないのです。

　災害の内容はそれぞれ異なりますが、大規模な自然災害の多くは、突然、一瞬のうちに、多くのかけがえのない人々の命を奪い去り、生活を根こそぎ破壊する暴力的な力を発揮します。千年に一度ともいわれる東日本大震災は過去に例をみないほどの自然災害でした。

　本書は、東日本大震災に対して岩手県社会福祉協議会（以下、社協）、被害を受けた沿岸部の市町村社協、内陸の市町村社協が被災者支援を目的に配置した生活支援相談員による災害支援活動の苦闘の記録です。

　第1部は、この10年間の活動を時系列で述べています。災害はそれぞれのフェーズにより、人々の暮らしや支援ニーズが刻々と変化をしてまいります。そこで本書は、発災直後から現時点までを時系列で区切り、それぞれのフェーズにより、その時点の状況と支援の内容を示すこととしました。

　まず、第1章では発災直後の混乱期について記しています。家族の行方不明など生死の確認等救命救急期であり、生命の保持、水道、電気、ガスの復旧、道路の開通、居住の場を失った人々の避難所の設営と運営、自宅に居住している場合には、生活できる環境になるような支援が求められておりました。この時期は県内の各市町村に災害ボランティアセンター（以下、ボラセン）の立ち上げが求められ、社協、NPO団体により設置されました。具体的な活動として全国各地からはせ参じたボランティアの受け入れ、地域のニーズの掘り起こし、活動拠点の運営、機材の調達、マッチング、片付け、泥出し、避難所における暮らしの支援、支援物資の配布などが必要な時期で

す。災害の現場は混乱状態であり、押し寄せるボランティアをどのように受け入れるのか、ニーズを把握し、ボランティアをどこに送り出しをするかなど、すべてが初めての経験でした。また、多くのNPOなどの活動団体との連絡会づくりなど、目まぐるしい活動の時期です。手探り状態での動きを創っていくことが求められていました。第1章はそのあたりの実践、各地の様子を明らかにしています。

　社協はすべての市町村、そして、都道府県、中央と設置されている全国のネットワークを有する組織です。これまでに災害を経験した自治体における活動経験があります。これらの経験を活かして中央共同募金会の支援のもと「災害ボランティア活動支援プロジェクト会議」（通称「支援P」）のメンバーは現地に入り、ボラセンの立ち上げ、必要な資機材の提供、災害支援の手法を伝えるため、応援に駆けつけたのです。中核となる災害支援は、災害を経験した全国各地の社協のブロック派遣の応援でした。

　第2章は生活支援相談員が被災地でなぜ必要なのかについて述べています。岩手県では、岩手県社協の支援のもと、生活支援相談員は各市町村社協に配置されました。生活支援相談員はその市町村に居住する人を採用する方針をとったところが多くあります。したがって、生活支援相談員の多くは当然災害当事者であります。また、一部の人は対人援助活動等に従事した経験のある人、相談活動の専門職も含まれておりますが、多くが未経験者でした。それだけに、自身が生活支援相談員として歩みだすには、決して平坦な道ではなく、いくつもの乗り越えなければならない壁があったと推察されます。

　そこで、第3章以降は、具体的に生活支援相談員の活動を通して、学んだこと、社協をどのように支え、歩みを共にされたかを述べています。各章で詳細かつ丁寧に述べていますが、ここでは、岩手県の生活支援相談員の特性を記しておきます。

　第一に、生活支援相談員としての自分自身に向き合い、整えていく作業が必要でした。ご自身が当事者であるだけに、他人事ではなく、我がこととして受け止めてしまうこともあったと思います。研修を重ね、事例検討という手法でそれらの状況を整理し、現実の課題を客体化する作業を10年間積み重ね、生活支援相談員として成長してゆかれました。これは本当に大きな力となっていきました。今後災害が発生し、生活支援相談員を採用する場合、相談支援専門職ではない人が採用された場合、初期の適切な研修と事例検討などを通した学びを継続させる研修があれば、大きな成果をあげることができることをお伝えしたいです。

　第二に、沿岸部の市町村社協は、東日本大震災、生活支援相談員の配置を契機に、被災者支援においては家庭訪問という手法を用いて個別支援を丁寧に行い、ニーズを発見し、支援手法を探り、さらに地域資源を探り、ネットワークを形成するという地

域づくりを手探りで進めてきました。これは、社協が個別支援と地域支援、地域づくりを構築する上で大きな力を発揮する道を生み出す力となりました。これらは、10年継続した研修を通して身につけていくことになり、学ぶ機会となりました。

このように、家庭訪問や地域づくりと研修を積み重ね、生活支援相談員は災害当事者として、自らも大変な日常に直面しながら、災害発生から数か月後にこの業務に就き、被災者に寄り添い、一つひとつの壮絶な生活問題に直面し、分かち合う体験を重ねてきました。発足当初は不安がありましたが、次第に住民の痛み、つらさ、苦悩、哀しみを共にして、時に小さな喜びも分かち合いながら10年間過ごされました。

第三は、災害はそれぞれのフェーズにより人々の暮らしや支援ニーズも刻々と変化します。避難所、応急仮設住宅、災害公営住宅といった発災直後から現時点までのフェーズにより住居の場も変化します。そこで本書では、その時点の状況と支援の内容を示すことといたしました。第3章の応急仮設住宅での支援と第4章の災害公営住宅での支援では、生活支援相談員が自らかかわった事例やチームで取り組んだ事例で印象に残っているものを取り上げて、執筆に挑まれました。活動内容、住民の皆さまが背負った生活課題別を事例として取り上げながら、活動の内容を提示しております。また、第5章では現時点と生活支援相談員活動から見えてきたこれからの地域福祉について岩手県社協、市町村社協、学識経験者、生活支援相談員の立場でそれぞれ考察されています。そして、各章には、経験年数8年以上の生活支援相談員や、社協の地域福祉担当職員、民生委員・児童委員の皆さまからの貴重な経験談やレポートが掲載されています。

2011（平成23）年5月頃、岩手県社協は各市町村社協に生活支援相談員の採用を促し、配属され、活動が始まりますが、全社協は東北3県が生活支援相談員の配置を進める調整を行うなかで、生活支援相談員の研修体系を定め、活動支援に関する手引きを作成し、その後、岩手県社協は研修を8月頃より開始し、市町村社協の生活支援相談員はその研修に基づいた訪問活動を開始したことも付記しておきます。

岩手県の生活支援相談員は、分かち合う人、つなぎ合う人、一緒に涙を流す人、共に喜ぶ人です。

本書を通じて、災害時はどのような生活課題が発生するのか。生活支援相談員が直面したさまざまな課題に対し、どのような経過をたどり、どのように解決していったかを、各市町村の文化や風土もふまえて、学んでいただければ幸いです。

山崎　美貴子
東京ボランティアセンター・市民活動センター所長

第**2**節　生活支援相談員の活動に収れんされた復興への思いと期待

　明治三陸津波、昭和三陸津波、チリ地震津波を経験した岩手県沿岸部の人たちは、津波の到達地点に石碑を建て、"これより下には家を建てるな"と言い伝え、"津波てんでんこ"という避難行動を促してきました。"てんでんこ"とは、地震が来たならばどこにいようとも"各々"が率先して高台に走って津波から逃げることを求める教えです。子どもでも大人でも、その時、その場所での最善かつ柔軟な判断で高台に走れということです。

　3.11東日本大震災巨大津波の日も、一旦目標の場所まで避難した釜石市の中学生たちは、ここでは危ないと判断し、さらに高台を目指しました。合流した小学生の手を握って走りました。保育園児を背負った中学生がいたともいいます。各々が最善の判断で行動したことによって、結果、子どもたちは生き残りました。

　このような避難を可能にしたのは、避難訓練を通じて高台につながる道路や津波襲来時の行動をあらかじめ考えていたからです。ある保育園の避難訓練では、最短距離で避難するために、民家の庭を駆け抜けるといいます。「おばさん、地震が来たらお庭を通らせてね」「おじさん、津波のときには畑を突っ切って逃げるからね」と、地域の理解、協力を得て取り組まれた訓練は、命を助ける防災教育そのものであり、実際の避難でも実践されました。その願いは、「みんなで生き残る」ことでした。

　しかし、それでも多くの命が津波の犠牲になりました。肉親の安否を気遣って家に戻った人たち、妻、夫、子や孫、親、兄弟姉妹、祖父母、友人、尊敬する先輩、職場の同僚、頼りにしてきた隣人、毎朝笑顔ですれ違う名前を知らない高校生、あの店の店員さん、避難誘導にあたった消防団員、民生委員・児童委員……、津波は多くの命を奪いました。

　住まいは流され、家財は砕け、写真は泥に沈み、卒業証書は裂かれ、着るものも靴も歯ブラシも津波にさらわれました。代々続いた家族の歴史はどこに消えてしまったのか。瓦礫の塊だけが残されました。津波の後にはすべてない。職場も、道路も、街も姿を変えました。

　被災地に横たわった悲しみは、生き残った人々の心に幾重にものし掛かり、地域を覆い尽くしたのでした。

　命を奪われた人と残された遺族が紡いできた記憶は、あの日を境につながりを解いていきました。記憶を共有する相手を失ってしまったのですから。

「娘や孫は、水の中で寒かったね」「みんなが泣くのを我慢している。俺も泣けない」「息子は、まだ、見つかってない」「何を頑張ればいいんだ」「私を知っている人はここにいない」。生き残った人たちのつぶやきは、心の内側に留まり、周りの人にも伝わりにくいものでした。

一度助かった命を何度でも脅かすのが、災害の真の恐ろしさです。命を脅かすその原因はいくつもあります。避難直後の寒冷や風雨の追い打ち。雑魚寝を強いられる過密な避難所生活の長期化。怪我や慢性疾患の増悪。車中泊や運動低下によるエコノミー症候群。病院や介護施設の被災。応急仮設住宅、災害公営住宅などへの度重なる転居。情報から孤立した在宅避難・借上げ型仮設住宅。これらのストレスに起因する人間関係の不調。地域経済の低迷、収入の減少。知り合いの少ないコミュニティに住まいを再建した不安と孤独。岩手県の沿岸部は、もとより人口減少と高齢化が進む過疎地域であり、被災によって地域が抱える社会課題が露呈し、増幅しました。

被災地の住民は、巨大津波という特別な試練にあらがい、一度助かった命が次の危機の穴に落ちないよう必死の攻防を繰り広げてきました。その攻防に加わり、被災地の回復に加勢したのが、岩手県では社協に配置された生活支援相談員です。時間とともに変化する被災者の課題に寄り添い続けたのです。

生活支援相談員は、一人ひとりが被災地に住む住民であり、災害の当事者でした。応急仮設住宅のドアを毎日ノックし、顔を合わせ、言葉を交わし、会えないときにはメモを残し、電気メーターの動きをも観察しました。時にはやり場のない怒りを投げつけられもしました。そうして、悲しみを分かち合ううちに解決の糸口を見いだし、生きる力の回復に伴走してきたのです。

一方、地震や津波の直接的な打撃から逃れ、避難所にたどり着いたときから平穏な暮らしを手に入れるまでに、ある人は3年、ある人は5年、ある人は10年の歳月を要したことでしょう。ある人はいまだに危機の落とし穴の周辺にいて、平穏を得られていません。生活支援相談員の役割はまだ終わっていません。

東日本大震災の教訓を伝える岩手県釜石市の"いのちをつなぐ未来館"でガイドとして勤務する菊池のどかさんは、発災から丸9年となる2020（令和2）年3月11日、NHKラジオの"三宅民夫のマイあさ！"のインタビューに答え、次のように語りました。

「当時、釜石東中学校の3年生だった私たちは、防災教育を受けていたから、地域のことを知っていたので、走って逃げることができました。大人が一生懸命に防災教

育に取り組んでくれたおかげで今、生きています。防災教育は未来の命を助けること
だと知りました」と。「私も一生懸命考える大人の一人になって、地域の人とみんな
で一緒に生き残りたい」と結びました。

　津波で生き残った人たちの口伝が、"津波てんでんこ"という防災教育を生み、避
難行動の教訓を今に伝えているように、阪神・淡路大震災や新潟県中越地震の被災者
支援活動に学び、東日本大震災の生活支援相談員に引き継がれた被災者支援の教訓が、
災害政策や地域福祉の今後に活かされることを願います。

　被災した一人ひとりの声に耳を傾け、悲しみや喜びの記憶を共有する間柄になり、
その人の得意と強みを知り、住民相互のつながりの大切さを理解し、そのことを住民
間で共有し、地域住民の合意形成と行動を後押しする生活支援相談員の職務行動は、
地域を基盤としたソーシャルワークの典型であり、災害多発社会において、平時にも
不可欠な防災と地域福祉の機能です。

　災害は一瞬の出来事です。しかし、過去の津波災害から東日本大震災までの数十
年、"津波てんでんこ"の教訓が防災教育として引き継がれていたからこそ地域社会
に回復できる力を残しました。生活支援相談員の役割・機能も同様です。災害支援に
特化して予算配置された生活支援相談員の教訓を平時の地域福祉に具体的な予算配置
をもって位置づけることが、未来の命を助ける地域づくりになるのです。

　災害がもたらした被害やつらい記憶を伝えることのみならず、巨大津波後の10年
にどのようにあらがい、みんなで生き残るために、"誰一人、独りぼっちにしない"
実践を伝えることを企図した本書は、過去の災害から受け継いだ教訓を次なる防災と
地域福祉に引き継ぐバトンです。

　本書は、生活支援相談員が、深い痛手を負った住民のなかでも、とりわけ脆弱な方々
の回復を支えた物語であり、その時々の心境が語られています。生活支援相談員の記
述からは、被災地の中で、誰一人、独りぼっちにしないことを心に誓いつつも、悩み、
迷い、そして支援の力を蓄えていったその成長を読み取ることができます。また、被
災地の社協が生活支援相談員の活動を地域の面に広げた実践から、被災地における地
域福祉の発達をみることができます。生活支援相談員の活動を下支えした研修や調査
研究を行った岩手県社協の活動も収録しました。

　東日本大震災からの復興に助けの手を差し伸べた、国内外の多くのボランティア、
共に活動した支援団体の皆さま、民生委員・児童委員、全国及び各地の都道府県・市
区町村社協の役職員に、そしてまた、生活支援相談員の活動に多くの予算を充てるこ
とに賛同してきた国・都道府県・市町村の政策責任者・担当者に本書をささげます。
なぜなら、多くの実践者、支援者、政策立案者が願った復興への思いと期待は、生活

支援相談員の活動に収れんし、受け継がれているからです。

　結びに、本書の発刊に当たって、被災地の生活支援相談員と社協の活動の質の向上のため、長年、ご尽力いただいた方々に厚くお礼申し上げます。本書の編著者である神奈川県立保健福祉大学の山崎美貴子先生、当時、全社協広報室長で現在は淑徳大学の山下興一郎先生には、生活支援相談員の最初の研修会から活動のいろはをご指導いただきました。事例に基づいた相談対応はもとより、生活支援相談員の一人ひとりの苦悩や成長に寄り添っていただき、心の危機をも救っていただきました。住民流福祉総合研究所の木原孝久所長には、住民支え合いマップによって、住民の力を信じて働きかけることを教えていただきました。東北福祉大学の田中尚先生、岩手県立大学の菅野道生先生には、調査の分析、世帯アセスメント基準、地域アセスメントなどをご指導いただきました。また、生活支援相談員の活動方法の改善や研究のため、宮城県、福島県、仙台市、岩手県の生活支援相談員、社協職員、NPO団体等、多方面の支援者の方々から多くの知見を授かりました。ここに深く感謝を申し上げます。

社会福祉法人岩手県社会福祉協議会

第 **1** 部

生活支援相談員の10年間の実践

第 **1** 章

千年に一度の体験

◇ 発災当時の状況

2011（平成23）年3月11日金曜日、午後2時46分頃、東日本大震災が起こりました。岩手県社会福祉協議会（以下、社協）が事務所を置く盛岡市も地鳴りと激しい揺れが収まらず、市内全域が停電しました。消防設備の非常アラームが鳴るなか、落下物を警戒し、建物を支える太い柱を頼りに、揺れが収まるのを待ちました。余震は続き、出張している同僚や家族の安否を尋ねるために受話器を握っても、電話はつながりませんでした。

「津波だ、津波だ」との声が辺りから漏れ聞こえ、携帯電話のワンセグ放送を観ると宮古市の魚市場と道の駅が黒い津波に飲み込まれる映像が流れました。このとき、すでに青森県から千葉県に及ぶ広範囲の海岸線に大津波が襲来していたのです。岩手県沿岸部に甚大な被害が生じているのは明白でした。釜石市も大船渡市も、陸前高田市、山田町、大槌町、田野畑村、野田村、普代村、久慈市、洋野町はどうなっているのか。たとえようもない動揺が襲ってきました。

日陰に雪が残っていたこの日、大船渡市の最低気温は−4.4℃、1日の平均気温は0.7℃、県内各地に雪が舞っていました。

震源は三陸沖、震源の深さ24km、地震の規模を示すマグニチュードは9。最大震度は、宮城県栗原市で震度7を観測。岩手県沿岸部及び内陸部は震度6弱。

岩手県のライフライン被害は、停電約76万戸（復旧5月28日）、断水約18万戸（復旧7月12日）、電話不通約6万6,000回線（通信ビルの復旧4月14日）、ガス供給停止約9,400戸（復旧4月26日）。避難所の設置は3月のピーク時で399か所、避難者5万4,429人。

後の集計で全国の死者・行方不明者1万8,428人（岩手県5,787人うち行方不明者1,112人）、災害関連死者3,739人（岩手県469人）（2019（令和元）年12月現在、復興庁発表）と判明。全半壊家屋は40万5,190棟（岩手県2万5,023棟）。被害は岩手県、宮城県、福島県に集中しました。

避難者の捜索・救助、瓦礫の撤去、橋や道路の応急補修のため自衛隊が駐留し、全国から消防、警察、水道事業者などが救援に駆けつける前代未聞の事態となりました。

沿岸被災地の多くの人たちは帰る家を失い、応急仮設住宅が供給されるまでの間、

体育館などでの避難所生活が長期化しました。家が残った人たちも電力、通信、ガス、水道のライフラインが断たれたことで不自由な在宅避難を余儀なくされました。支援物資が届かない在宅避難者からは窮状を訴える声が高まりました。親類等を頼って、また病気や怪我の治療のために県の内陸部（主に盛岡市、滝沢市、花巻市、遠野市、北上市、奥州市、一関市、住田町）へ遠方避難する人たちもいました。応急仮設住宅が8月11日までに1万3,984戸が完成したことを受け、県内の避難所は10月7日に閉所となりました。

　災害公営住宅の建設や土地のかさ上げ工事が徐々に進んではいても、2012（平成24）年9月時点では、応急仮設住宅に2万9,818人（74.2%）、借上げ型仮設住宅に1万393人（25.8%）、計4万211人が避難生活を続けていました。

　岩手県内陸部と沿岸部を東西に櫛の歯状に結ぶ国道は、中間に北上山地が横たわっています。平庭峠、早坂峠、区界峠、仙人峠、荷沢峠は、4月上旬までは降雪や朝晩の路面凍結によるスリップ事故に警戒が必要でした。復旧工事のため各所で敷かれた通行規制が解除され、一般車両の通行が可能となったのは発災から4日後の3月16日。沿岸部を南北に走る国道45号線の路面段差の解消、漂流物の撤去によって通行に支障がなくなったのは18日とされています。JR大船渡線は不通となり、後に代替バスの専用軌道として復旧しました。第三セクター三陸鉄道は北リアス線、南リアス線とも大きな被害を受けました。その後にも2016（平成28）年には台風10号災害、2019（令和元）年にも台風19号災害による被害を受けましたが、部分開業にこぎつけ、全線運行となったのは2020（令和2）年3月20日となりました。

　役所の庁舎が津波で全壊したのは陸前高田市、大槌町。宮古市の市庁舎は2階まで浸水しました。

　陸前高田市、大槌町、野田村の各社協事務所と大船渡市社協の三陸事務所は滅失しました。社協の役職員は、宮古市社協が職員1名、大槌町社協が会長、常務理事・事務局長、理事各1名、総務課長を含む職員5名、釜石市社協が理事、職員各1名、陸前高田市社協が会長、副会長、常務理事兼事務局長各1名、理事2名、事務局次長を含む職員5名が帰らぬ人となりました。

　民生委員・児童委員は全国で56人（岩手県26人）が避難誘導や避難の途上で命を奪われました。公務員や消防団員をはじめとした災害復旧を担う多くの人材も犠牲となりました。

　被害の状況は、新聞で報道される都度に拡大し、発災から数週間の岩手日報の見出

しには "壊滅" "避難" "行方不明" "犠牲者" "福島第一原発" "放射能漏れ" "家族再会、こみ上げる涙" "避難所の苦境続く" "被害全容見えぬ" "風呂困る" "生活の不安尽きず" とありました。発災から1か月後には "復興一歩一歩、仮設入居始まる" "がれき撤去へ被災者雇用" "宮古市魚市場再開" などと復興の歩みが報道された一方、"生活に不安94%" "仮設完成1割未満" などの見出しに続き、"復興ビジョン策定を切望" との見出しを打ったのは、県民の声を代弁するものでした。

遺体安置所には犠牲者の身元を確認するために家族、親族、友人が訪れました。引き波にさらわれた人たちは海流に運ばれ、被災したところから離れた場所で遺体が確認されることもあり、市町村をまたいで、また宮城県の遺体安置所にまで足を運ぶ人たちもいました。亡くなった方の9割が溺死で、そのうち67%が60歳以上の人たちでした。

沿岸部はもとより内陸部でも火葬施設が被災し、燃料の供給も十分でなかったことから県内での火葬が進まず、1か月ほど待って、青森県、秋田県、千葉県の協力を得て火葬が行われました。しかし、火葬ができることになっても、いまだに家族の行方がわかっていない周囲の避難者に遠慮して、そのことを口に出せない苦悩もあったとのことです。棺桶やドライアイス、お供えの花も入手しにくく、埋葬や葬儀に時間がかかったことも悲しみを深める一因になりました。

一方、いまだに千人を超える行方不明者の遺族は、遺体との対面ができない曖昧な喪失の状態に置かれたままです。

県社協が指定管理する「ふれあいランド岩手」に電気が通ったのは13日の夕方頃。その間、テレビやインターネットの情報が途絶えるなか、ラジオ放送が貴重でした。

県が発行する緊急車両通行許可証を得て、岩手県社協の職員が沿岸部の調査に赴いたのは14日からでした。調査班を3チーム編成して調査を行いましたが、社協や福祉施設の建物被害や役職員の安否を断片的に把握するのが精一杯でした。1回の調査の走行距離は往復で約300km。沿岸部の一般道の両脇には瓦礫が高く積み上がり、目印となる建物がないためカーナビも役に立たず、走りにくい状況でした。ガソリンスタンドでは給油待ちの車が渋滞を引き起こす事態となっていました。

これまでに述べた東日本大震災という未曽有の災害が招いた混乱、すなわち人命の犠牲、住家の滅失、ライフラインの途絶、社会インフラと生業への損害、過酷な避難生活を強いられる被災者が生じる状況で、岩手県社協は、県内外の福祉支援の調整役となるべく動き出しました。以下に当時の活動の模様を振り返ります。

◇ 岩手県社会福祉協議会の活動

● 災害ボランティアセンター

　岩手県内では、33市町村中26の市町村社協が災害ボランティアセンター（以下、ボラセン）を設置しました。沿岸部の野田村、宮古市、山田町、大槌町、釜石市、大船渡市、陸前高田市の各社協が設置したボラセンには、全国の社協ブロック派遣調整よって3月24日から8月31日まで、延べ1万2,095人の応援職員が派遣されました。中央共同募金会が主導する災害ボランティア活動支援プロジェクト会議（以下、支援P）からは運営者の派遣とプレハブ造りのボラセン建物の支援を受けました。

　内陸部のボラセンは沿岸部へのボランティアの送り出しを主に担いました。とりわけ盛岡市社協、遠野市社協、住田町社協は宿泊拠点を提供し、支援団体やボランティアに対する後方支援機能を担いました。ボラセンを通じて活動したボランティア数は2011（平成23）年度末で34万7,041人、2012（平成24）年度末で45万998人、2014（26年）度末には51万6,861人となりました。

　市町村社協は主力職員をボラセンに振り向けて被災者宅の災害ゴミの撤去や土砂の運びだし、思い出の品の回収などの活動支援にあたりました。生活支援相談員が配置された2011（平成23）年8月から、生活支援相談員の一部は全国の社協ブロック派遣の応援職員の収束と入れ替わるようにボラセンの業務を兼務する形で避難所や応急仮設住宅への支援を行うようになりました。

　ボラセンは、被災者のニーズの減少や活動内容の変化に伴って、「復興ボランティアセンター」等に名称を変更しながらも継続し、2012（平成24）年12月23日に陸前高田市災害ボランティアセンターが、社協の通常体制の下でのボランティアセンターに移行したことをもって、岩手県内のボラセンは平時の活動に戻りました。岩手県社協に設置した岩手県災害ボランティアセンターも同日をもって、ボラセンを終結し、24日から通常のボランティアセンター体制になりました。

　岩手県社協の岩手県災害ボランティアセンターには次の役割がありました。①活動実績等のホームページでの公表、情報発信、②ボランティア保険の集約、③高速道路無料化の活動確認書の発行、④ボランティアバスの運行（2万9,056人が利用）、⑤ボラセン連絡会議の開催、⑥ボラセンへの携帯電話、事務機器、ボランティアステッカー、消耗品等の調達、供給、⑦県外及び県内の社協職員の応援調整と宿泊場所の提供、⑧NPO等の支援者との連絡調整、⑨職員の継続的な応援派遣、⑩職員の長期派遣（陸前高田市社協は2011（平成23）年12月まで、大槌町社協は2012（平成24）年9月まで）。また、センターの本部運営には秋田県社協、新潟県社協、静岡県社協の支援を受けました。

岩手県内のボラセンに対する県内外からの人的、物的支援は、岩手県社協の調整分だけでも92団体に上りました。

● 生活支援相談員の配置

東日本大震災の被災者の幅広い相談に応じ、適切な制度・サービスにつなぐ支援を通じて、被災地域の福祉コミュニティづくりを進めるため、2011（平成23）年8月から国県の補助により岩手県社協が実施主体となり市町村社協に委託して生活支援相談員が配置されました。

2011（平成23）年度末の生活支援相談員配置は16市町村社協に185人と岩手県社協に17人の計202人。2012（平成24）年度は18市町村社協に179人と岩手県社協に17人の計196人でした。2020（令和2）年3月末では15市町村社協に115人と岩手県社協4人の計119人の配置が継続しています。

2011（平成23）年度の訪問対象世帯は、応急仮設住宅で1万2,686世帯、訪問実績は100％だったのに対して、借上げ型仮設住宅と在宅避難世帯は6,356世帯、訪問実績は4,344世帯（68％）と、訪問ができない世帯が2,012世帯ありました。応急仮設住宅入居者の名簿が個人情報保護の観点で、社協に提供されなかったため、韓国・台湾の共同募金会の寄附金を「まごころギフト」として配分する活動を行い、配分希望を把握することによって世帯の住所などを把握していきました。

2012（平成24）年度は、見守りのために訪問頻度を高める必要がある世帯を「見守り強化世帯」とする取り組みが始まりました。応急仮設住宅入居世帯1万1,661世帯中、見守り強化世帯は411世帯でした。応急仮設住宅入所世帯への訪問率は100％でした。一方、借上げ型仮設住宅及び在宅避難世帯は6,212世帯であり、その内「見守り強化世帯」は739世帯でした。また、訪問実績は4,723世帯（76％）と、依然として状況を把握できない世帯が数多く残されていました。

2016（平成28）年度に岩手県社協は被災者実態調査を実施し、その結果を基に2017（平成29）年度に被災世帯アセスメント基準及びアセスメント基準の視点を定めました。2012（平成24）年4月の見守り対象世帯が1万9,054世帯、2018（平成30）年3月は1万3,314世帯だったものが、アセスメント基準を適用した2019（平成31）年3月は7,831人と対象世帯の重点化が図られました。2020（令和2）年3月末時点での対象世帯は4,693世帯となっています。

個別支援の対象世帯の重点化が図られる一方、2015（平成27）年度以降、災害公営住宅での自治会づくり、見守り拠点づくり、住民支え合いマップによる地域支援の取り組みにも力を入れてきました。

● 災害派遣福祉チームの組成

　岩手県社協は職能団体の事務を受託していました。福祉人材研修部が、岩手県介護福祉士会、岩手県介護支援専門員協会、岩手県ホームヘルパー協議会の団体事務を担っていました。これらの団体による被災地支援の調整はもとより、岩手県社会福祉士会など専門職団体 10 団体が加わった災害支援を情報共有する合同会議を 2011（平成 23）年 3 月 30 日から開催し、2013（平成 25）年 3 月まで延べ 17 回開催しました。

　この会議の開催によって、各団体は被害の大きかった陸前高田市や大槌町の大規模避難所に社会福祉士や介護福祉士を派遣し、介護を要する高齢者や障がいのある避難者を支援しました。避難所では、要介護者の状態悪化、障がい児・者に対する支援不足等、避難者の助け合いだけでは解決が難しい課題がありました。疾病や感染症の対策に医師や保健師が巡回する対応はありましたが、福祉・介護・子どもに関する避難所への支援は限られていました。介護の受け皿となる介護施設にも一般の避難者が詰めかけていたので、要介護者が一般避難所から介護施設に移動するにも空きベッドはありません。地域包括支援センターは、要介護者を数少ない福祉避難所や受入可能な県内の介護施設に紹介するほか手立てがなく、疲労困憊しました。

　このような課題を重くみた合同会議の構成団体は、避難所における要配慮者を適切に支援し、いわゆる災害関連死を回避する取り組みが必要との意見で一致しました。

　この取り組みを具体化するため、岩手県立大学や岩手県保健福祉部地域福祉課などもメンバーに加え、ワーキング会議を 9 回開催し、2012（平成 24）年 3 月に岩手県知事に宛てて "「災害派遣福祉チーム」の組織化に向けた要望について" と題した要望書を 11 団体連名で提出しました。

　要望の大要は、①今後の災害発生に備え、災害発生時に開設された避難所や福祉避難所において、良好な避難環境を設定するためのコーディネートを行い、また、避難所運営の円滑化を目的に災害派遣福祉チームを創設すること、②当該チームを派遣するシステムを全国組織として構築するため、県から国に働きかけをすることの 2 点でした。

　2012（平成 24）年度からは岩手県社協が設置した "災害派遣福祉チーム設置準備会" に活動が引き継がれ、岩手県は "福祉（介護）広域支援ネットワーク有識者懇談会" を設置し、民間と公の両輪が走り出しました。

　岩手県社協は、福祉医療機構の助成金 1,802 万 7,000 円を獲得し、2013（平成 25）年度のチーム創設に向けて、資機材保管倉庫、発電機、ユニフォーム、テント、ポータブルトイレ、投光機等を整備しました。

　2013（平成 25）年 9 月には、岩手県災害派遣福祉チームの派遣主体となる岩手県

災害福祉広域支援推進機構（構成団体：福祉施設種別協議会、職能団体、大学、市・町村会、県、県社協等20団体）が設置され、岩手県社協は事務局として、養成研修の実施や大規模災害発生時のチーム編成・連絡調整等の役割を担うこととなりました。同年12月から翌年3月までに延べ4日間のチーム員登録研修を実施し、197名のチーム員が修了・登録しました。

災害派遣福祉チームは、2016（平成28）年4月に発災した熊本地震で初出動、同年8月の台風10号災害で被害が大きかった岩手県岩泉町の避難所支援が本格的な活動となりました。2018（平成30）年7月の西日本豪雨では岡山県倉敷市真備町にもチームを派遣して活動しました。

2018（平成30）年5月31日付厚生労働省社会・援護局長通知「災害時の福祉支援体制の整備について」では、災害時の福祉支援体制の整備に向けたガイドラインが示され、災害派遣福祉チームの組成は全国的に進むこととなりました。

● 緊急小口資金特例貸付

被災者に当面の生活費を貸し付ける緊急小口資金特例貸付は、2011（平成23）年3月16日から受付を開始し、全国の社協ブロック派遣の応援職員の協力を得て2012（平成24）年3月末までに3,002件、4億201万9,000円を貸し付けました。金融機関が復旧するまでの間は、警備員を帯同して現地で現金を交付しました。貸付審査は2交代勤務制でのフル稼働が4月末まで続きました。

貸付限度額は10万円以内（特に必要な場合は20万円以内）。据置期間1年。償還期間は据置期間経過後2年以内。金利は無利子。また、一時生活支援費、生活再建費、住宅補修費などをの経費を貸し付ける生活復興支援資金を2012（平成24）年11月までに63件、4,139万6,000円を貸し付けました。

● 岩手県民生委員児童委員協議会

東日本大震災で亡くなった民生委員・児童委員56人の内訳は、岩手県26人、宮城県23人、福島県7人です。また、建物被害を受けた岩手県の委員は295人でした。岩手県民生委員児童委員協議会は全国の委員から寄せられた義援金3,325万円を被災した委員に配分しました。また、筆記用具やノートといった文房具などの物資を支援しました。2012（平成24）年5月には亡くなられた委員の追悼式を行いました。

委員の欠員による担当地区の拡大や担当地区から離れた応急仮設住宅等に転居した委員の活動負担に対し、かかり増し経費を補助する事業、役員や保健師を地区民協に派遣して課題を話し合う沿岸地区民児協訪問事業を県補助金によって2020（令和2）年度まで継続しています。

岩手県社会福祉協議会の担当部長として

元・岩手県社会福祉協議会地域福祉企画部長　根田秋雄

　岩手県社協の担当部長として、過去に経験したことがない規模の災害の発生に、3月14日から情報収集を始めました。未曽有の被害のため、市町村役場に出向いても、その地域の被災状況が把握できる状況ではなく、拠点の被害がなかった市町村社協以外は、避難所を巡り、情報をたぐり寄せてようやく社協職員と再会したときの涙ぐんだ場面が思い出されます。

　当時、日々のボランティア参集者数を適宜ホームページで公開していたのは岩手県社協だけで、ゴールデンウィークのボランティアの過不足など、災害ボランティアの参集動向も報道機関から注目されました。

　生活支援相談員配置に向けて、地域福祉企画部は全社協職員から情報をいただきながら、阪神・淡路大震災以降、各被災地での被災者支援活動事例を学び、国の2011（平成23）年度第1次補正予算に東日本大震災の被災地に生活支援相談員の配置が認められたことを受けて、岩手県社協も岩手県を通じて国へ生活支援相談員の配置要望を行うこととしたものです。

　さらに、応急仮設住宅の立地条件等にあわせ、市町村ごとに増員が必要との現場の意欲的な動きに応じて、88名の増員要望を行い、2次補正予算で認められました。

　2011年（平成23年）3月の発災以降、岩手県社協が被災地の復旧、復興状況に合わせて取り組みが進められたのは、阪神・淡路大震災以降の全国各地の被災地支援の事例を含めた助言に耳を傾けたこと、岩手県社協も避難所が閉鎖された後の応急仮設住宅での孤独死を防ぐ取り組みが重要と考えていたこと、配置後も山崎美貴子先生、山下興一郎先生を中心に研修体制が構築できたことなど、未曽有の被害を受けた被災地、被災者に復興してもらいたいという想いの結束があったからだと思います。改めて、当時、かかわったすべての方に感謝申し上げたいと思います。

1 宮古市の取り組み
宮古市社会福祉協議会　有原領一

◇ 東日本大震災発災前

　東日本大震災が発災した2011（平成23）年3月11日午後2時46分、筆者は宮古市社協が実施する高齢者通所介護事業所にてその瞬間を迎えました。私は当時、地域福祉課に所属し、主に低所得相談を担当していました。高校や大学入試の合格発表の時期であり、生活福祉資金教育支援資金の借入申込手続きが殺到していました。また、この2010（平成22）年度より宮古市社協では、「学校と地域がつながる福祉・ボランティア教育推進事業」を開始し、この日は、私が担当する鍬ケ崎小学校の児童や先生と1年間取り組んできた成果物である「災害時避難MAP」の最終原稿を仕上げ、印刷業者に引き渡したばかりでした。このMAPは、児童と地域住民が1年間地域を一緒に歩き、自分たちが登下校中に大地震による津波が来たとき、どういう道を使って避難場所まで行くのか、避難場所に避難後、避難所に行くにはどの道を通ると安全なのかを、実際に地域をフィールドワークして学習した成果をまとめたものでした。

　震災以前の社協の主な事業は、地域福祉活動の推進、低所得相談、日常生活自立支援事業、配食サービスや介護機器貸出事業のほか、介護保険事業、障害者福祉サービス事業、子育て支援、総合福祉センターや高齢者・身体障害者福祉センター、養護老人ホーム等の指定管理でした。

　発災後、筆者は総合福祉センターの高齢者デイサービスや障害者福祉サービスの利用者、近所から総合福祉センターへ避難してくる地域の高齢者等と共に、近くの高台に避難しました。津波は総合福祉センターの脇を流れる閉伊川を遡上しており、いつ堤防を越えてもおかしくない状況でした。その晩、これ以上の津波が来ないことを確認し、高台での避難を継続するのは困難であったため、総合福祉センターへ100人程度の利用者や住

災害時避難マップづくりの際の実施調査

民、職員と共に戻りました。

◇ 宮古市災害ボランティアセンターの設置

一夜明けた3月12日。当時の地域福祉課職員5名は、総合福祉センターに避難している方々の食事を調達するため市内を巡回すると、想像を絶する光景を目にしました。ただ茫然と街を歩く市民を目の前に、筆者らは今何をすべきなのかを考えました。その日、災害規模はわからないものの、幸いにも筆者らの所

避難所で活動する中高生

属する宮古市社協の事務所は被災を逃れていたため、3月13日から「宮古市災害ボランティアセンター」を立ち上げることとしました。

ボラセンを立ち上げたからといって、すぐに大勢のボランティアが集まる訳ではありませんでした。交通機関や道路、水道などのライフラインの復旧の目途もたたず、市外からボランティアが駆けつけることができる状態ではなかったのです。また、当市でこれだけの災害の経験はなく、ボラセンが宮古市社協に設置される認識もあまりありませんでした。

こうしたなか、ボラセン立ち上げ1週間後から4月下旬までの1か月程度活躍したのは、市内の中学生や高校生、春休みで帰省していた大学生でした。市内ほぼすべての学校が避難所となっていました。避難所では、小学生や中学生が清掃や食事の準備、在宅避難者への宅配を行っていました。高校生や大学生は、避難所での炊き出しや、全国から寄せられる支援物資の仕分けを行っていました。特に高校生は、最初10人程度でしたが、メールや電話を使って連絡を取り合い、100人を超える学生が連日ボラセンを訪れました。高校生はスコップを片手に自転車で被災した家屋に向かい、家財や家屋の中に入り込んだ泥出しの作業を行いました。このとき、ボラセンを運営していたのは宮古市社協職員5人でした。

発災から2週間が経った頃、全国からの支援が始まりました。ボラセン運営のために、北海道社協が職員派遣を開始しました。さらに翌週からは静岡県社協の職員派遣が開始されました。この頃からボランティアに地域の大人が多く参加するようになりました。市内の多くの会社が休業状態となり、それまで知人宅や会社での泥出し作業をしていた地域の大人たちが、高校生の姿を見て、ボラセンに駆けつけてくれるよう

になったのです。また、3月下旬からは日本労働組合総連合会岩手県連合会が全国組織であることを活用し、ベースキャンプを内陸部に設置し、日々60名のボランティアを送り出しました。これらにより、ボラセン運営は拡大し、市内の避難所や被災世帯での活動が拡大していきました。

◇ 震災から1か月が過ぎた頃

　4月下旬を迎えようとしていた頃、市内の小中学校や高校が始まることになりました。当時のボラセンは高校生が中心であったこと、市内の企業も事業を再開し始めていたこともあり、市内ボランティアだけでは運営が困難となることが予想されました。まだ市内の道路状況やライフラインの状況は大きく改善されて

災害ボランティアによる泥出し活動

いませんでしたが、市外からのボランティアを受け入れることにしました。その頃、宿泊所や公共施設、公園は、ライフライン復旧業者や警察、自衛隊が利用しているため場所はありませんでした。そこでボラセンでは、5月から近所の地区センターを宿泊所として開設し、6月からは内陸部の盛岡市社協が川井地区の廃校を活用して「川井キャンプ」を開設しました。こうして全国からのボランティアが宿泊し、継続的に活動ができる環境が整っていきました。

◇ 運営の拡大と運営体制の拡充

　これらの状況を踏まえて、当初5人だったボラセンは、県内外社協の応援職員、支援Pを通じた全国の生活協同組合やNPO法人スタッフ、企業（プロミス、グラクソ・スミスクライン）の社会貢献活動として参加する運営スタッフが加わり20人程度となりました。

宮古市災害ボランティアセンター資材

　また、市外スタッフだけでは土地勘がないことや方言もあり、被災者のニーズやその裏にある困りごとを汲み取ること

に困難があるため、ボラセン開設当初から参加している地元の個人ボランティアや青年会議所のメンバーが運営スタッフとして加わりました。これにより、社協が持つ専門性に加えて、各企業や団体が持つ専門性が加わることで運営はさらに効果的・効率的になっていきました。

　開設当初、もう一つ大きな課題がありました。活動資材は、当初スコップ10本。それ以外の資材は、活動者の持ち込みに頼るほかありませんでした。資材を購入しようにも、市内には十分な在庫がないこと、ボラセン運営資金にも不安を感じていたことから確保が困難でした。支援Pに調達する資材が加わったこと、中央共同募金会災害準備金の活用が可能となったことで、資材の調達も一定の目途が立ちました。全国から資材が提供されることで拡充はしていきましたが、それよりもボラセンでは地元業者から準備金を利用して購入することを大切にしました。これは、災害により多くの商店や企業が事業を継続することに困難を抱えていた現状があり、地元経済の再建も重要な課題だったからです。

◈ 被災者からのニーズへの対応

　ボラセン開設直後は、被災者からのニーズが直接寄せられることはほとんどありませんでした。その理由は、被災者にとってボランティアによる支援内容がわからないことが大きな要因でした。そのため、活動写真をメインとしたボラセンニュースを毎週発行することにしました。これにより、活動内容は被災者に広まり、依頼が拡大していきました。

　また、ボラセンでは寄せられたニーズにすぐ対応するだけではなく、必ず調査を実施することを大切にしました。被災者から表出された困りごとだけに対応するのでなく、調査を通じてアセスメントを行うことで、ほかに困っていることはないか、生活上の課題はないか、ほかの専門職や専門機関につなぐ必要はないかを確認していきました。

◈ 災害ボランティアセンターから生活復興支援センターへの移行

　発災直後から6月までは、被災家屋での作業や避難所での作業が中心でした。5月中旬から徐々に応急仮設住宅が建設され、入居が可能となりました。8月中旬にはすべての応急仮設住宅が完成し、全避難所が閉鎖されました。これらのフェーズの変化に伴い、活動の中心が屋外から、応急仮設住宅や集会所、在宅避難者が暮らす地域での活動等、屋内での活動になっていきました。

　応急仮設住宅では、地域住民の交流や自治会組織の設立、閉じこもり防止、被災さ

応急仮設住宅の引越ボランティア

応急仮設住宅での交流会

れた方々の心への支援が重要な取り組みとなりました。これらの支援を実施するには、専門職との連携が不可欠となっていました。ボラセンは2011（平成23）年9月13日、宮古市生活復興支援センターと名称を変更し、生活支援相談員を配置し、被災者への寄り添いや、生活課題の把握、専門職や機関へのつなぎ役となっていきました。また、コミュニティの再構築に向け、住民集会を開催し自治会設立に向け行政とともに活動しました。市内に建設された応急仮設住宅には、集会所や談話室が併設されました。宮古市生活復興支援センターでは、集会所・談話室に生活支援員を配置し、いつでも入居者が交流できる体制を整えました。

　この頃、ボラセンで活動していた個人ボランティアが市民団体を設立しました。主にボラセンを運営する団体と、応急仮設住宅入居者の活動を支援する団体でした。この二つの団体と社協が協働することで、宮古市生活復興支援センターが運営されました。全国からの支援が、被災者への心の支援に移行する時期、これらの団体の活動や活躍は大きな力となりました。

　震災から10年。大きく変わったこと。それは、「あら社協さん！」と以前に比べて親しみ込めて言われることが多くなったことです。社協の存在が認められたこと、住民の皆さんに「社協」という安心感が広がっていること、震災をきっかけに若い世代がまちづくりに本気で取り組み続けていること、これらが大きな財産です。

2 山田町の取り組み
山田町社会福祉協議会　阿部寛之

◇ 山田町と山田町社会福祉協議会

　山田町は、岩手県沿岸の中央に位置し、養殖業を中心とする漁業や加工業、山間部の農業が盛んな町です。1955（昭和30）年に五つの町村が合併し、今の山田町とな

りました。町内は海に面する大沢地区、山田地区、織笠地区、船越地区、そして山間部に位置する豊間根地区の5地区で形成されており、それぞれの地区で地域性が異なる「田舎町特有の地域コミュニティ」が確立されていました。人口はピーク時の1980年代に2万5,000人ほど、東日本大震災発災前の3月で1万9,000人ほど、現在（2020（令和2）年3月1日時点）で1万5,000人程という推移をたどっています。

　山田町社協では、2000（平成12）年の介護保険法施行によりさらなる在宅福祉の推進を図り、介護保険事業（訪問介護事業、訪問入浴介護事業、居宅介護支援事業）と障害者総合支援事業（旧支援費事業による居宅介護事業、行動援護事業等）の自主財源収入の基盤強化による「事業型社協」の展開をしてきました。一方、地域福祉活動は、山田町社協としての地域サロンは実施されていませんでしたが、民生委員児童委員協議会が核となり、サロン「お座敷広場」や見守り活動、個別支援が取り組まれていました。

◇ 忘れられないあの日　「2011（平成23）年3月11日（金）」

　千年に一度といわれる「あの日」。筆者は地域福祉事業を推進する係に所属していました。「あの日」は外勤がなく事務所でデスクワークをしていました。あれは午後2時46分だったのか、事務所内の職員の携帯電話が一斉に鳴り出し、経験のない焦り。あのアラーム音はトラウマになっています。通知を見ると、「三陸沖で地震発生。強い揺れに備えてください」と書かれてあり、「ヤバイ？」と直感しました。どこか遠くで何か巨大なものが崩れ落ちたかのような轟音の後、初めて感じる大きな揺れ。その直後に停電となり、事務所内の書類がなだれ落ち、即屋外へ避難しました。アスファルトの地面が波のように上下に揺れている状況に、両足がすくんでフワフワしたことを覚えています。小刻みな余震がしばらく続き、また直感。津波が来る、と。

　町の防災無線放送が流れ「大津波警報発令」。避難者の受け入れはどうしたらよいのか。山田町社協がお借りしている保健センターは町役場の敷地内にあり、指定避難所となっていました。旧小学校跡地で石垣のある小高い場所です。住民が続々と避難してくるなか、海の方向を見ると大量の砂ぼこりと同時に物の衝突音が聞こえ、「もっと高いとこへ行けーー」と叫ぶ声が。多くの人がさらに山手に避難し、そして津波の襲来。実際、筆者は津波が押し寄せてくるところを見ていませんが、砂ぼこりと衝突音は記憶に残っています。

　衝突音が収まり、目の当たりにした光景は理解不能でした。敷地の土手ギリギリの高さまで海水。その石垣の上の土手には大きな魚がピクピクしている姿が。家は滅茶苦茶、いつもの道路がわからないくらいの残骸。水没した多くの自動車から誤作動ク

ラクションが鳴り響き、遠くでは火災が発生したのか黒い煙。屋根で助けを待つ住民の姿。まさに惨状でした。

次第に薄暗くなり、保健センターのホールは避難者でいっぱいになりました。役場職員も避難者の確認やさまざまな対応に追われています。ロウソクもない。毛布も極わずか。要介護者用のマットレスもない。さらに避難者が増えていきました。津波に飲まれてヘドロまみれで助けられた高校生くらいの女の子はショック状態でうなり声をあげ、それを必死になだめ体を拭く社協ヘルパーの姿。人を探す人が続々と訪ねてきましたが、所在がわからずまたどこかへ。そんな最中、外では爆発音が度々聞こえていました。広がる火の手が自動車のガソリンタンクに引火した爆発音なのでしょうか、腹の底に響くほどの振動でした。電灯が点かないのになぜか明るい街。赤い街と空。火災が広がっている証拠です。「戦争映画」ではないかと錯覚するほどの経験のない事態が始まってしまいました。筆者はただ必死に何かできることをしていた程度の記憶しかありません。

この日を境に、上司は保健センターへ泊まり込みでの対応。動ける役職員や関係者（福祉団体会員等）は利用者の安否確認を始めることとなります。多くの役職員が被災し、避難所で避難生活をしながらの対応です。したがって、この環境ではできることも限られました。人手は不足し、電話も使えない、車両も通行できない、燃料も限られている等々、それまで普通と思っていた環境がどれだけ恵まれていたかを痛感しました。

電気と水道がある程度復旧したのは発災から８日目、活動可能な職員を集めた方針会議が行われ、介護支援活動を各避難所で実施することが決まりました。これは、ボラセンの設置運営準備も視野に入れてのことです。しかし、その後この設置運営を任された地元職員は筆者を含めたったの三人でした。

◈ 災害ボランティアセンター設置までの１か月間

「山田町災害ボランティアセンター」が設置されたのは2011（平成23）年４月９日。発災からおよそ１か月後、被災沿岸部では一番遅い開設でした。そこに至るまでには本当に多くの課題がありましたし、地元職員だけでは絶対に叶わなかったと思います。

発災から６日後、岩手県社協の先遣隊職員が安否確認と状況把握のために来訪しました。大変な道のりだったと思います。被災の状況や現時点での課題、不足品、他県からのブロック災害派遣応援社協職員（以下、ブロック派遣社協）等の話がなされたと思います（筆者は別の活動中で同席していませんでした）。

山田町社協ではボラセン設置運営のノウハウが皆無だったのでイメージすら湧きま

せん。発災から10日目以降、日を追うごとに支援物資、ボランティアや支援団体の来訪が増えました。ありがたいことではありましたがその方々から「どんなニーズがありますか？」と問われてもこの段階でニーズの把握などできている訳がありません。町全体の状況が整理しきれていなかったからです。まして人や物のコーディネートなどわかりません。何をお願いしたらよいか……。支援の方々にお願いしたいことを探すという後手の対応が続いてしまいました。

　発災から2週間後、ブロック派遣社協の先遣隊が来訪。山田町への支援は静岡県社協を基幹として各市町村社協が担当されました。目的はボラセンの設置から運営についての支援です。「同じ社協職員」という安心感がありましたし、私たちが困っていることを同じ目線で理解していただけたように思えます。その後もいろいろな支援団体が来訪していましたが、聞いたこともない名称の団体が来たり、疑問がある提案等があったりと、正直信用してよいのかという葛藤もありました。また、各々の意見の食い違いが生じ支援者同士のトラブルも起こりました。当然、地元職員が仲裁に入ります。真剣に考えての摩擦だったかと思いますが、地元人は正直つらかったです。発災後3週間を迎える頃で、みんなピリピリと神経がとがり、精神が崩壊寸前の状態でした。

　支援Pの方々も支援入りし、ほかの支援団体の協力のもと、いよいよ設置に向けた具体的取り組みが始められました。これが3月31日のことです。山田町当局了承のもと、中心街から離れた船越地区に位置する「B&G山田海洋センター」が拠点となりました。体育館と事務室、武道場が設備され、武道場をボランティア宿泊所とした宿泊型のセンターです。設備等の準備が進み、あとはボラセン機能の核である「ニーズの把握」「ボランティアの受付」「マッチング」「送り出し」の体制をどうするか。地元職員は3名だけで支援Pとブロック派遣社協に頼りました。本当に感謝しています。

◇ 災害ボランティアセンターの運営の8か月

　ゼロからスタートし、日々方針を修正し、改善・模索しながら8か月間運営してきました。この期間に筆者が頂戴した名刺はおよそ3,000枚。何十年分の出会いに相当するのか。

　支援Pとブロック派遣社協の行動力とアイデアで運営体制は構築され、長野県内社協からの派遣も始まりました。さらには三重県のボランティア団体による運営支援。本当に頭が下がりました。各県からのエキスパートの派遣支援はこの上ない安心感がありました。これらにより、運営体制は強化されていきました。あとはボランティア

の募集です。これもブロック派遣社協の皆さんのアイデアにより岩手県内、静岡県内、長野県内、三重県内など各地からの「ボランティアバス」の運行につながっていきました。約1週間クールでの運行。十数時間かけバスに揺られ、現地で活動後、疲れ果てて帰るボランティアの皆さんの活動は、私たちの勇気の源にもなっていました。また、青年会議所（以下、JC）の皆さんのアクションの速さとネットワーク、イベント企画運営には驚かされます。企画したイベントで笑顔を取り戻した子どもたちの姿はJCのご協力あってのものと思っています。

　ボラセンとしての役目を終えたのは2011（平成23）年11月30日。冬を迎える前に受け付けるニーズ把握の完了を目標とし、残ったニーズは行政へ引き継ぎました。次のステップである「復興ボランティアセンター」への活動にシフトしていきました。

3 大槌町の取り組み
大槌町社会福祉協議会　渡辺賢也

◇ 災害発災直後から津波襲来

　2011（平成23）年3月11日、筆者は多機能ケアセンターほっと大町（以下、ほっと大町）で介護職員（日勤）としていつもと変わらず勤務していました。そろそろレクリエーションの時間が終わるという頃、突然、これまで経験したことのない大きな揺れに襲われました。揺れは収まるどころかますます大きくなるため、揺れているなか「利用者を外に出して」とほかの職員に指示し、筆者も利用者と共に外に飛び出しました。隣接する社協事務所の職員と手分けして、利用者を車両に乗せ、山手の避難所に避難させました。筆者は、逃げ遅れた人や施設内に異常がないかを確認するため、施設内に戻りました。確認の後、その時点では「またすぐに戻ってくるだろう」と玄関に鍵を掛け、利用者の家族が訪ねてくることも考え、玄関に「利用者は全員、デイサービスセンターに行っています」と張り紙をしました。その後、津波が来るまでの間、事務局長（当時）、総務課長（当時）と社協敷地内に留まり、液状化した電柱や付近の様子をカメラで撮影していました。周辺は、荷物を抱えて避難する人、信号が消えて国道に長い車の列ができている状況でした。そんな状況でも、そのときまで津波は来るわけがないと思い込んでいました。

　地震発生から約30分後、海の様子を見に行っていた消防団員から「大きな津波が来てるから、早く逃げろ」と怒鳴られ、筆者ら大槌町職員たちはようやく避難を開始しました。近くの指定避難所まで歩いて向かおうとした筆者に、事務局長と総務課長

津波襲来後の町内

から「車で逃げるがお前はどうする」と声を掛けられました。私は、「歩いて避難するので大丈夫です」と即答しました。道路には車の長い列ができていたのを見て、逃げ遅れるかもしれないと考え、出た言葉だったのかもしれません。けれど、心の中では「本当に津波なんて来るのか」と半信半疑でモヤモヤした気持ちが続いていました。

　ほかの職員と付近にいた住民数名と最寄りの避難場所であるお寺を目指し歩いていると、背後でバキバキバキッと大きな音が聞こえました。振り返ると空高く真っ白な土ぼこりが上がり、その下から真っ黒い壁が私たちに迫って来ているのが見えました。黒い壁を見て「津波だ」と瞬間的に感じ、一緒に避難していた住民たちを引っ張るように走りました。

　お寺の敷地内に入ると、目の前には多くの人がしゃがみ込み、高台に避難した人たちの「津波が来てるぞー」という声が響きました。筆者は近くにいた高齢の女性に、「一緒に逃げよう」と声を掛け背負い、さらに高台を目指そうとしました。しかし、多くの人が一斉に高台を目指して避難路を登っていたため、まったく進むことができなくなっていました。とっさに墓石を足場に登ることを考え、登り始めましたが、間もなく津波に追いつかれ、腰の辺りまで海水や瓦礫に浸かりました。

　誰のものともわからない墓石に必死にしがみついていたことで、運良く流されずにその場に留まることができました。どうにか這い上がり、高台まで登り後ろを振り返ると、見慣れた街並みの変わり果てた光景が広がっていました。筆者が勤務していたほっと大町と社協事務所は全壊流出し、理事・監事・評議員のうち会長を含めた8名、職員のうち事務

応援職員との集合写真

局長を含めた6名が犠牲となりました。また、家族が犠牲になったり、自宅の全壊など被災した職員も多くいました。この日から、長い避難所生活が始まったのです。筆者は、一緒に避難した利用者や一般避難者のお世話を続けながら、町の状況の情報収集を行いました。

◇ 災害ボランティアセンターの活動

● 立ち上げ

　3月19日、支援Pの方々が来所し、ボラセンの開設準備から立ち上げに尽力されました。3月27日に始動、29日から本格的な活動を開始しました。ボラセンの運営には、東海ブロック（岐阜県・三重県・名古屋市）の社協職員がブロック派遣社協として1クール1週間の期間で代わるがわる来てくれました。

　筆者もここからボラセンの運営を行っていくことになるのですが、正直「災害ボランティアって何？」「支援Pって何者？」とわからないことだらけで、戸惑ってばかりいました。加えて、当時の筆者は初対面の人と会話をすることが苦手で、ブロック派遣社協やボランティアの方とまともに会話することができず、知らない人がたくさんいる環境がとても苦手でした。そんな先の見えない状況のなかで、支援Pやブロック派遣社協の方々、それに全国から駆けつけた大勢のボランティアの皆さんの想いや行動を目の当たりにし、自分がやらなければならないことがはっきりと見えるようになりました。

　大槌町で一緒に活動してくれた方々は、地元社協の考えを尊重し、その考えに助言してくれる、あくまで寄り添い型、黒子のような立場という形で支援してくれました。この立ち位置、支援方法は、現在、ほかの災害現場に派遣されたときの支援方法を考えるベースとなっています。

作業風景

● 災害初期

　災害初期は、津波の浸水被害を受け
た地区のうち、主に半壊地区の住宅の
泥出しや瓦礫撤去を行うボランティア
の調整を行いました。しかし、最初の
頃は見ず知らずのボランティアに家の
片付けをお願いしたいという住民の声
は少なかったのが実情でした。

　"ボランティアがお手伝いします"
というチラシを作成し配布しても、あ
まり効果はありませんでした。その理
由は、①もともと町外との交流が少な
く、他者からの支援に対する経験がな
かった、②「自分だけボランティアを
頼んでいいのだろうか」「頼んだはい

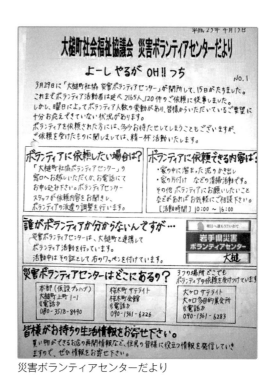

災害ボランティアセンターだより

いが、本当に手伝ってくれるのか」などの戸惑いや不安が強かったのだろうと思いま
す。そこで、筆者らは地区の自治会役員や知人に協力を依頼し、一緒に地区を回って
声を掛けました。こうして、安心してボランティアを依頼できるのだと認知いただき、
口コミや隣近所で作業を行っている光景を見て徐々に依頼件数は増えていきました。

　ボラセン本部の体制は整いましたが、大槌町は多くのボランティアを受け入れるに
は難しい立地条件でした。本部から活動現場まで距離が離れていて、移動に時間がか
かります。手伝いを希望する住民も、わざわざ希望を相談しに本部まで来ることは容
易ではありません。さらに本部の電話は携帯電話1台しかなく、多くの問い合わせに
対し十分に受け付けることができませんでした。そこで、半壊地区の集会所や倉庫な
どの一部をサテライトとして借り、地区住民のニーズと活動希望者をつなぎやすくす
ることができるよう屋外活動を始めました。

　屋外活動と同時に、町内の各避難所のニーズ把握を行うため、「生活支援班」を立
ち上げました。大槌町社協職員のほか、全国からの応援を受け、毎日各避難所や在宅
を訪問し、住民との会話からニーズを聞き出し、ボラセン本部と共有しました。その
ニーズをもとに、炊き出しや散髪・マッサージなどといった、生活支援ボランティア
の調整を行いました。ボラセン運営がうまく機能し始めた5月頃には、連日何百人と
いうボランティアが大槌町で活動してくださいました。

　町内で大規模な災害ボランティア活動を進めていくためには、行政をはじめ町の関

係機関との連携は不可欠です。日々の活動を災害対策本部の共有会で報告し、関係機関との情報共有を行いました。例えば、ボランティアが片付けをして出たゴミが溜まってきたことを共有すると、数日後には重機を使ってあっという間に片付けてくれました。平時から、顔の見える関係づくりが活かされていることを実感しました。

● **災害中期**

　ボラセン開所から約半年が経過した9月1日、名称を「復興支援ボランティアセンター」に変更しました。個別ニーズのほか、避難所から応急仮設住宅への引越などにも対応していきました。

　2012（平成24）年4月1日には、現在の「大槌町社協ボランティアセンター」に名称を変更しました。この頃から、高齢の方から病院の送り迎えやお墓周りの掃除など、震災前は自分でしてきたことをボランティアに頼みたいという生活支援の依頼が増えていきました。

　一方で、町民のなかから、自分たちにも何かできることはないか、と相談に訪れる人が多く現れてきました。そこで、元々、大槌町には馴染みの薄かった「ボランティア」という文化を広く町民に知ってもらうため、町民で構成されている16のボランティア団体を一つの組織にまとめた「大槌町NPO・ボランティア団体連絡協議会」を立ち上げました。ボラセンと協議会とが協働して、ボランティア活動は考えているより難しいことではない、ということを知ってもらうための取り組みを行い、現在でも、町内外から参加者した方々の交流の場となるような企画をしています。

● **生活支援相談員との連携**

　生活支援相談員事業が始まったのは2011（平成23）年8月1日です。正直なところ、当時はボラセンとの連携はあまりうまくいっていなかったと思います。その理由は、どちらかというとボラセンは「地域のため」、生活支援相談員は「被災者個人のため」というような考え方が強かったのではないかと感じています。

　お互いにある程度の情報共有は行っていましたが、より連携するようになったきっかけは、一緒に活動を行っていた町民やボランティア団体との協働のおかげだと強く感じています。

4　大船渡市の取り組み
大船渡市社会福祉協議会　伊藤勉

◇ あの日、あの時

　2011（平成23）年3月11日午後2時46分、マグニチュード9の大地震が東日本

を襲いました。大船渡市では震度6弱を観測し、この地震によって震度4以上を観測した時間は約160秒にも及びました。当時、筆者は事業の打ち合わせを終えて事務所に戻るために車を運転していました。すると、突然、上下に揺れ、視界には電柱が傾き、道路がひび割れていく光景が広がり、何が起きているのか理解できませんでした。揺れが収まった頃には、我に返り、ついに大震災がやってきたのだと認識しました。

　大船渡市は、これまで何度も地震災害に見舞われ、そのたびに津波による被害を被ってきました。なかでも、1960（昭和35）年に発生したチリ地震津波では国内最大の被災地となり、死者・行方不明者は53人、被害総額は当時の金額で約81億円となりました。こうした津波による被害を少なくするため、チリ地震による津波襲来の日に合わせて、毎年5月24日頃に防災関係機関が一体となり、地域住民の参加・協力のもと実践的な防災訓練を行っていました。

　50年〜60年の周期で大きな地震が発生してきた歴史から、近い将来の大地震発生が懸念されていたこともあり、大船渡市社協では職員の緊急時対応マニュアル作成や、ボランティア人材を育成する災害ボランティア養成講座を開催してきました。

　ボランティア担当者として十分な準備ができていたとは言えませんが、ボラセンの立ち上げ場所や必要物品を想定しながら訓練してきたこともあり、3月11日深夜に市保健福祉課と協議の上、ボラセンを設置する運びとなりました。

◈ 市民の様子、社協として何ができるか

　地震発生直後、避難警報が響き渡るなか、市民は高台を目指しました。国道は車で渋滞し、逃げ遅れた人たちは、ショッピングセンターの屋上など高い場所で救助を待ちました。辺りが暗くなっても余震が続き、電気、水道、電話などのライフラインはすべて寸断。食糧も少なく、寒いなかで体を寄せ合い、夜明けを待ちました。

　翌朝、町へ出てみると、目を疑うような光景が広がっていました。大きな建物にもたれかかるように重なった車、津波によって跡形もなく流された家々の残骸など、想像を超えた自然の猛威に言葉が出ませんでした。

　これまで経験したことのない大地震による津波災害に、社協として何から手をつけるべきか誰も判断できませんでした。やるべきことを着実に進めていこうと、まずは社協内部の被害状況を確認することから始めました。大船渡市社協の建物は三陸事務所が全壊。本部となるY・Sセンターは大きな損壊は免れましたが、天井が落下し、使用不可能な場所が至るところにありました。役職員は顧問が死亡。そのほかにも家族が犠牲になったり、自宅が全壊した職員が多数いました。その後の生活、仕事、何も見えず誰もが不安を抱えながら市役所の玄関口にセンターを設置、緊急小口資金貸

付等の事務を開始すること、これが大災害時の大船渡市社協の第一歩でした。

◈ 避難所の様子

　大船渡市地域防災計画では、第一避難所として58か所が指定されていましたが、このうち6か所が津波による浸水で使用できないことから、指定されていなかった市民文化会館や高台の工場なども避難所となりました。避難所は、これまで体験したことのない災害により、子どもから高齢者まで老若男女問わず人であふれかえっていました。食糧は炊き出しで確保されましたが、水道が使えないためトイレの増設や利用方法が大きな課題となりました。

　避難所の運営形態は、避難所ごとに異なり、自主防災組織や地域公民館役員を中心に自主的な運営が行われた避難所や、常駐した市職員が中心となって運営が行われた避難所などさまざまです。そのため、支援物資の支給方法なども異なり、物資が行き届かない人も地域に点在していたことから、NPOやボランティア団体による物資供給が大きな力となりました。ライフラインが途絶えたときは誰もが被災者となり得ることから、今後、あらゆる災害を想定した訓練を行うなかで、物資の支給方法は地域ごとに検討していく必要があると思います。

◈ 災害ボランティアセンターの立ち上げ

　ボラセンを立ち上げるにあたって、担当者として心に決めたことがありました。それは、「決して目の前の課題から逃げない。住民の課題をすべて社協が解決する」という決意です。この決意を担当者としての自分に言い聞かせて住民のニーズを調査するため地域を歩いてみたものの、世帯構成や避難先が不明で十分に確認することはできませんでした。要援護者等の被害状況の把握は民生委員・児童委員の協力あってのものでした。ボラセンへの住民からの活動依頼も民生委員・児童委員によって取りまとめられ、普段から蓄積してきた民生委員・児童委員との連携が災害時に活かされました。加えて、震災時には多くの支援団体が被災地に入るため、他団体との情報共有・連携は必要不可欠で、互いに不足する部分を補うことが住民の復興の大きな力となることに気づき、社協だけで課題を解決しようとしていた筆者の考えの甘さを思い知らされました。

　ボラセンを運営する上で最初の課題は運営スタッフの確保でした。ボランティア担当者は多少の知識を持っていると思いますが、それでも初めて経験する混乱期のセンター運営は不安も重なり、想像以上の負担となります。そのようななか、全国から社協の応援職員が駆けつけてくれたことが大きな心の支えとなりました。これまでの震

災経験で培ったノウハウが蓄積されている同志からのアドバイスに加え、全国で活躍する災害ボランティア団体や NPO を紹介してくれたことで、迅速にセンターの活動体制を築くことができました。

　ボラセンは、被災者の心情に寄り添いながら支援するため、丁寧かつ迅速に対応していくことが求められます。また、少しでも被災者の力になりたいと全国から駆けつけるボランティアの思いをつなぐ場であり、日々刻々と移り変わっていくニーズを的確にとらえ、活動と結びつけていくことが大切です。当市では最大で1日あたり300名近いボランティアが活動しました。活動するボランティアに対して調整するスタッフは派遣職員を入れても10名。現場のコーディネートが追いつかないのが実情でした。それだけでなく、ボランティアの安全を確保し、活動しやすい環境を整備するなどきめ細かな支援体制を築くためには地元のボランティアの力が不可欠でした。特に初動期は県外のボランティアとボラセンをつなげる潤滑油として地元ボランティアが大きな力となってくれました。

　ボランティア活動内容を大きく分けると初期から後期（図）に分類され、誰でも参加できる活動から、時間の経過とともに専門性が高まっていったように感じます。後期以降においては、高齢者の居場所づくりやサロン活動など、より福祉活動につながるものが主流となりました。

　2011（平成23）年3月末になると応急仮設住宅の建設が着工され、小中学校の校庭や高台の敷地を中心に37団地1,801戸建設されました。規模の大きな団地には、集会所も建設され、後に仮設住宅支援員が配置されました。

　応急仮設住宅の入居が始まり、ボランティアによる引越支援の需要が一気に高まるなか、住民に歓迎されたのは大工ボランティアでした。部屋には風除室や収納スペー

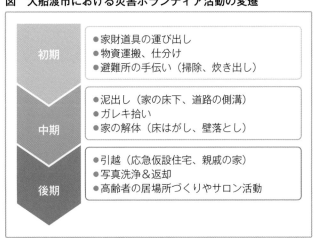

図　大船渡市における災害ボランティア活動の変遷

初期
- 家財道具の運び出し
- 物資運搬、仕分け
- 避難所の手伝い（掃除、炊き出し）

中期
- 泥出し（家の床下、道路の側溝）
- ガレキ拾い
- 家の解体（床はがし、壁落とし）

後期
- 引越（応急仮設住宅、親戚の家）
- 写真洗浄＆返却
- 高齢者の居場所づくりやサロン活動

35

スが用意されているものの、身長の低い高齢者や障がい者等には使い勝手が悪い部分も多く、下駄箱の設置や段差の解消などで大変喜ばれました。

◇ 生活支援相談員の始まり

2011（平成23）年7月にはすべての応急仮設住宅が完成して、多くの被災者が避難所から移り住みました。これまでは、被災者の命をつなぎ、生きる希望を支えることに力を入れてきましたが、今後はさらに本格的な生活の再建を図っていくため、被災者に寄り添いながら見守りや相談活動などを行う個別支援と、サロン活動などによる仲間づくりやコミュニティづくりを目的とする地域支援を統合的に展開するという地域を基盤としたソーシャルワークの視点が必要になってきました。

こうした状況から24名の生活支援相談員を配置し、次の五つの役割を持って新たな被災者支援が始まりました。
①応急仮設住宅を中心とした被災者の個別訪問見守り活動
②国、県及び市町村等の各種施策の情報提供や利用方法の説明
③ボラセンと連携した被災者支援
④応急仮設住宅入居者に対する各種イベントの企画及び実施
⑤応急仮設住宅地内におけるコミュニティづくり

応急仮設住宅の見守り訪問では、行政から入居者情報が提供されないため、とにかく訪問して、住民の情報や応急仮設住宅ごとの特徴をつかみながら、寄り添うことを心掛けました。半島部に設けられた小規模の応急仮設住宅は、もともと住んでいた地域住民の入居が多いことから、お互いに支え合う環境が根づいていましたが、市内中心部に建設された大規模の応急仮設住宅では、住民の交流促進、コミュニティづくりが急務とされました。

そのため、住民が気軽に集まることができるお茶のみサロン「陽だまりの会」を開催。陽だまりの会は生活支援相談員と住民の距離を縮めながら、各世帯が抱える困りごとや悩みを傾聴し、必要に応じて行政や関係機関につなげる場として、25か所にまで規模を拡大させました。

同時に、応急仮設住宅の入居が始まってからボラセンには、全国から多種多様なボランティア活動支援が集まってくるようになり、日々の訪問活動で直接的なニーズを受け止める生活支援相談員と連携した被災者支援は有効的な取り組みとなりました。炊き出しや支援物資の配布協力以外にも傾聴、住民参加型のイベントが開催され、支援で訪れた初対面のボランティアにだからこそ話せる震災への思いも多く、県外から

のボランティアも長きに渡って被災地を支えました。

　同年9月には「災害ボランティアセンター」から「復興ボランティアセンター」に名称を変更。活動内容もサロン開催支援など、生活の復興や地域再生に向けた取り組みに転換していきました。また、生活支援相談員の活動範囲は、市内に点在しているみなし仮設や在宅被災者も対象とし、地域に根づいた活動として広がりをみせていきました。民生委員・児童委員からは被災者以外に「気になっていた世帯」の情報が寄せられるようになり、被災地とひとくくりにされた地域において潜在している個々の、多様な生活課題への支援こそ必要なことに気づかされました。

　震災から4年が経過した2015（平成27）年にはボランティアの活動者数も千人を下回るようになり、復興ボラセンの役割を終えて通常のボランティアセンターで被災者のニーズに対応していくこととなりました。

　また、入居者の困りごとや生活に役立つ情報を届け、課題解決を図っていくため、行政、社協、NPO団体で構成された組織「大船渡市応急仮設住宅支援協議会」が設立されました。この時期から「経済的な課題を抱えている方」「訪問しても会えない方」「自治会の運営が難しい地域」など、今後、なにかしらの支援が必要になると予想される住民や、地域の情報を共有する連携ミーティングを開催し、各支援機関の役割分担と支援状況を確認していきました。後にすべての住民が応急仮設住宅から転居をし終えるまで、支援ミーティングは継続されました。

◎ 振り返り

　災害発生時には、被災により支援を要する住民に向けた特別な取り組みが注目されがちになります。しかし、普段からさまざまな生活課題を抱えている世帯のニーズが解消されるわけではなく、災害時に優先するべきことは何か、欠けている部分はないか、常に社協内部で確認し続けることが大切となります。

　また、災害時には外部支援の影響で新たな「地域力」が生まれることが少なくありません。社協として、支援を必要とする人たちを見逃がすことなく、新たな支援力と結びつける実践力を普段から養っていくことが必要と考えます。

5 釜石市の取り組み
釜石市社会福祉協議会　菊池亮

◎ 災害ボランティアセンターの設置・運営

　筆者は1994（平成6）年に釜石市社協に入職し、東日本大震災発災時は地域福祉係

長でした。

　東日本大震災では、津波の浸水エリアに事務所がある釜石市社協も甚大な被害を受けました。役職員２名が亡くなり、福祉サービスの利用者の死亡・行方不明者は18人となりました。指定管理施設も被災し、運営する五つの児童館のうち３施設が完全流失しました。また、さまざまな事業・活動に使用する車両も、15台のうち10台を失いました。社協本部に勤務する基幹的役職員の半数が住家を失うという大きなダメージを被りました。

　震災直後は、職員とサービス利用者の安否確認が急務でした。あらゆる想定をくつがえす事態に大混乱の状況でしたが、津波の犠牲となった職員の届出をするかたわら、ボラセンの設置準備を行いました。

　社協全体が被災するという想定外の事態で、混乱のさなか災害対策本部に掛け合い、当時の郷土資料館（教育委員会所管）にボラセンの拠点を確保することができました。津波発生から３日後の、３月14日夕方のことでした。

　拠点を確保したとはいえ、最初は準備もおぼつかない状況でした。運営に必要な資機材をそろえることができたのは、岩手県社協や支援Ｐ、ブロック派遣で応援に駆けつけた関東Ｂブロック（神奈川県と山梨県の市町村）社協の皆さんのご支援によるものでした。また、設置当初の運営サポートは、新潟市社協と柏崎市社協の応援によるものでした。この後、ボラセンの運営は釜石市社協、釜石青年会議所と岩手県立大学学生ボランティアセンターの協働で行いました。

　ボラセン（復興支援ボランティアセンター活動を含む）の活動者は、2020（令和２）年３月31日現在で９万3,523人となっています。個人登録者が１万4,237人、団体登録が７万9,286人となっており、８割強の方が団体登録を経て活動しています。そのうち活動者数がもっとも多かった時期は、2011（平成23）年度であり、３万6,979人の方々に活動していただきました。

　設置後、約半年の活動は避難所支援が中心でした。このため行政依頼が７割、個人依頼が３割という状況でした。避難所支援のほか、行政事務の支援があり（被災者生活支援相談窓口の受付や被災車両の受付、災害ゴミの受付、自衛隊風呂の受付、給油券の発行補助、釜石市広報の配布）などを行いました。

　個人依頼では、生活支援（バス停案内係、公共トイレ、仮設トイレの掃除、ペーパー補給、生活必需品の搬入・仕分け、病院やお風呂場への送迎、炊き出し、子どもの遊び相手、貴重品探し、草刈、瓦礫撤去、高圧洗浄、写真洗浄）が主だった活動内容でした。

　ボランティア活動の内容は、被災者の暮らしぶりの変容とともに変わりました。最

初の変化は、応急仮設住宅への入居期で、2011（平成23）年8月に避難所（福祉避難所含む）が閉鎖された後は、個人依頼の活動が増えてきました。

　当初ボランティア活動の認知度は高くなかったので、ボラセンの案内を「ぬくもり新聞」として発行し、全応急仮設住宅に配布・掲示したほか、民生委員・児童委員への周知にも努めました。ニーズの多いエリアでは、地区の顔役に仲介役となっていただき、支援漏れのないよう配慮をしました。

　この間、多かった依頼は応急仮設住宅への引越支援活動でした。応急仮設住宅への引越は、補助制度があったもののすべてをまかなえない場合や業者との調整ができない世帯があり、ボラセンでお手伝いする方針となりました。

　災害ボランティア活動は、応急仮設住宅への入居を期に緊急支援的なものから復旧・復興支援的なものへと変化していきました。限定的に配られる支援物資ではなく、自分の好きなカーテンの柄や、食器を選択することができるようになりました。この頃には自宅の自力での再建が始まった世帯もあり、一部では前を向く世帯もみかけられるようになりました。

◇ ニーズの変遷と生活支援相談員活動

　応急仮設住宅への入居が始まった頃、必要とされる生活雑貨を集めて「青空市」をすべての応急仮設住宅で実施しました。ボランティアの熱い思いと被災者の皆さんが時折みせた笑顔は今でも忘れられません。

　また、応急仮設住宅への入居を契機として、被災者の安否確認や現状把握が課題となってきました。プライバシーが確保されたことで、健康に対するニーズや福祉課題がある方々への接触が困難となったのです。また、実態のわからない世帯も多く、世帯ごとの現況把握や被災世帯の全体像を早急に把握する必要が生じてきました。そうしたニーズに応えようと生活支援相談員の活動が始まったのです。

　これらのことから、ボランティア活動と生活支援相談員が行う個別支援と地域支援を総合的にコーディネートすることを目的に2011（平成23）年12月にボラセンの名称を「生活ご安心センター（復興支援ボランティアセンター）」と改称し、新たに活動を開始しました。

● 生活支援相談員の応募者

　生活支援相談員の採用活動から実際の活動までは、さまざまな課題がありました。応募者には、被災された方もいれば、仕事を失った方、何か力になりたいと市外から応募される方もいました。また、相談援助経験者は少なく、多様な人が集まりました。こうした人とゼロから事業に臨む場合は、地域福祉とはどういうもので、社協とは何

か、被災者支援は何を目指すのかという基本理念をしっかり身につけ、その後に具体的な接遇や技術的な理解をすすめることが岩手県社協の研修に加えて実施することが望ましいと思われますが、即対応が求められたことから、丁寧な事前説明ができなかったことを反省しています。

● **活動開始と基本姿勢**

生活支援相談員活動は、行政 OB を統括者として 8 名体制でスタートしました。2011（平成 23）年 9 月から市に要請して 8 地区（旧中学校区）の「生活応援センター」において各応急仮設住宅の入居者名簿を閲覧し、転記をしながら「生活支援シート」を調製しました。また、各地区の民生委員児童委員協議会が開催する月例会に参加して業務の内容を伝えました。

さらに同年 10 月に職員が 5 名増えました。当時は各応急仮設住宅の入居世帯数や見守り対象世帯数が把握でき、先の 8 名に加えて、13 名が配置され活動に厚みがでてきました。2012（平成 24）年には、さらに 4 名が採用されました。この頃になると有資格者や経験者も増えて「みなし仮設（賃貸住宅）」や「在宅被災者」への訪問も可能となりました。

被災者が在宅、避難所、応急仮設住宅に混在した時期に、生活支援相談員は「地域話し語りの日（以下、「語りの日」）」プロジェクトに本格的に参画しました。「語りの日」は、震災以来ばらばらになった元地区住民同士が旧交を温め、これから本格化する避難生活（応急仮設住宅暮らし）や再建後のコミュニティづくりに備えることを目的に開催されました。町内会や応急仮設住宅の新自治会を対象に、周知や参加連絡、当日の昼食づくりを生活支援相談員が、送迎やちょっとしたお土産準備はボラセンが、そして総合調整をコミュニティ係が担当し、100 か所以上で開催しました。この事業は、生活支援相談員が各地区のキーマンや民生委員・児童委員に顔を覚えてもらうよい機会となりました。

生活支援相談員活動の基本は、「傾聴」と「つなぎ」と言われていました。このことを胸に 1 軒 1 軒の訪問活動が始まりました。生活支援相談員の存在や役割が、周囲に浸透していないだけに、被災世帯や保健師等の反応はさまざまでした。また、壮絶な体験や重い胸の内を長時間にわたり聞くことは、当事者として共感してしまうため、生活支援相談員のメンタルヘルスを配慮する必要性も高まりました。

● **エリアミーティングの開催**

活動当初は、類似の訪問活動はほかの機関でも行っていたため、対象世帯を日に何度も重ねて訪問するといった、いわゆるダブルノック問題もありました。それぞれの機関が連携せずに活動した結果、被災世帯に負担をかけてしまったのです。その反省

から、生活応援センターを中心としたエリアミーティングが毎月開催されるようになりました。

エリアミーティングでは、可能な範囲での情報共有と事例検討が行われ、課題の解決力が向上したように思いました。とある機関の訪問を拒否する世帯が、ほかの機関の訪問には応じていたなどの発見があり、多機関連携による包括的な見守り支援活動がいかに有効であるか実感することもありました。

● 活動の変遷

活動を開始して2～3年後には、他機関も含めて安定的な活動ができるようになりましたが、応急仮設住宅における孤立的な死亡例に接する機会もありました。こうした重要事案の発生時には、その内容を岩手県社協と市町村社協で共有し、ケーススタディとするよう努めてきました。

発災後6～7年経過すると、「終の住み家」への移行期に入り、生活支援相談員への期待がまた一つ増えました。釜石市では、災害公営住宅への入居が1,200戸程度予定されました。これらの方々が入居前後に抱える不安や希望に寄り添うため、すべての災害公営住宅での部屋決め抽選会、説明会や交流会に参加しました。設備的な不具合や近隣環境への対応も含めて訪問活動を続けて得た要望は、生活支援相談員が解決の主体となるわけにはいかないので、行政や専門機関との橋渡し役を果たすことに専念しました。

また、災害公営住宅への入居後は地域づくりも求められるようになりました。政府の定める「復興・創生期間」の期限も見定めながら、住民同士が見守り、支え合うことのできるコミュニティづくりがこれからますます重要となります。釜石市社協では、震災前から実践を重ねていた、日常生活における隣近所の見守りの重要性や、見守りネットワークの構築にむけた支え合いマップの作成にも取り組み始めています。

6 陸前高田市の取り組み
陸前高田市社会福祉協議会　安田留美

◇ 災害ボランティアセンターの始まり

陸前高田市社協が組織として活動を再開したのは、3月15日。安否確認できた役職員は、千人以上が避難していた陸前高田市立第一中学校（以下、一中）に集合し、隣町の住田町社協を訪問しました。

昔から「気仙は一つ。だから大船渡、高田、住田は兄弟。兄弟が困っているときに助けるのは当然のこと。大船渡は幸い事務所や職員は無事のようだから、住田は全面

的に高田を応援する」そう励ましてくれた住田町社協の事務局長の言葉を思い出しただけで、筆者は今でも胸が熱くなります。その言葉どおり、翌日から毎日通い、さまざまなサポートをしてくださいました。

　この日、災害ボランティアの受付業務を社協が市から引き継ぎました。設置場所は、市の災害対策本部だった学校給食センターです。市内中心部で高台にあったため唯一被災を免れた市の施設でした。

　所狭しと捜索情報が掲示されている部屋の中、受付用の長テーブルの一角で、市職員が3月12日からボランティア希望者の受付をしていました。市から引き継いだマッチング内容は、一律、男性は災害対策本部の物資仕分け、女性は一中避難所の炊き出し支援への案内というものでした。

　当初のボランティアセンターの仕事は、訪れるボランティアの受付案内をすること、市の災害対策本部で行われる会議に顔を出し、情報をもらうことでした。災害対策本部から陸前高田ドライビング・スクールの食堂に立ち上げた社協事務所まで約30分かけて歩いていき、情報共有をし、また災害対策本部に戻る、というものでした。その後、支援者として岩手県社協や全社協の先遣隊の方々が訪れ、災害対策本部前に独自テントを建て、ボランティア活動保険の受付業務が始まり、ボランティアの名札を作り送り出すなど、徐々にボラセンの形が出来上がってきました。センター受付業務も支援者や市民ボランティア、岩手県立大学の学生ボランティアが入ってくれることになり、筆者自身、ボラセン運営以外の社協の業務につく時間も増えてきました。

◎ 避難所の生活支援ニーズ

　3月22日にようやく職員の役割分担が決まり、ボラセン業務を交代で携わっていた私ともう一人が、ボラセン・地域福祉担当と総務担当に分かれました。民生委員・児童委員の協力も得て、支援者と岩手県立大学の学生でチームを組み、避難所のニーズ調査もできるようになり、避難所の実態や課題なども少しずつわかり始めました。

　また、半島で支援の手が行き届きにくかった広田町の避難所本部である広田小学校にボラセンのサテライトを設置できたのも、ニーズ調査によるものです。後に「チーム福井」は地域包括支援センター（以下、包括）と協働し、孤立した要援護者のための福祉ボランティアの派遣を始めました。

　避難所の福祉ニーズとして寄せられ、対応に困っていたことの一つに、認知症の避難者の深夜の対応がありました。当時、一中の避難所には「要介護部屋」と呼ばれる高齢者や障がい者が集まる部屋があり、特に夜間は、避難所運営の住民ボランティアが交代で見守りをしていました。深夜、頻繁に出歩く高齢者に「どう声を掛けたらい

いのかわからない」「誰か専門のボランティアに対応の仕方を教えてもらいたい」と、ボラセンの窓口を訪ねてきたのです。

一中避難所は、ほかの避難所同様、避難住民で避難所を自治運営しており、そのときのスローガンは「ひとりはみんなのために　みんなはひとりのために」でした。要介護者を避難所で受け入れていくために、自分たちが専門職の人に教えてもらいたいという、排除ではなく共存する姿勢に、なんとかこの避難所に介護ボランティアを派遣する仕組みができないものか、と思いました。

市内の福祉施設は避難所になっていたり、被災して利用ができなかったりと、とても頼れる状況ではありませんでした。そこで、岩手県ホームヘルパー協議会の事務局に電話しました。状況を説明し、介護ボランティア派遣依頼をしました。

チーム福井の専門職の方にも急遽追加で協力してもらいましたが、恒常的に対応するのは難しく、もうだめか、やはり筆者らが避難所に泊まるしかない、と同僚と覚悟を決めていました。その後、なんとか地元のヘルパー経験のある市民ボランティアの方が見つかり、たった一人でしたがありがたいと感じました。医療チームが避難所支援に入ることは、当時でもごく当たり前でしたが、避難所での福祉ボランティアの必要性を理解してもらえるきっかけの一つになったのではないかと思います。

また、市が4月5日に福祉避難所「炭の家」を立ち上げるにあたり、チーム福井からのご縁で、福井県勝山市の介護・看護ボランティアの派遣を包括が調整し、ボラセン側では炊き出しや清掃ボランティアの派遣調整を行いました。地元の生出婦人会をはじめ、さまざまなボランティアにかかわってもらいましたが、長期ボランティアの確保の難しさを実感しつつも、ボランティアでつながった縁が次のボランティアにつながり、6月15日の閉所まで続けてこられたのも、多くの皆さまのご協力があってこそと感謝しています。

◈ 災害ボランティアセンターの本格稼働

3月27日にボラセンは災害対策本部前のテントから、社協の仮事務所であった陸前高田ドライビング・スクールに移転し、社協業務と一体的に行うことができるようになりました。しかし、そこはギリギリ被災を免れた水際地域であり、被災した市街地を通らない唯一の幹線沿いでした。また、その当時は緊急車両の往来が多く、まだ周辺には瓦礫も散乱しており、警察による遺体捜索も真っ最中でした。よって来訪するボランティアの駐車スペースを確保することすら難しい状況でした。

本格稼働させるために、非被災地域の国道沿いで駐車スペースを十分確保できるところでボラセンを運営する方向性が支援Pから提案され、事務局長代理と一緒に候

本格稼働した陸前高田市災害ボランティアセンター

補地を探していました。

　3月29日の臨時役員会で、横田町に移転予定で進めている旨を提案し、了解を得て進めていき、4月22日に役割分担を最終確認。地元ボランティアが各係の主担当になり、派遣クールのあるブロック社協職員や支援団体のつなぎがうまくできるように配慮した組織を作りました。

　翌日4月23日に、横田町狩集地区にボラセンを移転し、県外ボランティアの本格的な受け入れに舵を取りました。合わせて住田町社協では、ボランティアの宿泊施設として、小学校の廃校の後、地区公民館として利用されていた施設を「住田町基地」として開設したのもボラセンの横田町移転に合わせた4月25日でした。

　ただし、すぐには県外ボランティアの受け入れは開始しませんでした。4月28日が震災の日からちょうど四十九日だったからです。東日本大震災における陸前高田市の被災状況として、人口2万4,000人の町で1,500人以上の方が亡くなっている事実は、直接的な遺族ではなくても、市民誰にとっても他人事ではありませんでした。「四十九日までは警察や自衛隊による遺体捜索を集中して行う。それまでに遺族の元へかえすことを最優先させる」という市の方針に地元社協としてはどうしても寄り添いたい、と支援者に理解してもらいました。

　ゴールデンウィークに入り、次第にボランティアバスの受け入れも開始しました。ゴールデンウィーク明けに一旦減少したものの、日に日に活動者数も増え、1日あたりの活動者数は、8月には千人を超えるようになりました。

　地元社協職員だけでなく、ブロック派遣社協、NPO、個人ボランティア等々、延べ9,589人の運営支援スタッフによってボラセンは支えられました。2012（平成24）年12月23日の閉所まで、延べボランティア活動数は、12万9,469人。「つないで陸高なじょにがすっぺ」のスローガンのもと、1年9か月続けられたのも、陸前高田市に思いを寄せるたくさんの方々の思いと、その思いを受け入れてくれた陸前高田市民の皆さまのおかげです。

7 遠野市の取り組み
遠野市社会福祉協議会　菊池律子

◇ 遠野市のボランティア拠点「ちょボラ」

　私は2009（平成21）年4月から3年間、遠野市中央通りにあるボランティア・市民交流サロン「ちょボラ」に勤務していました。ちょボラは、ボランティア活動をしている人や市民活動をしている方々だけでなく、どなたでも利用できる施設です。ボランティアをする人がより活動しやすくなるようサポートする「遠野市ボランティア活動センター」であると同時に、市民の憩いの場として愛される拠点にもなっています。

◇ 風前の灯火、岩手が無くなっていく

　2011（平成23）年3月、私は研修のため、神奈川県にいました。葉山の海を眺めるのは久しぶりでした。5泊6日の研修も無事終了し、東京・町田の親戚の家に一泊して迎えた3月11日の午後、強いめまいのような大きな揺れに見舞われました。これまで経験したことのない、長く奇妙な揺れが続き、庭に立っていても下から突き上げられるような揺れに、一体何が起こったのかと恐怖を感じました。地震が収まりテレビをつけても、事の次第が呑み込めず呆然とするばかりでした。まもなく2回目の地震が起こり、また庭へ飛び出してみると屋根の瓦が2枚、3枚と滑るように落ち、私のすぐ横では石灯篭が回転しながら倒れていきました。

　ポケットから出した携帯電話でテレビを見ると、そこには宮古、仙台、釜石など、いつも見慣れた風景がめちゃくちゃになってしまった様子が映し出されていました。まるで映画を観ているかのような錯覚に陥りました。

　私がいた町田市でも震度5弱を記録しました。多摩にある大型スーパーの駐車場のスロープが崩落したと聞いたときに私の頭に浮かんだのは、いつもちょボラに来てくれるお客様の顔でした。ちょボラは無事だろうか。不安で胸が締めつけられる思いでした。

　そして、家族や知り合いの無事を確認するため、何度も電話をかけましたが、何度かけてもつながりません。テレビのチャンネルを変えても被害に関する情報が錯綜するだけでした。これが今まさに起きていることであるとはとても信じられず、「このVTRは何？」と思わず言葉が漏れました。テレビに映し出される凄惨な光景を見ながら、恐怖で息が詰まりました。地震によって引き起こされた津波は、多くのものを奪っていったのでした。

◈ 未曾有の東日本大震災、私も帰宅困難者の一人に

　地震によって大規模な停電が発生したため家族と連絡がとれず、鉄道は終日運転を見合わせているなか、私は早く遠野へ帰らなければと焦っていました。どうやったら帰れるのか模索しながら、何日も自宅に電話をかけ続け、ようやく連絡がついたのは、地震から5日が経ってからでした。家族の無事に安堵しましたが、帰宅するまでは、さらに5日ほど待たなければなりませんでした。羽田空港から花巻空港への臨時便で、ようやく岩手へ戻ることができました。しかし、降り立った花巻空港は人気も少なく静まり返り、前を歩く人の息さえ聞こえてくるような状況でした。

　車を停めてあった新花巻駅（釜石線）には、発災時から動かなかった列車がそのままになっていました。遠野へと続く国道283号線を走り始めても、対向車が1台もなく、気味悪く思いました。しばらくすると、三重や広島のナンバープレートを付けた警察や自衛隊の車両とすれ違い、遠野に入ってからは、小学校のグラウンドに自衛隊のテントが並んでいるのが見えました。いつもと違う故郷の様子に、不安を隠せませんでした。遠野市街に入ってまず私が向かったのは、もちろんちょボラでした。途中、ガソリンスタンドには長蛇の列ができていました。

　ちょボラはいつもと変わらずしっかりと建っていて、思わず「頑丈だ！」と笑みがこぼれました。ちょボラの無事を確認した後、遠野市社協の事務局へ立ち寄りました。事務局は混乱しており、私は誰にどう声を掛けてよいのかわかりませんでした。忙しく働く同僚たちを前に、無事遠野に戻れたことに安心している暇などないことを思い知りました。

　翌朝早く出勤すると、以前声を掛けてくれた日本赤十字社の社員二人がボランティア受付の前で待っていました。私が遠野市に帰ってからの初仕事でした。それから間もなく、受付には大勢の市民が並び、電話での問い合わせがひっきりなしに続きました。準備が整っていないなかでの業務でしたが、二人は「大丈夫ですよ！」と、力強く温かい言葉を掛けてくれました。終わりの見えない戦いが始まりました。

◈ 市民の協力も得て、ボランティアを調整

　私一人では仕事が追いつかないことは最初からわかり切ったことでした。忙しさで目の回るような思いをしているなか、「何かお手伝いしましょうか」と一人の市民が事務所で声を掛けてくれました。「ボランティア名簿を整理したいんだけどエクセルはできる？」という私の問いに、「多少なら」と優しく微笑み返す男性。それからは彼の協力のもと、日々変化していくニーズを集約しながら、今すぐにできることだけではなく、今後何をしていくかも意識しながら仕事をしました。この仕事を成し遂げ

るためには、彼のほかにも、協力してくれる人を探す必要がありました。

　県内外からのボランティア登録者が増えるにつれ、人員の把握と被災地のニーズに合わせた調整の必要が生じてきました。ボランティアの受付・登録・連絡調整は、遠野市社協と市の担当メンバーが中心となって行い、受付場所は遠野市総合福祉センター、遠野市本庁舎前、各地区センターに設置していました。遠野まごころネットが設立されてからは、支援物資の搬出入や仕分け作業、家屋整理や瓦礫の撤去をはじめ、介護・看護、心のケアにいたるまで、ニーズに合わせた活動ができるように、ボランティアの調整をしていきました。

　その一つとして、被災地NGO協働センターの協力を得て行われた、ボランティア登録者向けの事前研修があります。被災地に入る前に、「足湯」「"まけないぞう"づくり」「ホットタオル」などの研修を行い、被災者へ寄り添い、そのつぶやきからニーズを把握する手法を学びました。研修では、同センターや日本赤十字社の協力もあり、被災者のニーズに合わせたボランティアグループができるなどして、手ごたえを感じました。

◇ 沿岸からの避難者の受け入れ

　私たちがボランティアの調整に奮闘するなか、2011（平成23）年4月1日に松崎町にある雇用促進住宅が、みなし仮設として被災者の入居受け入れを開始しました。入居した方々の交流の場づくりのため、松崎の女性有志により、敷地内の公民館で「お茶っこ会」が定期的に行われました。住宅の周辺には、小中学校やスーパー、病院などがあり、沿岸から避難してきた方々は、その利便性の高い居住環境に安堵していた様子でした。

雇用促進住宅集会場での「お茶っこ会」の様子

◈ 応急仮設住宅と生活相談員の活動

　震災からちょうど3か月目の2011（平成23）年7月11日、遠野市穀町に応急仮設住宅が完成しました。整備戸数は40戸で、遠野町第3区自治会における一つの「班」として位置づけられました。

　「希望の郷『絆』」と名付けられた応急仮設住宅には、市内に避難してきた方々を見守る拠点として「地域コミュニティサポートセンター」が整備され、入居者へのケア・サポートや市民による各種交流活動が2019（平成31）年まで行われました。

心の復興の担い手として

釜石市鵜住居地区主任児童委員　市川淳子

▶ 民生委員・児童委員として行った訪問活動

　東日本大震災の発生により、家族は無事でしたが自宅が全壊し、私自身も被災者の一人となりました。主任児童委員になって10年目のときでした。また、地元担当の民生委員・児童委員の方が震災で死亡したため、後任が選出されるまでの期間、私がその役職を兼務・代行することになりました。

　避難所生活から応急仮設住宅等での新生活が始まると、コミュニティの再生と孤立防止への取り組みが急務となりました。応急仮設住宅は世帯主のみの登録だったため、支援を必要としている人がどこにいるのかわからない状況にありました。

　そこで、行政・社協を中心に個別訪問をしながら「生活支援シート」（世帯の基本情報）の作成を行うことになりました。それは、重要な基礎資料になり、現状の把握とともに見えてきた課題・問題が整理され、個々の事情に応じた適切な支援と見守り活動につながっていきました。この「生活支援シート」の作成は、私が代行民生委員・児童委員として初めに行った活動でもあり、生活支援相談員と連携・協力し合った初めての活動でもありました。

　地域と人を知っている民生委員・児童委員と一緒に訪問活動をすることにより、住民の方々は安心して面談に応じてくださいました。そして、生活支援相談員の役割と活動の周知、住民との信頼関係がより早く築かれたことは、なによりの効果でした。また、お互いが一緒に活動することは、課題のある住民への対応や困難な支援等へも、一人で問題を抱え込まないという支援体制にもなったように思います。当時、住民のなかには「震災で身内が行方不明で、今は誰とも会話をしたくない」と、訪問支援を拒む方もいました。そのような個々の情報も共有し、心が安定するまでそっと距離を置いて見守るなど、住民の心に寄り添った支援を常に心掛けました。不慣れな民生委員・児童委員の活動も、生活支援相談員と連携したことでなんとか遂行できました。

▶ 忘れられないクリスマス

　被災者支援の活動のなかで、心に残る忘れられない活動があります。応急仮設住宅等へ入居して初めて迎えるクリスマスを前に、埼玉県の大学の支援による「子どもクリスマス会」が開催されることになりました。地域担当の保健師と学生との企画内容の打ち合わせを行うなかで、「応急仮設住宅の住民へも、メッセージを込めた手づく

りオーナメントを訪問配布したい」という支援の申し出を受けました。

　応急仮設住宅は多方面に点在し、世帯数も多いため困難と思われましたが、生活支援相談員の方々が学生との同行支援（案内役）を快諾してくださり、みんなで手分けをして約800個のオーナメントの配布が実現できたのです。学生サンタの訪問により、殺風景だった応急仮設住宅にクリスマスプレゼントが届けられ、多くの方々に喜ばれました。みんなで連携・協力して実現させた活動は、大きな達成感が得られたとともに、支援の充実・強化へとつながっていきました。

　生活支援相談員の活動は、こうして私たちの活動のなかにも定着していきました。また、民生委員・児童委員の毎月開催される定例会では、活動報告も行われました。生活支援相談員ならではの情報提供は、関係機関全体での現状把握と適切な支援へと結びつき、被災者支援の重要な要となり現在までの支援活動に至っています。

▶ これからは心の復興を

　震災発生から10年、公共施設や住宅整備等のハード面での復興は、完遂を目前にしています。しかし、生活不安を抱えて支援を必要としている人は多くいます。住民の心の復興は、まだ道半ばです。ハード面での復興と、住民の心の復興は同じように進んでいかなければならないと思います。

　想定外の震災被害を受け心に深い傷を負った住民の心のケアは、見えにくいだけに手探りながらもより丁寧に支援をしていく必要があります。これらの現状のなかで被災住民を支援し続ける生活支援相談員は、住民の心の復興を支える一番の担い手であると思います。

　近年、いたる地域で大きな自然災害や困難な出来事が発生しています。これからの非常時の支援対応が、スピード感を持ってより適した支援へとつながるためにも、私たちの体験と生活支援相談員が果たした役割・活動の成果が、より多くの方々に周知され参考事例となることを願っています。

　私自身、これからも支援を必要としている人のために、住民の心の復興が少しでも進んでいくためにも、みんなで連携・協力しながら活動していきたいと思います。

生活支援相談員の立ち上げを経験して

宮古市社会福祉協議会　渡部玲子

　震災から数年経過して「復興支援センターの運営、生活支援相談員への対応はあれ

でよかったのか」と葛藤の日々で、今でもふっと思い出されます。

　2011（平成23）年7月1から生活支援相談員の配置が始まり、介護現場の職員5名が内部異動で生活支援相談員に配置され、その中核を担うリーダーとなり、後に続く応募採用（前職が看護師、自営業、サービス業など）の職員をサポーターと位置づけ、私が統括を担うかたちで組織し、この体制を「宮古方式」と名付け、スタートさせました。

　復興支援センターの第一の方針は「被災された方に寄り添い、まずはどんな相談でも受け止めるように」と言い聞かせ、さらには「被災された方の表面に出ている言葉だけに思いを寄せるのではなく、その裏（背景）に込められている思いを汲み取るように」と説明しました。伝えながら、ときには私も一緒に同行訪問して、業務を遂行しました。そして、当時の葛浩史局長や地域支援係の職員と課題や困難にぶつかるたびに、一緒に考え行動し、なんとか乗り越えてきたように思います。

　いろいろありましたが、当時の宮古市の生活支援相談員はとにかく明るく、個性的な面々でしたが、何かが起きるとまとまりがよく、そして地域や住民を大事にし、地域に貢献したいという職員ばかりでした。

　福祉の職場での経験がない相談員は、現在デイサービスの生活相談員に、ヘルパーだった職員は包括の社会福祉士になり、それぞれ生活支援相談員の経験を活かして多方面で活躍しています。

　冒頭で述べた「生活支援相談員への対応はあれでよかったのか？」について、正解はありませんが、社協職員としてこの仕事を担ったことは、私たちの自信へとつながり、宮古市社協の生活支援相談員育成への一助になったと感じています。

みんなに迷惑をかけまいという気持ちを知って

大船渡市社会福祉協議会　佐々木淳子

▶ 発災直後の助け合い

　私は近くの空き地で、みんなに聞こえるようラジオを大音量で流しました。急いで家に戻り、公民館の鍵を持ち「公民館を開放します。避難してください！」と叫びました。公民館には地域の人たちがぞくぞくと集まってきました。みんなで手分けして、体の弱い人やお年寄りは和室へ、そのほかの人たちは広間へと誘導しました。みんな寒さと恐怖で震えていました。着の身、着のままで避難したので、次の日の朝、自宅の様子を見に戻る人たちもいました。

公民館では食べるものもなく、暖をとるためのストーブをつけることもできませんでした。そんなとき、誰彼ともなく「家から反射式ストーブ持ってくるから」「私も」と何人もの人たちが声をあげてくれました。

何人かの男性が子どもたちを引き連れ、裏手の山奥に水を汲みに行ってくれました。みんな誰かに言われるのではなく率先して動くようになり、その姿を見た子どもたちも自然と手伝うようになっていました。

そんなとき、「やっぱり自分は家がいい」と自宅に戻った人がいました。その人は地域で少し孤立している一人暮らしの方で、大勢の中では嫌だから家に戻りたいとのことでした。「自宅に戻っても心細いでしょうから、みんなで一緒にここにいましょう」とみんなで説得したのですが、どうしても自宅に戻りたいとのことだったので「いつでも戻ってきてください」と声を掛け、その人は帰っていきました。

何日かして戻ってきたので話を聞いてみたところ、本当は具合が悪かったのだそうです。でも、みんなに迷惑をかけたくなかったと話してくれました。みんなに配慮してくれていたのでした。

▶ 生活支援相談員になって

生活支援相談員になり、応急仮設住宅を訪問したとき、家族との生活に不安を抱いている高齢者に会いました。「震災前は同じ家で仲良く暮らしていたのに、震災で別々の部屋に住まなくてはいけなくなった。顔を合わせることもなくなり、生活の時間帯が別になってしまった。この先、再建したときに仲良くやっていけるのだろうか」と、不安な気持ちを家族に相談できずにいました。私は避難所で生活していたときの経験を思い出し、この人が孤立せず、家族に不安な気持ちを話せるよう傾聴することを心がけました。何度も訪問して、少しでも安心して家族に相談できるようにと傾聴を重ね、その人が安心した表情で再建先に移転したときは、自分のことのように嬉しかったです。

怒りと悲しみを受け止めて

大船渡市社会福祉協議会　佐々木真知子

▶ 行き先のない怒り

生活支援相談員として、数か月が過ぎた頃、いつものように地図を頼りに訪問先に向かいました。「ごめんください」と玄関先で声を掛けると、奥から70代くらいの

男性の方が出てきて、突然「来るのが遅い！」と大きな声で怒鳴られびっくりしました。返す言葉が見つからずに、どう対応したらよいのか、どう答えてよいかわからずに、ただただ「遅くなり、申し訳ありません」と謝ることしかできませんでした。

その方は津波で家屋が全壊し、昔から住んでいた持ち家で生活をしていました。同じ被災者なのに、持ち家に居るということで、みなし住宅には届く物資も届かず、避難所に受け取りに行っても誤解される雰囲気で嫌な思いをしたそうです。「今まで地域のためにいろいろな役を引き受け、貢献してきたのに」と怒りをぶつけてきました。話を聞きながら、電気、ガス、水道等のライフラインがすべて使用できないなか、どれだけ大変でつらかったかと思うと言葉が見つからず、「そうだったんですね」とただ話に寄り添うことしかできませんでした。最後に「あんたたちに言っても仕方ないけどね、ぶつけるところがないんだよ」と話してくれました。

▶ 継続して気づいた傾聴の力

また、被災して家族や大切な人を亡くし、一人悲嘆にくれている人に会いました。「早くあっちに行きたい」「死んでもいい」と繰り返し、「あんたたちに話しても何も変わらない。どうにかしてくれるのか」等々話され、返す言葉も見つからず、考え迷いながらの対応でした。自分の未熟さを痛感しながらの訪問、傾聴を続けていました。そのなかで、「話を聞いてくれるだけで、気持ちが軽くなる」と言われたときは反対に元気をもらい、常に相手の言葉に共感し、受け止め丁寧に返すという基本的姿勢の大切さを再認識しました。

新たな課題も見えてきます。新しい地域や公営住宅、慣れない環境のなかで体調を崩したり、人と人との関係性に悩み、疎外感を覚え孤立死をまねいたりとさまざま課題が見えます。地域の高齢化が進むなか、支え合うことの必要性を住民とともに認識し、「一人ではないよ」と共感し、寄り添える支援を大切にしていきたいです。

第 **2** 章

生活支援相談員とは何か

◇ 生活支援相談員が必要とされた背景

　被災地に配置される「生活支援相談員」は、私たちが暮らす社会の中で知られ、定着している存在ではありません。そもそも社会福祉の現場においては、高齢者や障がい者等を対象とする分野で生活相談員や生活支援員といった似た名称の支援事業があります。一般にはこれらとの区別もつかないと思われます。

　それでは、ここでいう「生活支援相談員」とはどういう際に配置されるのでしょうか。背景の第一は、1995年（平成7年）に発生した阪神・淡路大震災です。各地からボランティアが集まり、ボランティア元年とも呼ばれたことは有名です。阪神・淡路大震災の復興に向けた生活支援の取り組みが、生活支援相談員の起源といわれています。ただし、阪神・淡路大震災では「生活援助員」（ライフサポートアドバイザー。以下、LSA）という名称で活動しました。LSAは応急仮設住宅の高齢者、障がい者世帯の見守りを社会福祉施設等の専門職らが担いました。

　その後、2004年（平成16年）に発生した新潟県中越地震では、「生活支援相談員」の名称で、応急仮設住宅の被災者への生活支援を行う専門職として配置されました。これが生活支援相談員という名称による被災者の生活支援策の開始とされています。

　当時、新潟県中越地震災害で大きな被害を受けた長岡市は、市町村合併が準備される最中でした。当時を振り返り、長岡市社会福祉協議会（以下、社協）の職員である本間和也さんは、合併の業務をしながら、その影響も含めて被災者には、応急仮設住宅での生活支援の必要性が予見されること、そのため災害ボランティアセンター（以下、ボラセン）活動を引き継ぎながら、その活動を生活支援へと転換を図り、さらには、その後の地域福祉活動の展開の模索に心を砕いたといいます。長岡市では、応急仮設住宅において、長岡市社協が配置した生活支援相談員が市と共働して活動を開始したのです。

　こうした見守りなどを強化した生活支援を必要とする背景には、自然災害によって一瞬のうちに何もかも失った被災者の喪失感、絶望、自責の念、悲しみ、怒り、うめきといったものや、元の地への再建の困難さ、慣れない応急仮設住宅暮らし、さらには災害公営住宅への引越等、複合的な課題を抱えつつ、なかには社会的孤立、自死といった極めて厳しい現実に直面する人々の存在があったからでした。

◈ 生活支援相談員の配置の目的と経過

　被災者の見守りなどを行う生活支援相談員が注目されたのは、阪神・淡路大震災の応急仮設住宅や災害公営住宅で起こった「孤立死」「社会的孤立」の問題でした。このことは、新潟県中越地震の生活支援相談員の取り組み課題となり、東日本大震災でも引き継がれるべき課題となりました。こうして、東日本大震災においても、大津波を乗り越えて生き残ったにもかかわらず、災害後の死を作らないための見守り、生きていくための情報提供や相談、さらには、生活が再建される地域において、誰一人、独りぼっちにしない関係づくりを進めることを目的に生活支援相談員の配置が急がれることになりました。

　このことから、発災後ほどなくして全社協は東日本大震災被災地の社協、過去の震災で被災を経験した社協等と、被災者の生活支援を本格的に取り組むための意見交換を続け、社協での生活支援相談員の配置に向けて各種調整を行いました。

　当時、生活支援相談員の名称や役割は、被災地の地方自治体や社協においてほぼ知られていなかったのが実情です。初めて経験したボラセンの運営は、実際にかかわりながらわかってきたものの、そのボラセンの収束と並行して社協で被災者の生活支援を行うために生活支援相談員を配置するという流れは、これもまた初めての経験だったのです。

　そこで、全社協と被災を経験した社協は、被災地に生活支援相談員が速やかに配置され、活動が展開できるよう、予算の調整、県や市町村での配置準備、研修体系等一連の後方支援を進めていきました。なにより必要なものの一つは、生活支援相談員を配置するための財源です。当時、国や地方自治体には被災地に生活支援相談員を配置できる仕組みや予算はありませんでした。

　東日本大震災において、生活支援相談員を配置する予算は、その災害の甚大さから、国家予算となりました。その根拠は、激甚災害であること、被災地が東日本の各県をまたがることとされました。国では、2011（平成23）年4月末に同年度の第1次補正予算が編成され、被災地で被災者を支援する復旧支援活動に要する費用が盛り込まれ、そのなかに被災地の社協に配置する生活支援相談員の経費が対象となったのです。

　また、生活支援相談員の配置においては、配置後の研修が特に重要な取り組み課題とされました。当時、通常の保健福祉サービス従事者も不足していたので、生活支援相談員に専門職を求めることは難しい状況だったためです。このため、生活支援相談員は震災前の職場を失った人、被災地外から災害ボランティア活動を続け採用された人、ハローワークの求人で応募した人など多種多様でした。生活支援相談員の経歴が多様であることを受けて、全社協では『生活支援相談員の手引き』（2012（平成24）

年発行）の作成と配布、県社協等が実施する研修体系づくり、生活支援相談員がニーズ把握を行う際のアセスメントシートの開発を行いました。特に全社協では多様な経歴から採用された生活支援相談員を想定した研修体系を作成し、生活支援相談員向けの導入研修（新任者研修）と継続研修を行うこと、諸研修は単なる講義研修だけではないものにすること、継続研修は事例検討や討議なども含め、生活支援相談員の悩みに寄り添ったものにするとしました。

◈ 生活支援相談員の役割

生活支援相談員の役割とはどういうものなのでしょうか。

● アウトリーチの役割を持つ生活支援相談員

新潟県中越地震で長岡市社協に配置された生活支援相談員について、長岡市社協が2009（平成21）年に発行した『新潟県中越大震災―長岡市社協 生活支援相談員の足跡』では、次のように説明しています。「生活支援相談員とは「被災住民に対する相談、援助を行うため、被害の甚大であった市町村社協へ平成17年1月から配置された専門の職員である。」

また、全社協は前出の『生活支援相談員の手引き』において、次のように説明しています。「生活支援相談員は、被災者の福祉課題・生活課題の把握を行い、支援を要する人（要援助者）に対して、必要なサービス・活動が利用できるよう、相談や調整を行うとともに、既存の福祉サービス・活動で対応できないニーズについて、自ら支援を行います。また、要援助者に寄り添って、個々のニーズに応える支援（個別支援）を通してその自立を促進するとともに、住民同士のつながり、助け合いの支援（地域支援）を行います。」

長岡市社協、全社協の説明にある、被災住民の相談・援助、支援を要する人（要援助者）に対しては、本人からの訴え、相談を待つのではなく、こちらから接近することが求められます。つまり、生活支援相談員の重要な役割にアウトリーチがあるのです。

● 個別支援と地域支援を行う生活支援相談員

生活支援相談員の役割は、個別支援と地域支援を行うこととされています。その役割を果たすためには、フェーズや被災者のニーズに即し、個別支援と地域支援を一体的に展開しなければなりません。

災害による支援はフェーズに分けて考えることが重要です。ここでは4期に分けて説明します。第1期は初動対応期で、災害発生直後から数日間をさします。第2期は災害復旧期で、避難所生活の時期をさします。第3期は生活支援期で、応急仮設住宅で生活する時期をさします。第4期は災害公営住宅や自力再建による住まいの定着期

をさします。生活支援相談員は主に第3期の応急仮設住宅に暮らす人々等の生活支援のために配置され、被災者のニーズを把握し、支援を進めていきます。しかし、東日本大震災では、その被害の大きさ、復興の長期化から第4期まで生活支援相談員の活動が続きました。

　生活支援相談員の役割を踏まえ、生活支援相談員の職務は三つに整理されました。一つ目の職務は全戸訪問です。生活支援相談員による個別訪問は被災者のニーズ把握の基本です。岩手県では、応急仮設住宅のみならず、応急仮設住宅以外のみなし仮設住宅や自力再建の住宅、内陸避難者の住宅でも展開されました。個別訪問では、生活支援相談員の役割の紹介、各世帯の状況、被災者の福祉課題や生活課題の把握、支援が必要な人の発見と気づき等を行います。これはアウトリーチです。被災者にとってみれば、生活支援相談員が何者なのかわかりません。生活支援相談員は理解してもらうことから活動が始まります。

　二つ目の職務は、継続的な訪問活動です。ここでは、個人・家族と近隣との関係の把握のほか、見守り、各種社会資源へのつなぎ等の情報提供等相談相手となります。

　三つ目の職務は、コミュニティ形成活動です。住民同士の居場所づくり、住民同士の支え合い活動の立ち上げ支援、自治体や諸団体との連絡調整等です。

生活支援相談員の三つの職務
1. 発見・気づく役割：全戸訪問（ニーズ把握）
 ・発災直後から避難所、特に、応急仮設住宅引越期に全戸訪問
 ・生活支援相談員の役割紹介
 ・被災者の困りごとの把握
 ・支援が必要な人の発見、気づき
2. 訪問活動：個別支援
 ・訪問による相談活動（相談、情報提供）により個人、家族、近隣のニーズを把握
 ・寄り添い・見守り活動（定期の声かけ、近隣と協力した見守り体制形成）
 ・生活支援活動（生活に関するお手伝い）
 ・制度の利用援助（つなぎ役）
 ・ボランティアによるサービス、地域活動の利用援助（つなぎ役、誘い役）
3. コミュニティ形成活動：地域支援
 ・住民同士の居場所の形成（集会所、公民館、サロン等）
 ・コミュニティの形成（住民同士の交流事業、イベント開催等）
 ・法律等専門職の出張相談の場の調整
 ・住民同士の福祉活動の形成、調整、運営支援
 ・ボランティア等による生活支援サービスの立ち上げ、運営支援
 ・自治体、諸団体との被災者支援に関する連絡調整

出典：全国社会福祉協議会『生活支援相談員の手引き』2012年、3ページを一部改変

● 三つの職務の連関

　これら三つの職務にはそれぞれのエピソードがあります。

　一つ目の職務である全戸訪問は、被災者にとって、物資の配給は受け入れやすいものですが、相談に乗ってくれる人がいるという、生活支援相談員の役割を理解することは当初は戸惑ったはずです。普段、他人に身の内のことを相談することに慣れていない人にとっては未知のものです。生活支援相談員はドアをノックし続け、自己紹介し、話をうかがい、そして不在の場合はカードを置いてきます。訪問した生活支援相談員に対し「あなたは何をしてくれるのか、亡くなった家族を返してくれるのか、お金をくれるというのか、仕事をくれるのか、元の仕事に戻してくれるのか、帰ってくれ！」と誰にもぶつけることのできなかった怒りをぶつけた人がいるのは事実です。そうした場面を引き受けた生活支援相談員に、私たちは共感し称賛すべきです。

　二つ目の職務である訪問活動・個別支援を丁寧に続けることで、信頼関係が形成されます。生活支援相談員に対し「待っていた。来てくれてありがとう。会いたかった」と感謝した被災者も少なくありません。これは被災者支援に長くかかわり続けた生活支援相談員しか得られない言葉です。

　三つ目の職務である地域づくりでは、同じ経験をした者同士の交流、元の地域にいた人々の再会によるつながり、新たな生活の地でのコミュニティの再構築等、いろいろな場面で行われます。生活支援相談員は、住民の主体的な取り組みに手応えやその難しさ感じ、住民同士が支え合う活動等の支援や調整役を担います。

　被災者は応急仮設住宅で、そして災害公営住宅で生活再建し、地域で支え合う活動を進めようとする時期のなかで、つらく、寂しく、どうしようもない気持ちが襲ってくるときがあります。そのとき、生活支援相談員は「あなたは一人ではない、あなたに会いたくて来ました」というメッセージを込めた個別訪問を行い、そして、この活動と身近な地域にサロンを作る活動とをつなぎ合わせて、「地域の人との交流の場に一緒に行ってみませんか」と声掛けをしていきます。こうして、個別支援と地域支援が統合していきます。

　復興に向けては、元々いた人と新たに住む人たちが、住民主体で福祉コミュニティづくりを模索し始めることを支援することが生活支援相談員の役割なのだと活動を通して実感します。地域づくりが歩みを見せ始めたときに、生活支援相談員は新たな気づきを自身のなかに見いだします。それは、被災者に対する個別支援や地域づくり支援にかかわったことを通し、人間は大きな被害を受けても、立ち上がる強さを持ち、希望を見いだし、あきらめないということです。このような、生活支援相談員の被災者と地域とのかかわりのなかから、人が人にかかわり続ける意義を見いだしたことは、

地域福祉において極めて重要です。

◇ 生活支援相談員とは何か

　孤立死や自死といった生の困難は、災害に関係なく、現代社会の大きな課題です。普段の地域社会の暮らしのなかで、そうした人も含め、誰一人、独りぼっちを作らないための個別支援と地域支援活動をするという生活支援相談員の役割を岩手県は実証しました。毎年のように災害が起こる日本。各地の被害状況を見るたび、岩手県の生活支援相談員はそのノウハウをほかの地において果たしてみたいと口々におっしゃいます。さらには、生活支援相談員の役割は災害のみならず平時の地域社会で必要な資源なのではないかともおっしゃいます。

　このように、特別なときにではなく、普段から必要なことは何かということを生活支援相談員の役割のなかから見いだすことができるのです。

◇ 生活支援相談員の配置要望

東日本大震災は岩手県の沿岸市町村に多くの被害をもたらしました。多くの方々が被災し、避難所生活を余儀なくされました。高齢者や障がい者など、介護支援が必要な方々の避難所生活は特に困難で、一部に福祉避難所も設けられました。

2011（平成 23）年 4 月には、沿岸市町村を中心に応急仮設住宅の建設計画が発表されました。避難所から応急仮設住宅へ移行する方向性、スケジュールも示されました。その際、応急仮設住宅での孤立死防止や被災者に寄り添う訪問型の支援体制構築が急務とされ、生活支援相談員の配置が決まりました。

しかし、当時、4 月末からの大型連休中にかけて、沿岸部の市町村社協は、各地から参集した多くのボランティアの受け入れと派遣調整を担うボラセンの運営に忙殺されていました。応急仮設住宅が建設される 8 月を控え、被災地の社協は、避難所に引き続き被災者への生活支援は必要と認識しつつも、新たな体制づくりを同時に進めてくことは厳しい状況でした。そこで、岩手県社協は応急仮設住宅の被災者の生活支援に、市町村社協が本格的に取り組めるよう、各市町村に生活支援相談員を配置するための予算の準備、研修体系づくり等に着手しました。5 月頃のことです。これらの企画は、全社協職員がほぼ常駐する形で支援を受けました。生活支援相談員の配置数は、市町村の実情に合わせた要望を踏まえ作ることが望ましいのですが、先述の状況も考慮して、市町村社協に求めることを避け、当初、岩手県社協で独自に算定をしました。

生活支援相談員の配置に向けて、岩手県に対しては、応急仮設住宅建築予定数である 1 万 4,000 棟を基本に市町村社協毎の配置数、さらに、生活支援相談員への研修等の支援体制を基本に岩手県社協の配置数を算定し、補正予算の要望を行いました。

これに対し、岩手県でも、今後の被災者支援において、孤立死防止と被災者に対する生活支援の取り組みの重要性を認識しており、6 月の岩手県議会臨時会では、沿岸 11 市町村 101 名、岩手県社協 17 名の生活支援相談員配置に要する補助金の交付を決定し、6 月 22 日付けで岩手県から補助金の交付内示（第 1 次）を受けました。

<参考> 配置数積算根拠
① 応急仮設住宅建設予定数 100 戸以下は、2 名
② 応急仮設住宅建設予定数 101 戸以上、1,000 戸以下は、100 戸ごとに 1 名
③ 応急仮設住宅建設予定数 1,001 戸以上の場合は、200 戸ごとに 1 名
※ 積算にあたっては、常時、交代体制による訪問活動を実施できるよう最低 2 名配置とする。
※ 上記②及び③の積算方法により、端数が出る場合は、小数点以下を切り上げとする。

出典：岩手県社会福祉協議会『「あの日から」生活支援相談員の取組み』を一部改変

◇ 市町村社協への生活支援相談員事業の説明と配置準備

こうして生活支援相談員の配置予算が確保できたことから、生活支援相談員配置予定の市町村社協を対象に、生活支援相談員の配置に関する事業説明をすることとなりました。

例年開催している岩手県社協主催の市町村社協部会の総会が発災により延期され、開催を 6 月 27 日としたことに併せて「生活支援相談員の雇用に関する事務説明会」を開催しました。市町村社協には、8 月からの事業開始を依頼しました。あわせて、生活支援相談員の職務や実施体制、雇用等に関する事務手続きについて、「生活支援相談員の採用及び配置に係る対応方針」（**巻末資料／資料 1** 参照）に基づき説明しました。

説明会では、市町村社協から、市町村内の敷地不足を理由に応急仮設住宅が市町村内に数十か所にもわたり点在して建設される予定となっていること等の現状が報告され、このことからも生活支援相談員は応急仮設住宅の状況に応じた体制を必要とする意見が出されたため、市町村社協ごとに必要な生活支援相談員の人数を早急に検討することになりました。

こうして 11 市町村社協は、生活支援相談員の配置に向けて、生活支援相談事業の体制整備を開始しました。生活支援相談員には、当時、まだ社協の介護サービス事業が再開されていなかったことから、介護保険事業部門の職員が配置転換されたり、新たな求人を行ったりして開始準備を進めました。

岩手県社協は、6 月 27 日に実施した事務説明会を受け、7 月 15 日に生活支援相談員の配置が決まっている 11 市町村社協宛てに、各市町村に必要な生活支援相談員の配置数と事業費の確保に関する調査を行い、取りまとめました。加えて、沿岸被災者を受け入れた内陸市町村社協宛てに、内陸避難者の状況に応じた生活支援相談員の配置の必要を調査し、併せて取りまとめました。これにより、すでに第 1 次で配置が決

定している 11 市町村社協を含め 16 市町村社協から 88 名の追加要望がありました。

　その結果、市町村社協 189 名、岩手県社協 17 名の合計 206 名の生活支援相談員の配置要望を 7 月 22 日付けで岩手県社協から岩手県に対して行いました。9 月の岩手県議会では、生活支援相談員 88 名の増員が決定されました。こうして、2011（平成 23）年 11 月以降は、岩手県の 16 市町村社協に総勢 189 名の生活支援相談員が配置され、訪問相談活動やサロン活動など被災者支援の取り組みが展開されるようになったのです。

◇ 岩手県における生活支援相談員の対応方針

　岩手県における生活支援相談員活動方針の策定や研修の実施運営は、岩手県社協が中心となって積極的に担ってきました。

　岩手県社協は、2011（平成 23）年 6 月 19 日「生活支援相談員の採用及び配置に係る対応方針」において、生活支援相談員活動に関する方針を「今後の状況変化に適時適切に対応するため、体制等の強化が必要となった場合には、被災住民支援の観点から、さらなる体制の拡充等の実現に努めていく」とし、採用、配置の考え方、配置タイプ、業務、研修等について整理しました。

　採用等については、被災社協と岩手県社協の両者で採用・配置されること、採用方法は一括採用や複数回に分ける段階的な採用など実情に応じた弾力的な方法によること、資格要件は看護師、保健師、介護福祉士、保育士、児童厚生員、ホームヘルパー2 級以上の者、社会福祉主事任用資格を有する者のほか、保健衛生や社会福祉に関する相談実務経験のある者としたものの、逆に資格要件が応募の壁となり、なり手が集まらず、後に修正され、社会福祉に関する業務の経験のない者、被災当事者等も含まれて構成されていきます。

　配置にあたっては、市町村社協で担うべき基本的役割を、被災地に暮らす被災者等が生活を再建していくために抱えるさまざまな生活課題について、顕在・潜在を問わずニーズの把握と掘り起こしを行い、生活の建て直しをはじめ、生活目標の確立につなげていくための、各種の相談・支援の役割としました。

　配置タイプは、①執務場所を社協事務室とし、事務局長など上司職員のリーダーシップとマネジメントのもと業務に従事する体制、②応急仮設住宅等に設置される高齢者サポート拠点などに常駐等し、ほかの専門職等との連携のもとに生活支援相談業務を担う体制、③配置タイプ①②の体制にこだわらない、当該社協においてもっとも効率的かつ効果的に業務の執行を可能とする体制としました。

　業務内容は、被災者支援業務、福祉コミュニティの形成・見守り支援ネットワーク

形成業務、ボラセンの補助業務としました。

　研修の体制は、生活支援相談員が与えられた役割を自覚し、地域で的確にその役割を果たしていけるよう、人材育成、スキルアップの観点から、研修プログラムにより研修を実施することとしました。岩手県社協では、2011（平成23）年8月以降、生活支援相談員のさまざまな研修を開催してきました。研修の企画立案と運営においては、全社協が継続的に支援する形がとられました。

　生活支援相談員の研修体系は、採用初期に行う「基礎研修」、一定期間の業務実践を踏まえた後に行う「フォローアップ研修」のほか、各市町村社協の事務局長等を中心にしたOJTにより育成支援が行われるようになることを想定し、OJTが有効に機能するため管理職等研修も企画しました。

　基礎研修、フォローアップ研修、管理職研修は岩手県社協において行うものとし、そのプログラムは全社協、岩手県職能団体、岩手県立大学等の協力を得て編成実施しました。2012（平成24）年10月からは支援者の心のケアを目的に、日韓共同募金の助成を受けて支援者支援として被災地の社協に保健師等を派遣する事業も実施しました。

◇ 生活支援相談員の研修

　岩手県社協で実施した研修は大きく新任の生活支援相談員を対象にした基礎研修、管理職等を対象とした研修（スーパーバイザー養成等）、現地事例検討会（フォローアップ研修）の三つに分けられます。

● 新任の生活支援相談員への基礎研修

　生活支援相談員を配置する背景や趣旨の説明をはじめ、具体的に想定される各種業務の講義、県内外の支援者や地元大学講師による被災者ニーズの理解、訪問活動の進め方、疾病等の講義、過去の災害での生活支援相談員経験者による支援の実際と方法について、演習が行われました。

● 管理職等研修

　各市町村社協における事務局長、地域福祉課・係長等を対象にしました。生活支援相談員のスーパーバイズ体制の構築が目的です。社協事業・活動の歴史のなかでも経験の少ない本格的な訪問活動や被災地の地域づくりを進める生活支援相談員に対し、管理職は日常的な不安や悩みを抱える生活支援相談員の置かれている状況を受け止め、支持し、教育的な支援が行えるようになることを目指す意図がありました。

● 現地事例検討会（フォローアップ研修）

　この10年に何度も何度も市町村社協に出向き、山崎美貴子先生、山下興一郎先生

と岩手県社協職員が共に企画し、継続している研修です。

　この検討会を継続している理由は、岩手県社協が生活支援相談員に寄り添う姿勢を研修のなかにも見いだし、各地の生活支援相談員の活動の支援をすることにあります。基礎研修を終えた生活支援相談員の多くは、訪問活動において、まずは被災者にとって未知である生活支援相談員の存在と役割を理解してもらうことに奔走しました。生活支援相談員を理解して、相談してもらうことは、そう簡単なことではありませんでした。そして、被災者が語りだし、それを受け止める傾聴の姿勢をとりながら、継続した相談や見守り、各種サービスへのつなぎ、行政の手続きの支援、住民同士の関係づくりなどさまざまな役割をこなし、被災者、被災地域を支える活動を進めます。そのときに生活支援相談員が目の当たりにした福祉課題・生活課題は、想像を超え、かつ多分野にわたるものでした。被災者の住宅、就労、経済、保健医療の課題、近隣とのトラブル等さまざまな困りごと、震災からくる怒り、悲しみ、喪失感を受け止める役割が果たせるか、目の前の被災者の言葉に返す言葉が見つからないこともあったのです。

　そのような現場の体験を振り返るため、現地事例検討会は各地で何回も開催されました。フォローアップ研修を現地事例検討会と読み替えたのは、岩手県社協が生活支援相談員の多くが、心折れず明日に向かって仕事が続けられるよう活動事例を通して生活支援相談員の痛みを共有するためです。

　この10年、岩手県社協は山崎美貴子先生、山下興一郎先生と現地に向かい続け、生活支援相談員と共に被災者の生活実態と生活支援相談員の活動の実際に学びながら個と地域の一体的支援を体感していったのです。

住民が生活支援相談員に
心と扉を開けてくれるまでの活動

山田町社会福祉協議会　佐々木まゆみ

　山田町災害ボランティアセンターでは、各避難所のニーズ調査を行いました。心と口を閉ざしている住民の皆さんからの聞き取りは難しく、悲しみや苦しみを怒りに変え職員にぶつけてきたこともありました。そのなかで、人とのつながりがほしい、避難所から出たい、集まりたい、笑いたいという声をいただき、職員とボランティアで「カフェ隊」を結成しました。

　「カフェ隊」は、避難所を対象とした「移動サロン」、地域と避難所をつなぐ「青空カフェ」、在宅を対象にした「ラーメンバス」の三つを展開しながら心の扉をたたき、心の声を聞き、笑い声が響く活動を行いました。

　避難所から応急仮設住宅に移ってからは、プライベートが保たれ落ち着いた生活をおくれるようになりましたが、避難所で作られたコミュニティがバラバラになり、また一からニーズ調査をすることになりました。集会所、談話室、パラソルを立ててカフェ「よりあいっこ」を開き、さまざまな事情で出てこられない方々にはコーヒーを持って訪問し、扉を開けていただき、お話をうかがいました。扉を開けて顔を見せていただくために、心を開いていただくために、コーヒーやお茶は「カフェ隊」の武器でした。

　現在は生活支援相談員業務のなかにカフェ「よりあいっこ」の運営が組み込まれ、住民のコミュニティづくりの一翼を担っています。

カフェ「よりあいっこ」の様子

生活支援相談員を経験して

さんりくの園（当時、大船渡市社会福祉協議会に出向）　柏﨑きよ子

　私の勤務先の特別養護老人ホームさんりくの園は東日本大震災で建物が全壊しました。利用者や職員が犠牲となり、私は何もできず生き残ったことへの罪悪感と、職場がなくなり将来への不安を抱えながら日々を過ごしていました。縁あって2011（平

成 23）年 8 月に大船渡市社協へ出向し、生活支援相談員の仕事に就くことで、被災者の方々に尽くしたいと思いました。

▶ 何から始めていいのかわからないところからスタート

8 月から開始した生活支援相談員は、8 名が社協の訪問介護事業所からの異動で、3 名が私を含むさんりくの園から出向の、11 名体制でスタートしました。

私は主任という立場でしたが、何から始めていいのかわかりませんでした。岩手県社協主催の研修をみんなで受け「生活支援相談員の役割・内容・活動内容」「訪問の進め方」などを教わりました。そのときに渡された全社協の『生活支援相談員の手引き』が活動の参考書になりました。その後も、研修会にはできるだけみんなで参加しました。

当初、市内を 4 地区に大きく分け、チーム制による戸別訪問活動を開始しました。応急仮設住宅では団地内に管理人として仮設支援員が配置されたため、情報を共有しながら見守りや支援を行いました。その際、仮設支援員と生活支援相談員の区別がつかないという声があり、「陽だまりサポーター」の愛称はこの頃から使い始めました。

▶ 参加者の笑顔がサロン活動の励みに

サロン活動は、団地ですでに開催していたボランティア団体の「予防医学協会」の引き継ぎから始まりました。その様子を見学・参加した後、地区担当の生活支援相談員が血圧測定、健康体操、レク、手芸活動を工夫しながらサロンを運営しました。

ほかにも、市保健センターと協働での健康教室やボランティア団体、NPO 法人と連携したサロンなどを団地や公民館、みなし仮設などで行いました。サロンに参加される方々の笑顔が私たちの励みにもなりました。

▶ さまざまな悩みに対して、試行錯誤の日々

11 月に生活支援相談員が 23 名となり、市内を 6 地区に分かれて活動しました。応急仮設住宅の団地のほか、みなし仮設、在宅被災者宅や自宅を再建したお宅を訪問しました。訪問時に渡すチラシを担当地区毎に作成したり、訪問時に不在だったり、なかなかお会いできない方にはお便りを書きポストに入れたりと、被災者に寄り添うための工夫を試行錯誤を重ねました。

毎日事務所では終礼ミーティングでその日の出来事を報告し合いました。何度か訪問しても会えずにいた方に会えたと喜びあえる内容もあれば、生活環境問題、介護、近隣とのトラブル、生活に順応できない独居高齢者、アルコール依存症の方などへの

かかわり方などの悩みも報告されました。その日の出来事を報告し合うなかで、生活支援相談員が一人で悩みを抱えないよう、みんなで考え、保健師や市役所、関係機関にも相談し、つなぎました。民生委員・児童委員や公民館の協力もいただきました。被災者支援の会議も多くあり、市の復興支援の会議や保健センターの医療ミーティング、NPO・ボランティアの会議などに出席し、被災者の状況を報告しました。

　2013（平成25）年12月末まで、2年5か月の短い期間でしたが、「一人でないこと」「寄り添い・支え合うこと」の大切さを活動してきた皆さんから学び、私自身が多くの方々に助けられ、支えられてこの仕事を全うすることができたと振り返ります。

今、何が起こっているのかを知りたくて

大船渡市社会福祉協議会　千葉恭子

▶ 生活支援相談員という仕事を知るきっかけ

　私が「生活支援相談員」という仕事を知ったのは東日本大震災から半年経った頃でした。当時、私は県立病院で受付の仕事に就いていました。病院スタッフも減ってしまい、朝から夕方まで一歩も外に出る暇もなく院内業務に追われる日々を送りながら、「病院に来る人の様子しかわからない。町の状況はどうなっているんだろう」と考えるようなりました。この震災でそれまで当たり前と思っていたことが、ある日突然なくなったときのつらさや不便さを知り、昨日まで普通に会えていた人に会えず、連絡も取れず、情報も入らない不安や孤独を経験し、普通のことがどれだけ幸せなことだったのかを改めて思い知らされました。

　それから半年経ち、私のなかで「もっと近くで何が起こっているのかを知りたい。そして復興に携わりたい」という思いが強くなっていきました。そのような折、社協の生活支援相談員という仕事を知り、「何かさせていただきたい」と応募し、仕事に就くことができました。

　生活支援相談員の基本業務は「聴くこと」です。相手が伝えたいことに耳を傾け、心を寄せることです。慣れるまでは緊張の連続でした。初めて訪れた地域サロンで90歳を超える参加者から自信がない私に「大丈夫。失敗しても大丈夫だよ」と笑顔で励まされ、反対に元気をいただくこともありました。それからは、落ち着いて丁寧に対応することを心掛けるようになり、今では訪問がとても楽しみになりました。

　振り返れば「来てくれてありがとう」「待ってたよ」といった声に支えられ、10年の月日が経ちました。私が住む町で何が起きたのかを知り、何か役に立ちたいと始め

た生活支援相談員の仕事ですが、当時はこれほど支援が長期間におよぶとは思いませんでした。復興が進み、町が変わっていくなかで、震災によって一旦離れた住民同士のつながりを取り戻すため、一人ひとりに寄り添い、コミュニティ形成にもかかわりながらこの仕事を続けていきたいと思います。

今しかできない仕事だと思って

宮古市社会福祉協議会　畠山千歳

　震災当時、私は訪問介護の仕事をしていました。寝たきりや上手く歩行できない方の在宅生活は、大変厳しい状況でした。それでも私たちを笑顔で迎えていただけることは仕事への活力になりました。

　避難所にも支援にうかがいました。お風呂に入れない日々を過ごしていた方々に、温かいタオルで顔や手を拭いていただき、足浴を行いました。赤ちゃんの沐浴もしました。「ありがとう」と涙を流される方や手を握って震える方もいました。私がこの仕事に就いてよかったとこれほど感じたことはありませんでした。

　一方、支援者を迎える避難者の方々は気持ちをどこに向ければいいのかわからず、「あなたたちに何ができるの？」とにらむ方もいました。すぐそこにはご家族を亡くした方がいます。安否がわからないご家族を探す方もいました。避難所では、声をひそめ、足音をたてず、相手の表情に神経を澄まし、息が詰まる感覚でした。それでも、相手のことを思いながら行動できていたのは、命が助かったことを、ただただ感謝していたからです。被災者に寄り添える私が幸せだと感じていました。

　この感覚は、震災から半年後、生活支援相談員に従事してからさまざまな場面で、思い返されました。寄り添うこととは、支援を受ける人が安らかになるだけでなく、寄り添った側も助けられているのです。生きていることを実感します。避難所に暮らす皆さんも、同じ感覚を体験していたのだと思いました。そうした方々は、新しい終の棲家に移り住んでからも、自治会役員や災害公営住宅の世話役などを自ら引き受け、新しい街で頑張っているからです。

　この10年、誰もが一人ひとり、自分のできることを頑張ってきました。私は、今しかできないこの仕事にかかわれたことを誇りに思います。

第 **3** 章

応急仮設住宅での
活動の実際

# 第1節　応急仮設住宅での生活支援相談員の活動事例

　発災直後から復興までの経過では、住まいや生活環境、被災者の心身や経済状況の変化に伴い、生活上のニーズは異なります。そのため、災害時の支援活動は、災害発生後の24時間の初動期、72時間以内の緊急対策期、避難所開設と運営などの応急対策期、応急仮設住宅の建設やコミュニティづくりの復旧・復興対策期、それ以降の復興期等といった、各フェーズの特徴を踏まえた活動が重要です。フェーズ（phase）とは、「段階」や「局面」などを意味する言葉で、災害支援において用いられている言葉です。

　避難所や応急仮設住宅で暮らす時期とは、緊急対策期、応急対策期ですから短期間をイメージします。しかし、東日本大震災では、発災から20日以内に応急仮設住宅の着工をめざしたにもかかわらず、数か月を要し、被災者にとって苦しく、つらい時間となりました。さらに、災害救助法の目的により、応急仮設住宅の規格は、一戸当たり平均約9坪（29.7m^2）を標準としていることから、それまで一戸建てに住んでいた多くの被災者にとっては窮屈で、厳しい環境での生活が余儀なくされ、健康の悪化や精神的な疲労、生活音などの近隣トラブルや地域コミュニティの衰退などの問題が発生しました。

　そして、仮の住まいである応急仮設住宅の居住期間も長期化しました。通常、応急仮設住宅を利用できる期間（供与期間）は建築工事が完了した日から最長2年3か月以内とされており、被災者にとっては、なるべく早い期間に生活の基礎である住宅が確保されることが不可欠です。しかし、津波被害の大きさから災害公営住宅の建築、自力再建による恒久住宅の確保には時間を要すことになりました。

　そのため、東日本大震災の応急仮設住宅は、特定非常災害の被害者の権利利益の保全等を図るための特別措置に関する法律（平成8年法律第85号。以下、特定非常災害法）に基づき、特定非常災害に指定され、同法に基づく特別措置として応急仮設住宅の存続期間は延長されることとなったのです。

　このことからわかるように、生活支援相談員の応急仮設住宅における支援は10年前からついこの前まで続いていたことを私たちは忘れてはなりません。そして、岩手県の市町村（沿岸地域）では、緊急対策期から長い応急対策期にかけて、生活福祉資金貸付や災害ボランティアセンター（以下、ボラセン）の運営、その後、ボラセンを復興支援センター等と名称を衣替えするなどして、生活支援や新しいコミュニティ形成のために生活支援相談の活動を活発化させました。

　本章では、応急仮設住宅等における生活支援相談員の活動の一例を紹介します。大きな被害を受けた岩手県沿岸の社会福祉協議会（以下、社協）のうち、宮古市社協、大槌町社協、大船渡市社協、釜石市社協、陸前高田市社協の取り組みが掲載されています。事例執筆者は、各社協の生活支援相談員です。発災からの 10 年間を振り返り、印象に残った事例について執筆していただきました。全員、社会福祉に関する事例の執筆は初めてです。

　執筆者により書きぶりの特徴がありますが、共通する内容として、タイトル、キーワード、事例の概要、支援経過、生活支援相談員としての視点、感想と振り返りで構成されています。これらの事例には、岩手県社協が主催した事例検討会でとりあげられたものもあります。その事例検討会に参加した山崎美貴子先生、山下興一郎先生のコメントをふまえ、本章に掲載した全事例に「タイトル」「キーワード」「事例の概要」を山下興一郎先生が、「事例検討のポイント」を山崎美貴子先生が執筆しました。

　宮古市社協の飛澤友香利さんは、生活支援相談員の仕事が大好きになり、のめりこんだ一人です。多くの事例を振り返るなかから一番印象に残っている人のことを書きました。「訪問時不在、支援拒否」といわずに、「会えなくなる」「会えない」と表現した男性の事例です。寄り添い支援において直面した課題などを考察されました。

　大槌町社協の浦田大輔さんは、当初の高齢者等共同仮設住宅から、要介護認定を受けたことで、応急仮設住宅への引越を余儀なくされた事例を執筆しました。住まいの支援策における矛盾を指摘し、本人にしっかり寄り添いながら関係機関との調整を図る一翼を担った活動記録です。

　大船渡市社協の永澤瀧子さんは、震災で家族を亡くし、孤独死の心配も考えられる一人暮らしの高齢者の事例を取り上げました。支援に入った背景、訪問する上で注意したことをまとめ、はじめは「死んだほうがまし」と言っていた方が「ありがたい」とつぶやき、最期まで見届けた 5 年間を振り返りました。

　釜石市社協の土橋眞由美さんは、2011（平成 23）年 11 月の初回訪問以降、2020（令和 2）年までの長期にわたり訪問を続けた夫婦を取り上げました。認知症、高齢、DV といった課題の多い夫婦の支援は、生活支援相談員の見守りだけでは限界があり、多機関協働、支援のネットワークが目指されました。被災される前から DV や認知症がありましたが制度に結びつかず、生活支援相談員のアウトリーチがあったから発見され支援につながったのではないかという重要な指摘がなされています。

　陸前高田市社協の佐藤尚子さんは、それまで市内にはなかったサロン、お茶っこ会の立ち上げを振りました。佐藤さんの今日に至るまでのすさまじい経験は、「何がなんだかまったくわからないなかで、さまざまな人々に支えられて、無我夢中で、混乱

して、思い出さなければならないことがあまりにも多い」ものだったと思います。陸前高田市社協で初めて取り組んだサロンの誕生に焦点を当て、生活支援相談員、生協、NPO等が開催し根付いた地域支援の事例を記録してくださいました。

　本章では、応急仮設住宅での生活支援相談員活動の一端から、現場の実践を感じ取っていただければ幸いです。

第2節 応急仮設住宅での支援事例

1 時に会えなくなる、一人暮らし高齢者
宮古市社会福祉協議会　飛澤友香利

◇ キーワード

一人暮らし、応急仮設住宅、アルコール依存

◇ 事例の概要

アルコール依存のある一人暮らしの男性（Aさん）の事例です。部屋はいわゆるゴミ屋敷の状態で、生活支援相談員の声掛けでゴミ出しなどをするものの、ゴミ屋敷に戻るということが繰り返されました。お金がなくなるとお酒が買えないので飲酒できず安定した生活になりますが、年金が入ると飲酒が始まり、筆者ら生活支援相談員は本人に会えない状況が続きました。貯蓄を使い果たした後、被災した土地を売って生計を維持する時期もありましたが、再びお金を使い果たすまでアルコールを摂取してしまい生活困窮となりました。Aさんにかかわった経緯について振り返り、自らの支援について感想をまとめます。

◇ 支援経過

● 本人の状況

Aさんは60代半ばで、婚姻歴のある一人暮らしの男性です。息子は他県にいますが、情報や行き来はありません。もともとは大工をしており、震災後も2年程は仕事をしていましたが、応急仮設住宅に入居後、それまでAさんの世話や金銭管理をしていた母親が亡くなってから飲酒量が増え、生活は不規則になりました。部屋はいわゆるゴミ屋敷の状態となり、生活支援相談員の声掛けでゴミ出しをするものの、ゴミ屋敷に戻るということが繰り返されました。

Aさんは人とのかかわりは上手で、大工仕事やガーデニングも得意でしたが、判断能力の不十分さがみられ、再建に関する制度や保健・医療・福祉サービスを理解することは難しいと感じました。

● 生活歴・生活状況

筆者ら生活支援相談員が聞き取った内容は、当初、母親とAさんは自宅再建を希望しており、母親の逝去後もAさんは自宅再建を希望していました。健康面では、

Aさんは血圧が高いにもかかわらず受診を拒否し、いつ倒れてもおかしくない体調が続いていました。生活支援相談員は保健師や地域包括支援センター（以下、包括）につなぎ、必要なサービスの導入を進めました。

応急仮設住宅では、当初、隣人が世話をしてくれており、安否確認、食事などのおすそわけ、日常の用足しなどの助けを得て、生活支援相談員はその情報を確認しながら生活状況を見守っていました。Aさんはほかの入居者と一緒に畑づくりをし、野菜のおすそわけをしたり、いすの修繕やスノコづくりなどの大工仕事をしながら、良好なご近所付き合いをしていました。

しかし、隣人と関係性がくずれてからは、安否確認がとれない状態が続くこととなりました。特にアルコールを摂取すると、生活全般について自らコントロールすることができなくなり、それが隣人や近隣との関係がくずれた理由だと思われます。

● **生活支援相談員から見たニーズと課題**

・Aさんは思う存分お酒が飲みたいし、人にもごちそうしたい。義理人情に厚く、人の役に立ちたいと思っている。

・医療機関を受診せず、高血圧でかつ一人暮らしのため、体調の安定と定期的な安否確認が必要。

・お金があるとアルコールに消費してしまうため、少なくとも光熱費が滞らないよう金銭管理が必要。

◇ 生活支援相談員の視点

筆者ら生活支援相談員が得た情報をふまえ、社協では以下のように支援の視点を整理しました。かかわりの経緯は**表**のとおりです。

・体調が不安定で、いつ倒れてもおかしくない状況が続いていたため、安否確認の継続を重点化。

・金銭の自己管理が不十分なため、電気・ガスが止まることがあり、特に冬期の安否確認を強化。

・特技を生かした社会活動の場づくりも支援の一環とし、課題ばかりに目を向けないようにする。

・チームで連携し、生活支援相談員の統一した支援を行う。

表　A さんの情報とかかわりの経過

2015（平成 27）年

9 月　母が死亡し、A さんは一人暮らしとなる。

10 月　部屋が乱雑になる。飲みに出掛けては、キャッシュカードや印鑑の紛失を繰り返す。

2016（平成 28）年

2 月　宗教に加入。

3 月　電話が止められる。

5 月　商店・飲み屋のつけが増え、支払い困難な状況となる。そこで、生活支援相談員と行政とで支援者会議を開催する。洗濯機を購入することとなり、それをきっかけに電気屋さん・行政・社協とともにゴミを片づける。

6 月　生活支援相談員の声掛けの継続により受診につながり、自ら血圧測定と服薬を始める。

7 月　訪問しても不在が続き、会えなくなる。商店で飲酒中、脱水症状で救急搬送になったことがわかる。

8 月　服薬管理と血圧測定のため、訪問看護の利用を開始。

12 月　生活支援相談員より、生活保護の申請・公営住宅入居申し込み・日常生活自立支援事業の利用に関する提案を行う。本人も金銭管理が必要な状況であることを納得したが、手続きをしようと訪問すると不在が続き、金銭管理の支援制度にはつながらない状況が続く。

2017（平成 29）年

1 月　公営住宅が内定するが、飲酒により精神状態が不安定となり手続きがすすまない。

2 月　電気・ガスが止まり、困窮状態となる。

3 月　震災前に住んでいた土地を売却して 200 万円の現金収入を得たが、その後訪問しても会えなくなる。

5 月　応急仮設住宅（A さん宅）が再びゴミ屋敷となる。

8 月　お金がなくなる。死んでもいいと投げやりな態度で手続きが進まない。

9 月　生活困窮者自立支援事業と連携し、食糧支援を行う。

10 月　災害公営住宅へ入居。腰痛、臀部や太ももの痛みが続く。

11 月　社協主催のベンチ修繕ボランティア活動に参加する。

12 月　公営住宅内の雪かき、ゴミ集積所の掃除を行っている姿を見かける。

2018（平成 30）年

1 月　友人も同じ公営住宅に入居し、たびたび一緒に飲んでいる姿を見かける。

2 月　ご近所や知人に頼まれ、お墓掃除や大工仕事をするとお礼にアルコールをもらい、飲酒が多くなる。転倒が増え、アザと顔のむくみも見られた。

3 月　地域包括支援センター（保健師）に体調確認を依頼する。

5 月　困窮状態。食べる物がない状況が続く。

6 月　公営住宅敷地内の草刈りを行い、ビールをもらって飲んでいた。

6 月　海で岸から 3 メートルほどの海面にうつぶせでうかんでいるのを観光客が発見。警察や消防により 30 分後救助されたが、その場で死亡が確認された。一人で海藻を取っていたとのこと。救命胴衣は着けていなかった。死因は不明。

◈ 本事例にかかわった感想と振り返り

　筆者がAさんを訪問した際に感じたことは、アルコール依存症の人はその日の状態に応じて、解決が必要と思われる課題の優先順位が異なるということです。例えば、ゴミ屋敷化した住まいの片付け、金銭管理、病院受診、食糧支援など、解決すべき複数の生活課題があり、Aさんの状態に応じて取り組む必要がありました。また、こうした課題の優先順位は、訪問した生活支援相談員によって感じ方や支援内容（助言内容）が異なったため、結果的にAさんを混乱させてしまいました。

　アルコールの課題を抱えている人は、飲酒していないときの安定した状態と飲酒したときの状態の変化がかなり大きいといえます。優先して解決や対応しようと考えていた問題以外の体調の急変による緊急事態がたびたび起こりました。そのため、チーム・組織・関係機関との連携と迅速な対応が問われ、その状況に合わせた臨機応変なアプローチがかなり重要であることを経験しました。

　Aさんは飲酒をすると、生活支援相談員が訪問しても居留守をつかったり、訪問時間に合わせてわざと外出することもありました。Aさんに対しては、早い段階で生活困窮となる予測は十二分にできてはいましたが、本人に会えず、金銭管理の支援につなげられなかったことについて、筆者は支援者として無力感を覚えました。

　今一度振り返ると、Aさんに個々の生活支援相談員の価値観を押し付けていた実態もあったのではないか、制度についてAさんにもっとわかりやすい言葉で繰り返し説明を行えば、利用につなげることができたのではないか、Aさんの本当の気持ちを理解しようとすることや丁寧な傾聴が不足していたのではないかと考えます。

　Aさんとのかかわりを通し、寄り添うという距離の取り方、必要に応じて支援をする、つなぐ、チームで動くなど、多くのことを経験できたことに感謝します。

◆事例検討のポイント

　事例提出者は自分としては「どうすればよかったのか」と述べています。学びの深い事例であったと思われます。本事例にかかわった感想、振り返りを丁寧にされておられるので、事例提出者とともに次にあげる論点を中心に振り返りの作業を進めてみましょう。

1 Aさん宅を訪問したとき、特に体調面に配慮しなければならないときは、支援内容や優先して行うことは通常の見守りではなく、緊急的な対応や直接的な支援を行うことが考えられます。しかし、訪問する生活支援相談員の価値観、感じ方により支援しようとする内容が異なる場合があります。特に気をつけたいのは、体調の急変時における、チーム・組織として、共有された支

援方針のもとでの臨機応変で迅速な対応の必要性です。

2 生活支援相談員が訪問しても、飲酒時はときに居留守をつかい、訪問予定時にはわざと外出するなどして、支援拒否に直面していました。その理由は、知らぬうちに生活支援相談員の価値観を押し付けていたからなのではないでしょうか。

3 制度利用に関する提案については、わかりやすい言葉を用いたり、繰り返し説明するなど、利用者の立場にたって説明する工夫が十分ではなかったのではないかと思われます。

4 Aさんの本当のニーズ、本人の望みに対し、丁寧な傾聴を重ねることが必要でした。寄り添うときの距離の取り方、必要に応じた支援を組み立てることが大切です。

　これらの諸点は生活支援相談員でなくとも、アウトリーチを行うソーシャルワーカーならば誰もが直面しやすい課題です。

　生活支援相談員は、Aさんが直面していた寂しさや孤立、母親が他界してからの酒量が急激に増えた背景に思いを寄せ、懸命にかかわろうとしました。その真摯な姿に深い共感を持ってエールを送らせていただきます。

　震災により酒量が増え、アルコール依存症になった方の人数は少なくないとの報告もあります。Aさんは診断がつけられていないので断定はできませんが、アルコール依存症の可能性があります。アルコール依存症は病気です。本人の健康だけでなく、仕事を失い、家族にも被害がおよび一家離散になることも稀ではなく、生活全体に影響を与えてしまうほどの破壊力があります。適切な治療が必要なのです。その治療を受ける機会が多くあること、本人が選択して治療を受けることが求められます。

（山崎美貴子）

2 災害時の生活支援制度に影響された 一人暮らし高齢者への支援

大槌町社会福祉協議会　浦田大輔

◇ キーワード

認知症、サービスへのつなぎ、見守り支援継続

◇ 事例の概要

　Mさんは90代後半の女性です。一人暮らしで家族は県外に住んでおり、町内在住の親戚とも親交はありません。要介護認定の結果、高齢者等共同仮設住宅**(注)**（以下、共同仮設住宅）から応急仮設住宅への転居を余儀なくされました。応急仮設住宅入居時は、災害支援の仕組み上の制約を受け、生活用品がない、ガスが使用できない（止められている）、電化製品もない、という「ないないづくし」の状態でした。

　本事例は、Mさんが応急仮設住宅での生活を経て、生活再建（災害公営住宅への入居）までの間、筆者ら生活支援相談員が安否確認、孤立解消、見守り体制を構築・継続させるべく、丁寧に各関係機関と情報共有しながらかかわった長期支援の事例です。

（注）　高齢者等共同仮設住宅とは

東日本大震災の被災地において、被災した高齢者、障がい者（児）等の安心した日常生活を支えることを目的に、応急仮設住宅地域に、高齢者等に対する総合相談や生活支援サービスを提供するために整備されたグループホーム型の仮設住宅のことです。24時間体制での運営及び職員（生活相談員）の常時配置で生活支援を行います。入居している方は、日常生活は自立しているが応急仮設住宅での一人暮らしに不安を感じていたり、応急仮設住宅生活において段差・入浴などに不自由を感じている等の被災高齢者、障がい者（児）等です。日常生活が自立していることが前提のため、要介護認定を受けた場合、退去が求められます。また、あくまでも応急仮設住宅のため、入居者には災害公営住宅への入居も含めた生活再建も求められます。大槌町では、震災後の2011（平成23）年9月から3か所の高齢者等共同仮設住宅が整備され、町内の3法人が委託を受け運営してきました。2018（平成30）年度末をもって、町内すべての高齢者等共同仮設住宅は閉所されました。

◇ 支援経過

●本人の状況

　Mさんは現在97歳で、生活支援相談員の訪問開始時は91歳でした。東日本大震災により被災し、町内避難所から共同仮設住宅へ入居しました。その後、応急仮設住

宅への転居・生活を経て、災害公営住宅に入居し、生活しています。

　共同仮設住宅の頃に、「物を盗られた」などの訴えが職員にあり、2014（平成26）年9月に要介護1の認定を受けました。難聴があり、高血圧などのため町内の医療機関に現在も通院しています。日常生活については自立しており、タクシーを使って買い物に行ったり、老人クラブにも加入・参加しており、他者との交流はできています。

　家族は、長女が東日本大震災で亡くなり、次女は宮城県、三女は関東に住んでいます。次女との関係は良くなく、三女とは関係が保たれているようです。共同仮設住宅退去の件は、次女が直接、共同仮設住宅の関係者と連絡を取り合って決めるなど、Mさんの生活環境については次女が支えています。義妹（夫の妹）が町内にいますが絶縁状態であり、町内の緊急連絡先は知人になっています。

● ニーズと課題

　震災後、Mさんは避難所から共同仮設住宅へと入居しました。しかし、2014（平成26）年9月に、共同仮設住宅の生活相談員から大槌町包括に「Mさんに物盗られ妄想などがみられ不穏である」旨の連絡があり、小地域ケア会議において、Mさんは要介護1の判定が出たため、共同仮設住宅を退去し応急仮設住宅に移ることになったとの説明がありました。共同仮設住宅に入居した被災者は家電6点セットの支給対象外だったため、Mさんが応急仮設住宅へ引越した際、家電等がなく、入居後の生活に支障を来たしました。

　Mさんのように、入居当初は心身ともに元気な状態（身の回りのことはある程度自身で可能）でも、高齢であったり、入居期間が長くなってくると、心身に影響が生じてくることは当然あります。その結果、要介護状態になると（自立が前提の）共同仮設住宅では退所を求められます。筆者は、そもそも応急仮設住宅での生活に不安を感じるなどの理由で共同仮設住宅に入居している高齢者が、要介護認定を受けたことを理由に、応急仮設住宅に転居させるという仕組みに違和感を持ちました。

● 応急仮設住宅でのかかわりの経過

　応急仮設住宅への転居後、地域支援員による声掛けと見守り、生活支援相談員による訪問を開始しました。生活支援相談員が初めて訪問したときは、家電がなく部屋は寒々としていました。Mさんは「明日、知人と電気店へ行き家電を購入する予定。昨晩から食事はパンと水だけ。温かいご飯が食べたい」と話し、そのときあったのは食べ残しのパンだけの状態でした。Mさんは、共同仮設住宅での生活について、物が盗られたので、「嫌で早く（共同仮設住宅から）出たかった」と話しました。事の真偽はわかりませんが、Mさんは同じ話を繰り返すことはあるものの、はっきりと質疑応答などができる状態でした。

次に訪問したときには、冷蔵庫、洗濯機、炊飯器が設置されていました。知人から電気ポット、惣菜屋から電子レンジをもらったとのことで、室内に生活感が出ていました。しかし、次女からの要請でガスが止められているため、風呂と台所のお湯が使えない状態でした。

　後日、台風接近との天気予報を踏まえ、訪問したときのことです。Mさんに、台風が近づいているため、落ち着くまで出掛けないようにと話しました。また、応急仮設団地の自治会長宅を訪問し、Mさんの認知症や徘徊（外出）への心配等について情報提供を行いました。

　2014（平成26）年10月中旬、包括からMさんの小規模多機能型居宅介護支援（以下、小多機）の利用が決定したこと、週1回の配食サービスも利用する方向で支援が進んでいる旨の情報提供がありました。同時に、Mさんのカンファレンスが実施されました。出席者は、Mさん、Mさんの知人、包括職員、小多機職員、地域支援員、生活支援相談員で、共有した内容は以下の通りです。

・買い物は、町内のショッピングセンターや近隣の惣菜店でMさん自身が行う。ガスが停止している状況は続いているので、惣菜等の温めは電子レンジを使う。
・小多機は週2回、月・水の利用で入浴を提供する。
・地域支援員は、主に午前の声掛けを行う。
・配食サービス（昼食：週1回・木曜日）は10月後半からの利用開始とし、生活支援相談員は配達時に見守り訪問を行う。
・緊急時は、小多機に連絡する。

　また、民生委員・児童委員、応急仮設団地自治会長には改めてMさんと面談する機会を作ることとなりました。これらについては小地域ケア会議においても、これまでの経過とあわせ情報共有されました。

　週2回の小多機利用は順調で、事業所側でもMさんの心身の状態を確認できることから、生活支援相談員のMさんへの見守り訪問は「定期訪問」から「全戸訪問」のなかで行うことになり、回数が減りました。

　徐々にMさんの応急仮設住宅での生活は落ち着きをみせ、小多機のデイサービス利用、サロン参加など、外に出て他者との交流を持ちながら、生活面でも不自由なく、体調面も元気に生活されるようになりました。自らタクシーやバスも利用されていました。

● 現在の様子と変化、今後の展望

　2016（平成28）年8月に災害公営住宅に入居し、現在も一人暮らしですが小多機のデイサービスを利用しながら、体調面、生活面ともに安定した生活を送っています。

90代後半に入り、電子機器の使い方がわからない、賞味期限が過ぎた食べ物がそのままになっているなどの課題があがってきており、生活支援相談員は月1回の見守り訪問を行い対応しています。

今後も小多機と情報共有を密に対応していきます。また、住民支え合いマップを利用し、Mさんを理解してもらい、地区自治会や同公営住宅住民からMさんに対し、見守りしてもらえるような関係性づくりを進めていければと思っています。

◇ 生活支援相談員としての視点

Mさんは何事も自分で決めて行動するしっかりとした性格のように思います。ふだん、自らの不安や心配事などを生活支援相談員等に言うことはありませんでした。そんなMさんが共同仮設住宅での生活の不満を口にし、早く退所したかったということは、避難所の後、共同仮設住宅を退所し、さらに応急仮設住宅に移る時期は、Mさん自身にとっても不安や心配があったのではないか、と思いました。

特に、共同仮設住宅では、入居者に日課（スケジュール）があったので、おそらくMさんはそれに縛られることなく自由にしたかったと思われます。応急仮設住宅に引越してからは、一人になり自由に生活できるようになりました。身の回りのことが自分でできる方だったので、好きな時間に外出、買い物、料理などを行える喜び、楽しみなど毎日が充実しているように感じました。

家族は県外、親族とは疎遠の単身高齢者のため、いったんは制度・福祉サービスに支援を委ねようと近隣住民（同仮設団地自治会長、同仮設住宅住民、町内の惣菜屋など）から提案がありましたが、その方々には、再度、協力や見守りを継続してもらうよう、カンファレンスの声掛けを行いMさんについて共有しあいました。その後、大槌町社協で運営する小多機を利用することになり、Mさんの見守りは同じ社協内の事業ということを活かし、密に情報共有を行いました。

災害公営住宅に引越してからのMさんは、以前よりも心配、要望などを発するようになりました。筆者らは、それでもMさんの性格上、十分には口に出していないのかもしれないと思っています。その分、生活支援相談員はMさんの孤立感や不安を少しでも和らげるよう、Mさんの心境や環境の変化に伴う問題を確認しながら、訪問を継続し、安否確認を行い続けています。

今振り返ると、筆者らはMさんとの関係において、時間が経つにつれ、その心配や不安をMさんが口に出さなくても、Mさんの表情やそのときの様子などで不安に思われていることなどに気づいており、声掛けや対応していたこともありました。すると、Mさんからは感謝の言葉があり、記憶力もよく「あのときは○○してくれた

よね。ありがとうね〜」と言ってくださいました。

◇ 感想と振り返り

　現在、筆者は大槌町社協で運営しているデイサービスセンターの介護職員として従事しています。福祉、医療、災害時の生活支援等の専門知識、連携先である行政の仕組み、各福祉関係機関との関係性づくりなど、多くのことを生活支援相談員活動を通じて学ぶことができました。「社協の浦田さん」「社協のおれんじ」と生活支援相談員の存在を住民の方、地域の中で覚えていただいたことがとても幸せであり、力になりました。また、同じ職に就いた仲間たちと個別ニーズや地域ニーズについて一緒に悩み、解決にむけて共に仕事ができたことは、今後も社協職員としての宝になります。生活支援相談員で得た多くの経験や知識を忘れず、筆者自身のこれからの人生にプラスして、介護職でも対人援助・支援を行っていきたいと思っています。

◆ 事例検討のポイント

　本事例のポイントは支援経過に記されているとおり、制度の不具合や資源が適切に対応できない場面があるなかで、高齢のМさんは一人暮らしに慣れているため、自身の判断が明確で、自分で決めてしっかりと行動でき、生きる力が備わった人であることです。生活支援相談員がМさんにしっかり寄り添うことで比較的安定した暮らしを保つことができた好事例といえましょう。

　ここで学びたい課題は以下の3点です。

1 災害発生当時は共同仮設住宅に入所されましたが、この住宅は日常生活が自立していることが前提です。要介護認定を受けた場合、退去を命じられます。Мさんは「物盗られ妄想などがみられたため」要介護1の判定を受け、退去となりました。応急仮設住宅に住まいを変えましたが、そこには電化製品など備えられていない状況で、たちまち生活に窮しました。知人の支援で生活が整えられ、さまざまな不具合を一つひとつ乗り越えていきました。自分の意思で何が必要か、どうすればよいかを生活支援相談員と確かめながら気づいていく様子が記されています。被災者主体の支援の進め方が読み取れます。

2 本人が参加し、知人、包括職員、小多機職員、生活支援相談員、地域支援員でカンファレンスを実施している点にも注目したいと思います。また、応急仮設団地自治会長、民生委員・児童委員とも面談の機会を作っています。本人が望む生活を続行できる支援体制を整えるとの方針で進められ、安定した体制ができていきました。

3 生活支援相談員としての視点が明確であることと、長期にわたる支援経過の
なかで、本人理解が十分に行き届いていたことにより、よりよい支援が確実
に進められました。状況の変化によりニーズは異なりましたが、その都度、
ニーズに耳を傾け、具体的に対応が進められたことがよかったことです。さ
らに、本人は一人暮らしであり、情報が入りにくい身体状況であることを配
慮して、保健、医療、見守り支援など、関係機関とのカンファレンスを行い
ながら、情報を共有化する仕組みを組み立てて、その都度本人に情報を丁寧
に届け、寄り添う支援ができました。それにより、安定した生活が送れてい
くことが立証された事例です。

（山崎美貴子）

3 すべてを拒否する一人暮らし高齢者
大船渡市社会福祉協議会　永澤龍子

◇ キーワード

気になる高齢者、積極的接近と寄り添い支援、妻の死、受診拒否

◇ 事例の概要

　応急仮設住宅における生活支援相談員の仕事の一端を事例として共有します。大船
渡市内には10 〜 300世帯で構成された37か所の応急仮設住宅が設置され、大きさに
応じたコミュニティ支援が必要とされていました。特に、生活支援相談員の支援を要
する方々は震災により家族を失った高齢者が多く、一人ひとりさまざまな悩み・課題
を抱えながら生活する日々でした。筆者ら生活支援相談員は、応急仮設住宅にお住い
の方々に寄り添いながら、個別支援を展開することが求められました。

　筆者が担当した応急仮設住宅は、同じ地域で被災した人だけが暮らす5棟25世帯
で、皆さん昔からの知り合いで顔なじみの小さな応急仮設住宅でした。誰もが支え合
い、仲良く日々を過ごしているように見えましたが、訪問を続けるなか、震災で家族
を亡くした気になる一人暮らし高齢者がいました。本人がすべてを拒否している理由
が汲み取れず、不甲斐なさを感じ、どうしたらよいのかわからず葛藤しました。その
Cさんとのかかわりを振り返ります。

◈ 支援経過

● ご本人と家族の状況

Cさん（70歳代後半の男性）は、震災で妻を亡くされました。震災前は妻と一人息子の三人で暮らしていました。Cさんは他人の意見を聞き入れない頑固で意固地な部分もありますが、人と会うと話好きなところもあり、特に戦争の話や自分の子どもの頃の話を何度も何度も話すような人でした。

応急仮設入居時に同居していた息子とは不仲でした。その後、息子は遠方に移り音信不通の状態で一人暮らしとなりました。Cさんは車を運転してパチンコや買い物をしていましたが、事故を起こし、そのまま車は廃車。以降は車がなくなったことにより、応急仮設住宅の談話室と移動販売車が来たとき以外はずっと部屋の中で過ごし、横になっていることが多くなりました。隣には弟夫婦が住んでおり、毎日様子を見ながら食事の世話もしてくれていました。

● 積極的接近のきっかけ

Cさんの日中活動は車が廃車となったことで外出する機会が減り、それに加え、家庭を守ってくれていた妻が亡くなったことの喪失感や気持ちの落ち込みがだんだんと出てくるようになりました。震災の日、妻と一緒に逃げ一安心したのも束の間、妻が車を取りに戻り、気がつき振り向いたときには妻の姿は見えず、津波の犠牲になったこと、早く気づいていれば止められたのにと自責の念が残り、早く自分を迎えに来てほしいと涙ぐむ場面もあり、ただただ聞くことしかできませんでした。訪問を重ねるうちに「あんだたちの顔を見ると元気になる。いつもありがとう」と声を掛けられるようになりました。

Cさんの健康状態はよくありませんでしたが、受診や服薬はしていませんでした。徐々に、清潔感が失われ、身だしなみが整えられなくなり、生活意欲の衰えもみられたため、生活支援相談員の定期的、かつ、積極的な見守り支援を始めました。その頃から地域担当保健師に連絡を入れ、2時間程傾聴してもらったりしました。

テーブルの上は、いつ食べ残したのかわからない物が散乱しており、食中毒が心配されました。そこで、筆者ら生活支援相談員は、Cさん宅を訪問した際、何度か部屋の片付けを隣に住む弟さんと一緒に行いましたが、特に喜んだ様子も見られませんでした。そのためか10日程経つうちにまた元の状態に戻っていました。

一方で、サロン開催日は生活支援相談員がCさん宅を訪問し参加を促すと、遅れても来てくれました。Cさんは所定の場所に座り自分が子どもの頃や戦争中のことをよく話していました。ほかの参加者とも昔からの知り合いで顔なじみのため、話が盛り上がっていました。

● 受診拒否への対応

　Ｃさんは、日が経つにつれ痩せ、歩行もふらつきが見られるようになり、体の衰え
が目立つようになりました。そこで、地域担当保健師と病院受診につなげようとしま
した。しかし、Ｃさんは「俺はどうなってもいい。行きたくない、死んだほうがまし」
と頑なに拒まれ、受診につなげることに苦労を重ねました。それからなんの進展もな
い状態が続きました。筆者ら生活支援相談員は、隣に弟さん夫婦がいらっしゃるもの
の、応急仮設住宅内での独居死の心配もしました。

　繰り返し、繰り返しＣさんに病院受診を勧めると、一時的に病院受診を承諾する
のですが、少し経つと「どこも悪くない、うるさい」と言い張りました。筆者ら生活
支援相談員は、Ｃさんはご自身の体調の衰えをＣさんなりに自覚されており、もし
かすると受診によって入院につながることを心配して不安な気持ちでいるのではない
かと感じるようになりました。そうしたこともあり、これまでの関係を崩さないこと
も大切に考え、受診の強い勧めは地域担当保健師と同行したときに保健師が行い、生
活支援相談員のみの訪問時は強く言わないようにしました。

　その後、心のケアセンターが訪問、社協も包括保健師と同行訪問を行うなど、何度
も訪問を重ね、弟さんの力も借りました。その甲斐あって訪問診療が週1回始まりま
した。生活支援相談員も3か月に渡りＣさんを定期訪問し傾聴するとともに、弟夫
婦宅も訪問して連絡を取り合うことで、デイサービスやショートステイの利用につな
がったように思われました。

● 長屋に引越後

　応急仮設住宅の後の住まいを考える時期になり、大工をしている弟さんが被災した
長屋を修繕し、Ｃさんが寝泊まりできるよう段取りを始めていました。また、Ｃさん
は自ら進んで応急仮設住宅の談話室に足を運び、いつもと違い小綺麗になり、みんな
との会話も積極的に感じられました。

　その後、長屋の修繕が済み、引越も近くなりＣさんはデイサービスやヘルパーを
利用することになりました。引越後は兄弟が集まり買い物に連れ立って出掛けたり、
隣に住む弟さんが泊まりがけでお風呂に入れ、着替えを手伝ったりしていたので、Ｃ
さんは「ありがたい」とつぶやくこともありました。また、Ｃさん宅に応急仮設住宅
時代から何度か訪問している傾聴ボランティアの方が来て、短い時間ではありました
が心穏やかに話をして、楽しい時間を過ごすことができたようです。時折仏壇にお茶
を備え、亡くなった妻に手を合わせているようでした。

　体がむくみ、腎臓の働きが低下し、入退院を繰り返した後に2018（平成29）年12
月に亡くなりました。

◈ 生活支援相談員の視点と振り返り

　Ｃさんご自身、妻を亡くした喪失感や自責の念から抜け出せず、どうしようもない気持ちがあるなかで、生活支援相談員はＣさんが少しでも前向きに生きられるよう、気持ちを逆なでしないよう、まさに模索しながら寄り添いました。

　弟さん夫婦の協力や筆者ら生活支援相談員が根気よく傾聴を続け、時間をかけたことが医療に続き介護サービス利用につながったのではないかと思われます。特に、弟さん夫婦は、震災で娘さんを亡くされ、寂しさや悲しみ、そして喪失感もあったはずであるにもかかわらず、筆者ら生活支援相談員にそうした哀しみを見せることもなく、兄のために一生懸命寄り添い協力してくれたことに感謝したいです。

　ただ、2018（平成29）年に入院先で亡くなるまでの約5年間、生活支援相談員としてＣさんにかかわるなかで、Ｃさんご本人が当初すべてにおいて拒否しているという理由がどういうところからきているのかは最後までくみ取れず、不甲斐なさを感じました。どうしたらよかったのかがわからず葛藤しました。

　それでも、最後まで生活支援相談員として、Ｃさんが家族に支えられ終の棲家へ移り、5か月間の入院生活の末、病院で亡くなるまで見届けることができたことは、心が救われる思いをしました。

◆事例検討のポイント

　寄り添い支援と一口に言っても、その支援の内容はさまざまです。この事例は、5年間にわたるＣさん（70歳代後半）への寄り添い支援を通して、固く閉じた心の扉を自ら少しずつ開いてゆくようになっていった過程を記した実践記録として貴重です。

1 Ｃさんは、震災前までは一人息子と亡くなられた妻との三人暮らしでした。災害で妻を亡くしたいきさつから、自責の念に駆られ、生きる望みを見出せず、早く妻のもとに行きたいと繰り返し訴えています。また息子とは不仲で共通の哀しみを分かち合うことができませんでした。自分を責め、悔やみ、生きる希望を失ってしまったＣさんにかかわるときには、どのようなかかわり方が有効であったかを記しています。

2 Ｃさんの健康状態はいくつもの課題がありました。この状態を放置することは大変危険な状態になることを意味します。治療、服薬を拒み放置しているＣさんに、生活支援相談員は心を痛めました。そこで生活支援相談員は訪問回数を増やし、地域担当保健師の派遣を要請し、保健師も説得を重ねました。この本気度がＣさんの心に届き始める入り口になります。

3 Ｃさん宅を訪問する際の大切な注意事項を記録にとどめています。心を込め

て相手に想いを伝えること、そのためにどのような手法を用いれば相手の心に届くのかを検討されました。相手の気持ちに寄り添って伝え続けることが肝要であることを学びました。その証拠にCさんはサロンに参加し、昔からの顔なじみであった住民と話が盛り上がりました。本人の参加意欲が盛り上がる場面であれば、参加への糸口が見いだせることが立証されました。

4 心に深い傷があり、受診を拒む理由に「行きたくない。自分はどうなってもよい、死んだほうがまし」と訴え、繰り返し受診を勧めると「うるさい。どこも悪くない」と拒否が続きました。しかし、生活支援相談員は心のケアセンター、保健師などと同行訪問を重ね、弟さんの力を借りて3か月にわたる傾聴面接を重ねた結果、訪問診療の受け入れが可能となりました。

5 自宅が弟さんの手で修繕され、そこに引越し、その後も弟さんなどの世話で入浴、衣服の交換などを受け入れ、デイサービス、ショートステイの利用につながりました。丁寧で根気強い支援がCさんの心を動かし、支援を受け入れる心の扉を開くきっかけとなった好事例です。

(山崎美貴子)

4 長期にわたる家族支援
釜石市社会福祉協議会　土橋眞由美

◇ キーワード

認知症、行方不明、身体的暴力（DV）、地域ケア会議、多機関協働

◇ 事例の概要

　この事例は、認知症のみならず身体的暴力（以下、DV）など、多様な課題を抱えたご夫婦に対し、2011（平成23）年11月に生活支援相談員が初回訪問をして以降、2020（令和2）年までの長期にわたり継続支援したご夫婦の事例です。支援開始から2014（平成26）年までの時期（第1期）と、その後から現在まで（第2期）の2期に分け、ご夫妻の生活状況の変化に寄り添った生活支援相談員と多機関協働について考察しました。

　Dさんには認知症があり、夫からDVを受けていました。Dさんの認知症発症後、度重なる行方不明により関係者での捜索が続いたことをきっかけに、関係機関が集まって協議し、Dさんを見かけた場所や時間を地図に落とし込むなどしてDさんの

活動範囲マップを作成しました。現在は生活基盤を整え、市内復興住宅に暮らしています。

◇ 支援経過

● 本人と家族の状況

　Dさんは80歳代の女性で、発災当時から認知症がありました。結婚を機に市内に転入され、水産加工会社に定年まで勤め、その後も70歳半ばまで清掃の仕事に従事していました。Dさんの夫も80歳代で、依存症とまではいきませんが多量飲酒され、糖尿病がありました。支援開始当時は夫婦二人暮らしで、他県に在住している娘さんが二人おり、担当ケアマネジャーとは連絡をとりあっていました。

● 生活状況

・住まい、経済状況

　東日本大震災の影響により住まいであったアパートが津波で壊され、ご夫婦二人で応急仮設住宅に入居されました。夫は無職で、Dさんの退職以降は生活保護の受給が開始されました。震災による義援金受領により一時、生活保護は廃止となりましたが、間もなく再受給となりました。近隣住民からは、夫のDさんに対するDVがあるとの情報を生活支援相談員は得ていました。

・Dさんの認知症の症状

　Dさんの認知症は次第に進み、それまでできていた金銭管理等が難しくなりました。夫は金銭管理も妻の世話も自分で行いたいと言い、介護サービスや社協の日常生活自立支援事業などの外部の支援を拒否しました。しかし、生活支援相談員や関係機関からみれば、夫はゴミ出し、日常の金銭管理、Dさんへの介護はもちろん、薬の服用も確認できていない様子でした。ゴミ出しでいえば、燃えるゴミの中に瓶や缶が混入していることがありましたが、当番の近隣住民がそのゴミの仕分けをしてくれていました。応急仮設住宅の住民がご夫婦を気にかけていることを知りました。そこで、住民の方々にご夫婦の見守りを一緒にしていただくようお願いしたことにより、ご夫妻に声掛けしてくださるとともに、日頃の様子も生活支援相談員に情報提供してくださるようになりました。

・DVの状況

　夫のDさんに対する暴力が、いつからかは正確にはわかりません。Dさんの認知症の発症時期も同様です。夫はDさんが家からいなくなるとパニック気味になります。Dさんは徘徊のほか、夫から暴力を受けると家から逃げ出すのですが、認知症のためか、これらのことを覚えていないようです。暴力を受けているとき以外はいつも

ニコニコしていました。

● 生活支援相談員から見た課題

　Dさんの認知症の進行により、徘徊はさらに増えることが予想されました。夫からのDVも変わらず、だからといって、関係機関が生活の場所を分けたり、保護したりということにもならない状況のなか、この状態をどうすればいのか、生活支援相談員として悩みました。Dさんの介護や服薬管理を夫のみで行うことは難しい状況です。生活支援相談員の見守りとともに、近隣住民の見守りで、認知症による徘徊、夫のDVなど日常生活の変化を察知するほか、社会福祉制度等を担う諸機関も支援を進めていくことが必要なことから、生活支援相談員と関係機関が協働しながら、両者の役割を明確にしてかかわっていくことが必要だと感じられました。

● 1期のかかわり（訪問頻度）の経緯と取り組み

　初回訪問は、応急仮設住宅入居後、2011（平成23）年11月の生活支援相談員による訪問です。2013（平成25）年春から、重点見守り世帯（高齢者世帯）として月1回の定期訪問を開始しました。2014（平成26）年8月から、状況確認のため、最重点見守り世帯として頻回訪問を行いました。

　2011（平成23）年11月の初回訪問以降、生活支援相談員と多機関協働におけるご夫妻へのかかわりを時系列に整理すると以下のようになります。

表　Dさんの情報とかかわりの経過

2012（平成24）年冬	Dさんの認知症と夫のDVについて、保健師及び生活応援センターと情報共有
2013（平成25）年1月	Dさんが夫のDVから逃れ、応急仮設団地の談話室に逃げ込み、隣人が仲裁に入った。
3月	精神科の見立てとして、夫はアルコール依存症とまではいかないとのこと。経過観察を続け、訪問時には糖尿病の服薬を促す声掛けを行うようにと保健師から情報提供を受けた。夫からDさんへのDVがあり、住民がDさんを一時部屋から非難させ、夫の気持ちが落ち着いた頃部屋に戻したとのこと。同月、見守りネットワーク会議にて本ケースを情報共有。
2014（平成26）年8月末	夫婦宅の近所を訪問中、夫がDさんを怒鳴る声が聞こえた。翌日夕方、Dさんが行方不明となり、夫が警察に相談。警察から娘に連絡し、市内防災放送で行方不明の放送を実施。放送後まもなく、Dさんは自力で帰宅。夫に黙って市内の妹宅に行っていたとのこと。

9月初旬	正午過ぎ、応急仮設住宅から約2km離れた駅前で一人で信号待ちをしていたDさんを見かけ、生活支援相談員が声を掛けた。「お祭りがあり、子どもたちが待っているのでそちらに行く」と話し、様子が不自然だった。先日の行方不明の件があったことから、交番へ案内し、Dさんは警察車両で送られ帰宅した。
9月中旬	「Dがいなくなった」と夫が騒ぎ、近隣住民で捜索したが、Dさんは自宅内の別の部屋にいた。

　認知症、DVなどへの専門職対応が必要な世帯であり、生活支援相談員の見守りだけで支援する事例ではないため、社協では、市生活保護担当課に連絡し、関係者を集めた地域ケア会議の開催を提案しました。結果、市高齢介護課担当課が地域ケア会議を招集し、9月から12月まで月1回、定期的に開催されることになりました。

　ご夫妻の支援を目的とした地域ケア会議では、新たな支援策の検討と支援策実施後の経過観察（モニタリング）のほか、併せてDさんの行方不明時に早期発見できるよう活動マップも作成することとなりました。

　地域ケア会議の参集者は、行政（市復興推進部、生活支援室（被災者支援部署）、高齢介護担当課、地域福祉担当課、保健師、生活応援センター）、警察、担当ケアマネジャー、仮設住宅連絡員、生活支援相談員です。

　活動範囲マップ作成を通してわかったことは、参集者がDさんを見かけた場所と時間を地図に落とし込んだ結果、Dさんの活動は夏は被災前の元地区へ向かい、冬はスーパーや近場の散策コースを歩いているということが明らかになりました。

　活動範囲を把握したのち、参集者間で次の5点の対策に取り組むこととなりました。
　①GPS携帯電話（次女が購入）をアクセサリー感覚で身に着けてもらう
　②仮設連絡員（毎日訪問）が訪問時にDさんは認知症の、夫は糖尿病の薬を飲んでいるか確認する
　③緊急時に備え、市認知症高齢者徘徊SOSネットワークの連絡ルートを確認する
　④親族には、担当ケアマネジャーが連絡する
　⑤ヘルパーの訪問回数を週2回に増やし、ゴミの分別を依頼する

● 多機関協働でかかわってよかったこと～認知症高齢者徘徊SOSネットワークの再構築
　ご夫婦の支援の見直しにあたり、支援者が一つにまとまって意見交換と支援方法の検討を行うことができました。そして、実施後の効果を確認するところまで定期的に会議を継続しました。また、被災前の状況や応急仮設住宅入居後の把握ができていなかったことについては、行政等の参集者からを詳しく得ることができ、東日本大震災前からの課題があった事例であることを認識しました。

この事例を契機に、市の認知症高齢者徘徊 SOS ネットワークをきちんと機能させる必要性が明らかになりました。DV による専門的介入と解決が必要な事例とだけ判断せず、地域の方々に共通する「認知症」や「高齢者夫婦世帯と介護」などの地域課題も表出した事例として着目し、認知症高齢者の見守り支援システムの再構築の必要性を生活支援相談員らは生活応援センターに提案しました。

● **第 2 期のかかわり**

ご夫婦へは、2014（平成 26）年の地域ケア会議の結果、包括が中心となってかかわることとなり、生活支援相談員の訪問回数は減りました。この時期、D さんの認知症状がさらに進み、デイサービスの利用を始め、ご夫妻への制度上の支援が増えたためです。

2016（平成 28）年 4 月、訪問回数が減ったとはいえ、この時期、生活支援相談員はご夫妻世帯の住む応急仮設団地を頻回に訪問し、見守り、担当ケアマネジャーから状況確認、現状の把握と共有、近隣住民の傾聴対応、応急仮設団地に入居していた民生委員・児童委員と警察との橋渡しなど、さまざまな支援を続けました。

10 月に災害公営住宅に入居することが決まりましたが、さらに D さんの認知症は進み、D さんは災害公営住宅で暮らすことなく施設入所となり、11 月に夫一人が災害公営住宅に入居しました。生活支援相談員は夫の生活が落ち着く 2018（平成 30）年 1 月まで状況に応じて訪問を続けました。

その後、2020（令和 2）年に夫が亡くなられたと包括から報告を受けました。

◇ 生活支援相談員としての視点

長期間にわたり訪問を重ね続けたことによって、夫は D さんに大変愛情を注ぎながら接していることがわかりました。それは、夫が自分で介護を担いたいという意思表示や、実は白髪染めを D さんにしてあげていたことなど、日頃の二人のコミュニケーションを見聞きしなければわからなかったことだと思います。著者は「いつも優しいね、お父さん」「一生懸命で素敵だね」と D さんが前向きになるような日常的な会話をするように意識しました。

急がないこと、丁寧に接することに努め、とりわけ D さんは昔の思い出を語ることを好んでおり、じっくりとかかわることを心掛けました。言語・可視化できない「笑顔の大切さ」を学んだように思います。今後の人生においても、支援に携わる方々には笑顔を大切にしてもらいたいと願ってやみません。

このように、いろいろな人生模様、さまざまなご夫婦の印象的な関係性に触れることは、筆者の視野を広げてくれるきっかけとなりました。

◇ 感想と振り返り

　今回の事例は、もし、被災前の状況だったら、もう少し長く二人で仲良く暮らせたかもしれないけれど、実はそうではなく、生活支援相談員が全戸訪問、頻回の個別訪問をしたことで、ご夫婦がみんなに見守られ二人で暮らせたのではないかとも思いました。

　多機関協働では、近隣住民との連携の重要性も痛感しました。ご夫妻への長期の支援事例では、行政や保健師をはじめとした種々の多機関との連携を体験しました。このなかで、生活支援相談員は専門的な支援というより、地域の中の共助的な役割を意図的に果たしてきましたが、実際にはこうした共助的役割は、生活支援相談員だけが行うのではなく（特に平時では生活支援相談員はいないため）、専門職は近隣住民との連携が欠かせないものだと痛感しました。元々、地域内のコミュニティは狭いと言われがちな地域性ではありますが、市内での住居移動だけでも近隣住民との関係性は希薄なものになるのだと実感しました。実際、接触回数が多い方でもその方の家族構成や背景については把握しきれていないことも少なくありません。

　このことから生活支援相談員の仕事において重要な「アウトリーチ」といわれる声掛けの職務は、災害や有事問わず超高齢化が進む日本社会において地域住民に対しても欠かせないものだと思います。小さな声掛けの積み重ねは、災害時における支援のみならず、地域共生社会、福祉コミュニティの形成をめざす後進や、地域住民の支え合いをコーディネートする方々にとって、後に大きな役割を果たすものになります。誇りを持って仕事に臨んでほしいです。

◉事例検討のポイント

　認知症を発症した妻と度重なる夫のDVという課題のある夫婦への長期にわたる支援の事例です。この事例の特徴、ポイントを次のように挙げてみます。

1 この事例報告は時期区分され、時系列で記録を作成しているので、それぞれの時期の重点事項、特性が理解しやすく、参考になります。

2 ９年という長期の支援であることから、短期支援では読み取れない夫婦間のエピソードが登場し、夫婦間の関係の微妙なやり取りが見え隠れします。

3 問題の複雑さ、重層化により、生活支援相談員の支援だけでなく、認知症、DV支援に関する専門職の介入の必要性があります。DVは暴力であり、犯罪です。身体的被害、心理的被害、ネグレクトなど人権にかかわる行為が発生する状況を読み取る必要があります。

　また、DVは厄介なことに一つのサイクルがあり、緊張期、爆発期、ハネ

ムーン期が繰り返されます。暴力を振るわないときにはとてもやさしく接したり、「二度とそのようなことをしない」と謝ったり、誓ったりする時期があります。今回の事例では、夫が飲酒すると暴力を振るうということが長期にわたり続きました。DV に対しては専門的な見定めと対応が必要な事例もあります。ときに生命にかかわる場合もあるので、そのあたりの側面を学び取る必要があります。

4 多機関協働による支援が進められていく過程が興味深く展開します。社協の提案により、関係者を集めた地域ケア会議が月 1 回開催され、会議の場で支援策の検討、モニタリングが行われ、D さんが行方不明になったときの早期発見のため、活動範囲マップの作成が行われることになりました。その結果、場所、時間、季節により異なる行動範囲を定めることができました。地域住民による D さんの行動についての発見、気付き、情報提供などの支援が生活支援相談員に届けられ、大切な支援の力となっています。今回の支援で興味深いのは、こうした官と民による支援がつながりあって、進められていったことです。

5 こうした体験から五つの対策を編み出し、さらに認知症高齢者徘徊 SOS ネットワークの再構築の必要性が明らかになりました。一つの事例への対応に留まらず、支援の道筋を見出す力に成長する過程も大切な学びです。

(山崎美貴子)

5 青空サロンお茶っこ会の立ち上げ
陸前高田市社会福祉協議会　佐藤尚子

◇ キーワード

サロン、住民が集まる場所づくり、多機関連携、社会資源の開拓

本事例では、サロンの立ち上げから地域に広げていった活動について報告します。

◇ サロン立ち居上げの経過

当時、ケアマネジャーだった私は、市内の各避難所を日が昇るとともに訪ね歩き、社協が担当していた利用者の方々の安否確認に無我夢中の日々が続きました。そのようなとき、盛岡市より陸前高田市に毎日通っていただいた岩手県社協と、桃山学院大学の川井太加子先生から「住民が集まる場所(サロン)を作りましょう」「サロンを

通じて住民さんを見守っていきましょう」というお話をいただいたのですが、当時の混乱した状況では、正直上の空で聞いていたものでした。

　まず、サロン開設のための会議が開かれるようになりました。私が担当者になり、昼食時間に合わせた会議（ランチミーティング）で皆さんと顔を合わせる機会が増えていきました。

　震災前の陸前高田市ではサロン活動は行われておりませんでした。めざすべきサロン活動は、住民の方々が自主的に運営しながら楽しんで行うものですが、発災当時の混乱したなかでは、特別バージョンで社協が民生委員・児童委員さんや住民さんに声を掛け、相談しながら立ち上げていきました。

　その頃はサロンといっても、公的な会館はすべて避難所になっており、応急仮設住宅には集会所がなかったため、集まる場所がないことが一番の課題でした。そのような折、頻繁に行われていたケアマネジャーの会議のなかで、「高齢者が多い」と話題にあがった応急仮設住宅がありました。川井先生を中心にその応急仮設住宅の住民と担当の民生委員・児童委員さんとの話し合いを重ねながら、校庭を提供してくださった小学校にも協力を依頼し、幾度となく話し合いを持ちました。

　そうして、多くの方々の協力を得て、やっと校庭の片隅の小さなスペースを確保することができました。応急仮設住宅が棟をなして立ち並ぶ校庭の端に、来客や子どもたちの遊び場を奪わないよう配慮しながらテントを張り、机を並べ、お茶道具を準備しました。名付けて「青空サロンお茶っこ会」です。

　場所が決定し、なんとかスタートしたサロンは毎日開催され、全社協ブロック派遣の社協職員の皆さんや、全国社会福祉法人経営者協議会から派遣された社会福祉法人中心会の皆さん、岩手県内の職能団体の皆さんに、大きな力を注いでいただきました。

　夏休みに入ると、青空サロンは学生ボランティアで賑わいました。お茶っこサロンに子ども会を併設するようになり、テントの中は新聞を広げる住民の隣で宿題をする子どもたちの姿が見られ、こうした微笑ましい光景は、今でも思い出されます。

　問題も起こりました。サロンからの笑い声や話し声が学校の授業の邪魔になると苦情が入ったのです。青空サロン存続の危機に直面しました。これに対して、私たちはサロンの必要性を訴え、理解を得ることができました。

　連日開催されていた青空サロンには生活支援相談員も参加し、家庭訪問が始まる9月初旬まで続けることができました。その間、多くの専門職ボランティアや学生ボランティアが運営に携わり、ときには音楽演奏や紙芝居などのイベントボランティアの方々も訪れてくれたことで、住民の気持ちを和らげていただきました。

◇ 生活支援相談員としての視点

　青空サロンにならい、ほかの地域でも避難所が閉所となった会館を利用して、週1回のサロンを次々と開設していきました。岩手県社協よりバスを借り、点在する応急仮設住宅を巡り、住民を集めたことで、震災後にバラバラになってしまった以前の隣組の方々が顔を合わせることができました。住民は、週1回とはいっても会える日を楽しみにしていました。サロンは生活支援相談員を中心に、民生委員・児童委員さんや保健師の協力もあったので、住民はより安心して集うことができたのかと思います。

　集会所がない応急仮設住宅では、生活支援相談員が応急仮設住宅の自治会へお願いして空き部室を借り、サロンを開設しました。この空き部室のサロンには自治会の協力が大きく、住民も積極的に運営にかかわってくれました。応急仮設住宅の狭い部屋だからこそ、人と人を強く結びつけるものがあったのだと思います。

　サロンは手芸や体操だけでなく、生活支援相談員が試行錯誤しながらさまざまな工夫をして内容を考え、住民に楽しんでいただくこともありました。また、サロンを開きながら同時に応急仮設住宅内の家庭訪問も行うと、サロンに参加しない住民の状況確認や、普段あまり話をしない男性と話ができる貴重な時間にもなりました。

　市内11サロンを運営しながら、生活支援相談員の仕事がどんどん地域に広がっていきました。市内には社協のほかにも、生協やNPO等の方々によって開催された特色あるサロンがどんどん広がりをみせ、サロンを知らなかった陸前高田市に「サロンお茶っこ会」がしっかりと根付いていきました。

◉事例検討のポイント

　陸前高田市は社協の建物、職員を多く失いました。そうしたなかで岩手県社協や外部支援者から「住民の集まる場所を作りましょう」との声が掛かります。住民の集まる場所とは、住民主体で立ち上げ、住民が気軽に集う場です。災害前から、全国各地にサロン活動が広がりを見せていました。生活支援相談員が行う個別支援とともに、「みんなが集う場＝サロン＝お茶っこ会」を通して住民を見守っていくことになりました。本事例はサロンの立ち上げから、地域にサロンを広げていく活動についての報告です。この地域支援活動で、注目したいポイントは次の通りです。

1 これまで、陸前高田市にはサロンはありませんでした。初体験です。サロンは通常住民主体で立ち上げる活動であり、住民により運営されている活動ですが、被災地の混乱期ではそのように進める余力はありませんでした。筆者は「特別バージョン」と名付けていますが、社協、民生委員・児童委員、住民に声を掛けて、相談を開始し、立ち上げていきました。

2 次の課題は震災で多くの建物が破壊され、残った建物は避難所となり、場所

がないということです。そこで避難所の立ち並ぶ学校の校庭にテントを張り、お茶を準備して「青空サロンお茶っこ会」が立ち上がりました。集った多くのボランティアにより運営支援が継続され、高齢者も子どもたちも集う場として多彩なプログラムの展開の場となりました。

3 集う場の持つ意義は極めて高く、サロン活動は広がりをみせ、避難所が閉所されるとそこを借りるなど場所の確保をし、設置数は11か所まで増加していきました。生協やNPOも設置主体となり、さまざまなサロンも開所されていきました。特に生活支援相談員はサロンの運営に加わり、サロン活動と個別家庭訪問活動を兼務していきました。これらは生活支援相談員の活動に厚みをつけていきました。サロンで出会った地域の人から何気なく日常の生活についての相談が寄せられたり、気になる人を発見したり、サロンには参加しない人の家を重点的に訪問するなど支援活動の発見と気づきの場としても大切な実践の場になりました。

4 人が集うことの大切さ、人を元気にする源泉として、さまざまな工夫を重ね、多様な集いの場が創出されることを期待したいと思います。

（山崎美貴子）

Column

常駐型仮設支援員から生活支援相談員に。
両方の経験を通して

釜石市社会福祉協議会　中村美咲

▶ もう一歩踏み込んだ支援に惹かれて

　震災前は長男を出産したばかりだったので子育ての真っ只中でした。子どもが5か月を過ぎたら仕事に就きたいと思っていたので保育園の申し込みを済ませ、結婚式を終えた5日後に震災にあいました。私自身も、約1年間の避難所生活を経て応急仮設住宅へ入居しました。

　同じ応急仮設住宅で知り合ったママ友は、その団地内の常駐型仮設相談員（以下、相談員）をしていました。震災でさまざまな思いを抱える入居者にとって、相談員の姿は住民の笑顔と安心の存在で、私も被災者の力になりたいと思い、相談員を約2年間勤めました。

　相談員は応急仮設住宅内のみのかかわりですが、そのなかで社協の生活支援相談員と情報交換することがよくありました。相談員の私からみた生活支援相談員の仕事は、より濃密に被災者にかかわっているように思いました。そうした生活支援相談員の姿を見て、私自身も訪問時、その人にどのような支援が必要なのか、気になるようになっていきました。これをきっかけに、私は生活支援相談員の訪問活動に惹かれ、安否確認だけではなく、もう一歩踏み込んだ支援をしたいと思い、生活支援相談員に応募しました。

▶ やっと気持ちを話せたと言われて

　生活支援相談員となり、訪問先に顔を出すことが増えたことで、徐々に住民からも受け入れていただき、さまざまな人と深くかかわりながら仕事をすることに充実感を覚えました。

　なかなか自分の気持ちを話せず一人で抱えていた思いを私に話してくれた方が「やっと自分の気持ちを話せた。ありがとう」と言ってくれたときは、会えてよかったと嬉しくなりました。訪問先で相談を受け、必要な機関へつながったとき、住民から直接「ありがとう、安心した」という言葉が聞けたときも、生活支援相談員の役割を実感できました。訪問先ではつらい経験もしましたが、今はその経験があったからこそ自分の悩みに向き合い成長できたと感じています。

今しかできない仕事

大船渡市社会福祉協議会　今野智子

　2011（平成23）年3月11日、14時46分。その数十分後、町を襲った大津波。

　翌朝から、地域の避難所に行き、炊き出しのボランティアに参加しました。日に3回、小さなおにぎりと味噌汁。このつらい状況を一緒に乗り切りましょうという思いを込めて手渡しました。避難所から応急仮設住宅に移る最後の家族を見送るまで避難所に通いました。

　当時、私はヘルパーの仕事に従事していました。8月から被災者の方々を支援する「生活支援相談員」を募集すると知り、被災した方々の力に少しでもなれたらと、今しかできない仕事と感じ応募しました。

　生活支援相談員になり担当になった応急仮設住宅は、ボランティアでかかわった地域でした。応急仮設住宅の訪問活動が始まると住民のなかには覚えてくれている方もいて、再会を一緒に喜び合いました。避難所で互いに気を使いながら重なり合うようにして過ごしたときと比べ、心なしか安堵の表情をうかがうことができ安心しました。

　月日の流れとともに、生活にも変化が出てきました。応急仮設住宅から自宅再建、ほかの地域へ移住再建や災害公営住宅の入居へと終の棲家に向け動き出しました。変化と同時に相談や悩みごとが複雑化していきました。そんなときは研修で山崎美貴子先生や山下興一郎先生から学んだこと、事例でのアドバイスを思い出しながら、そのときの状況に応じた支援や情報提供、つなぎ先をみんなで検討し対応しました。

　そのなかでも一番大切にしてきたこと。それは、生活支援相談員として当初から変わらないもので、相手の思いに寄り添い傾聴することでした。震災という大きな打撃で失ったものの大きさは、はかり知れません。心の傷、声にならない声に寄り添うということの大切さをこの仕事を通し学びました。私自身が住民の皆さんに育ててもらっていることに気づき生活支援相談員としてかかわれたことに深く感謝しています。そして、これからも住民の皆さん一人ひとりが孤立することなく、安心して生活していける地域づくりにかかわっていきたいと思います。

応急仮設住宅とみなし仮設住宅の扱いの違い

大船渡市社会福祉協議会　水野孝子

　私の自宅は震災被害にあいませんでしたが、実家が被災しました。生活支援相談員「陽だまり」として活動し始めた当時は、応急仮設住宅常駐の支援員と住民の情報交換を行いながら、訪問活動やサロンの開催、支援物資を届ける活動をしていましたが、みなし仮設住宅は、応急仮設住宅と同じ地域にありながらも情報がなく、どこに住んでいるか把握するのに時間を要しました。

　震災前から同じ地域に住んでいた方々が、応急仮設住宅とみなし仮設住宅に分かれて住んでおり、みなし仮設住宅を訪問すると「同じ被災者なのに応急仮設住宅の人との待遇があまりにも違いすぎる」「応急仮設住宅にだけ支援物資を届けて、みなし仮設住宅には何も届けてくれない」「応急仮設住宅だけサロンを開催している」など、何度も興奮気味に不満をぶつけられました。しかし、どう対応していいかわからず、掛ける言葉もみつかりませんでした。

　少しでも不満の解消につなげようと、応急仮設住宅で開催しているサロンに参加を促してみましたが、参加はありませんでした。みなし仮設住宅の存在を忘れていたわけではありませんでしたが、支援の差が生まれていることに気づかされ、今後、被災者支援を進める上で、このようなことがあってはいけないと学びました。

　震災で同居の義父を亡くし、家も流され仕事もなくなった50代後半の独居女性のKさんからは、「応急仮設住宅とみなし仮設住宅の格差がある」「仕事がない、お金がない、これから先どうやって生きていけばいいのか」「ストレスだ」などと訪問の度に怒りをぶつけられました。私もKさんの立場だったらどうしてよいかわからないと思います。不満の矛先が私たちしかなかったんだと思います。どうすることもできず、ただただ、Kさんの話を聴くことしかできませんでした。それでも訪問を重ねるうちに徐々に信頼関係を築くことができました。怒られてもめげずに訪問し、Kさんの気持ちに少しでも応えたいと寄り添えたことがよかったと思います。

　その後Kさんは浜の仕事に従事したり、ご近所の交流も昔と変わらずできるようになりました。高台移転も決まって心のゆとりもでき、安堵しているお顔をうかがうことができました。2015（平成27）年3月、高台に移転した新宅に訪問した際に、引き続きの訪問を希望されました。私たちのことを信頼してくれたんだと思い、嬉しかったことを覚えています。

「ありがとう」の大きさを知って

大船渡市社会福祉協議会　千葉貴恵

　応急仮設住宅でのお茶っこ会のときでした。息子夫婦と暮らす80代の女性がふと「住宅内で『おはようございます』って声が聞こえてくると、ここがスーッと落ち着く」と胸に手を当てて言ってくれました。「ほんとだね」と同じような声が次々に出て、少し驚きました。あまりに些細な、ごく当たり前のことに感謝する気持ちに、応急仮設住宅での生活のご苦労が垣間見えました。そんな状況で感謝を口にしてもらえる自分たちは「幸せだなあ」と思った一場面でした。

　家庭内の悩みで、一人暮らしの息子宅へと移ってきた認知症のある母は、馴染みのない団地で日中一人にする母を心配し、息子から「部屋を出るな」と言われ、孤立を深めていました。「玄関に鍵がかかって、誰も来ないし、どこにも行けない」と、涙をぬぐい訴えてきました。週2回のデイサービスと、私たちの訪問に合わせて息子は玄関を開けてくれていました。暗い部屋でポツンとベッドで寝ている女性は、昔話に笑ったり、「なんでこんなことになってしまったんだろう」と嘆いたり、「早く迎えがくればいい」と泣いたり、それでも最後には決まって「どうも、どうもありがとう」と言ってくれました。生活支援相談員としてのあり方、これからの生き方を考えさせられました。

　アルコール依存とうつ病の心配がある当時60代の独居男性は、部屋が乱れ悪臭が漂うなか、コタツで寝起きしているようでした。普段はあまり覇気を感じることはありませんでしたが、船員時代の武勇伝を話してくれるときには、いきいきとした笑顔を見せてくれました。あるとき、電話で異変を感じ、急いで部屋に駆けつけると、尿臭が立ち込める部屋で意識が朦朧として倒れていました。救急車を呼びそのまま入院となり、6日後容態が急変して亡くなりました。後日娘さんからの電話で、「人工呼吸器につながれて会話はできませんでしたが、顔はわかったようでした。これまで大変お世話になり、本当にありがとうございました」と入院中の様子を知ることができました。他機関の担当者からは「最期は家族に看取られて静かに逝ったそうです。温かい病室と清潔なベッドで家族と過ごせて、○○さんにとって幸せな時間だったかもしれません。ありがとうございました」と言われました。

　「歳をとって何もできない。世話になってばかりで申し訳ない」と高齢者の嘆きを聞くと、自分の未来が安穏としたものではないことに気づかされます。生活支援相談員を通じて、親世代の思い、自分たちの未来、子どもや孫たち世代の未来を考えるこ

とが増えました。

　たくさんの方からいただいた「いつもどうもね〜」「あのときは助けられだよ」「おかげさまで」の言葉は、何度となく私を奮い立たせ、生きる原動力となっていることを伝えたいと思っています。

思い描いた新天地を包む暖かい光

宮古市社会福祉協議会　畠山千歳

▶ 同窓会としてお茶会をスタート

　T応急仮設住宅（以下、T仮設）自治会の副会長を務めていたSさんは元大工のご主人と二人暮らしの70代の女性で、防災集団移転推進事業による団地へ移り住みました。

　Sさんが住んでいたT仮設は、隣の生活音が聞こえる環境でしたが、被災前より近い部屋の並びでしたので、良好なご近所付き合いができていました。しかし、道路や公園が整備された広い高台の敷地に300近い世帯が再建した防災集団移転団地は、仲良しの知人ともかなりの距離ができてしまいました。

　Sさんが団地に移り住んで間もなく、T仮設で行っていたお茶会を新たな会として再開したいという相談がありました。「団地に暮らす誰もが気軽に参加できる集いの場を作りたい」それが、Sさんの一番の気持ちでした。それは私が生活支援相談員として、理想とするコミュニティの再構築でもありました。新たな地域で新たなつながりを構築することはかなり難しいのではないかと考えていましたが、こんなに早く地域づくりを提案していただけることに感動しました。

　しかし、この時期は被災したすべての住民が生活再建できているときではなく、半数はまだT仮設に暮らし、移転地が決定していない方もいました。そこで、Sさんの気持ちを多くの方に理解していただくため、団地のサロンづくりではなく、T仮設の集会所を会場に、再建した方も参加できる同窓会を提案しました。

　団地の住民は自家用車に乗り合わせて、T仮設に集まりました。懐かしい顔と再会し、楽しい2時間余りの時間を有意義に過ごしました。T仮設で暮らす仲間が寂しい思いをしているかもしれないと相手を思いやる皆さんの優しい気持ちのお陰で初回開催までこぎつけることができました。

▶ リーダーとしての役割を心の支えや生きる意欲にして

　Sさんは小柄で元気いっぱいですが、60代で二度の脳梗塞を発症し、麻痺の後遺症が残りました。しかし、どんな活動にも意欲的で、ダンス、介護予防体操、お茶会など忙しい日々を送っていました。

　そんなとき、体調を崩して大きな病気が発見され、ひと月近く入院されました。退院して帰宅したときには、ご夫婦でこれまで見たことない満面の笑顔で私たちを迎えてくれましたが、その後はお会いするたびに疲労の表情に変わっていきました。この頃、家事の一切をご主人が担うこととなり、Sさんは自宅で転倒する回数が多くなっていました。「歩行が怖い」と相談があり、介護支援専門員につなぎ、介護保険サービスの歩行器を使用して自宅内を自由に動ける自主訓練を開始しました。そんなときでも、「元気になったら、お茶会をしたいね、みんなで活動したいね」と話されていました。みんなで一緒に楽しくできる活動をいっぱい考えていきましょうと提案しました。

　体調が少しずつ回復してくると、ご主人の運転で外出することも多くなり、ダンスの会や介護予防の会に顔を見せてくれました。「自分はできないけど、みんなに会いたいから」と、住民活動に意欲がうかがえました。

　ほとんどの世帯が再建し、高台団地の空き地も少なくなった頃、お茶っこ会、介護予防教室の自主運営など、地域が動き出しました。各目的に向かって活動する小さなグループは同団地に五つも立ち上がりました。

　Sさんはご夫婦で体調を確認し合いながら、できる範囲でリーダーとしての活動を頑張ってくれました。しかし、「自分が代表では活発に活動できない」と、ずっと継続してきたお茶会代表を辞めたいと話しました。会のメンバーは「何もできなくてもいい、しなくてもいいから代表でいてほしい」と、Sさんの代表継続を希望されました。リーダーの役割がSさんの心の支えや意欲になっていることを会の方々は理解しているからです。

　それだけではなく、「代表を辞めないでほしい」と話されていた会のメンバーは、Sさんの回復する力と活動への意欲を信じているからかもしれません。新天地の生活に少しずつ暖かい光が見える被災地の10年目です。

生活支援相談員って何をする仕事ですか？

大槌町社会福祉協議会　臼澤和賀子

　あの日、住み慣れた町が一瞬にして瓦礫の町に変わってしまいました。

　「多機能ケアセンターほっと大町」に勤務していた私は、数日後、無事だった介護事業所の「大槌町デイサービスセンターはまぎく」を拠点に、残された職員と共にサービスを待っている方々のもとを訪れ始めていました。町内の避難所と被災のなかった地域に足を運んだとき、明暗を分けたその光景を眺めながら、複雑な思いを抱きました。

　応急仮設住宅の整備が進み、被災された方々の入居が始まり避難所も集約されてきた頃です。2011（平成23）年の初夏のある日、上司から職員配置について面談がありました。「生活支援相談員をやってほしい」。この一言で私の異動は決まりました。これに対して、「生活支援相談員って何をする仕事ですか？」最初に私が上司に聞いた言葉です。

　応急仮設住宅に入居した方々は、プライバシーが守られない窮屈な避難所生活から解放されました。そして、年齢も職歴も異なる人が生活支援相談員として集まり、活動が始まりました。私は介護職員としての経験はあるものの、地域福祉に携わるのは初めてでした。また、リーダーというまとめ役を担うことにもなり、不安を抱えていました。

　応急仮設住宅の状況がわからず、何一つ情報もないまま、メモ用紙を片手に1軒1軒ドアをノックし、住民と顔を会わせ話を聞かせてもらい、情報を集めていきました。住民から直接聞く言葉はつらく重く、返す言葉が涙で詰まってしまうこともありました。答えがない、先が見えない状況のなか、訪問先で「俺たちはどうなるんだ！」と詰め寄られることもありました。

　生活支援相談員自身も不安やつらさといったさまざまな思いを抱えながら活動を続けました。救われたのは、二人一組で訪問活動ができたことと「社会福祉協議会」という名称に住民が安心して応対してくれたことでした。また、「戦後のときと比べれば幸せだよ」「笑っていれば、いいこともあるんだよ」と話してくれる高齢者の笑顔とパワーに出会い、逆に私たちが助けてもらうことが何度もありました。

　訪問活動を重ねることにより、「孤独死」という文字や言葉が、私たちの活動に緊張感を与えました。亡くなるまでの背景は誰一人として同じではありません。何をもって「孤独」と言うのか。だからこそ、この言葉に反発し、懸命に住民を知り、顔を会

わせる努力をしていきました。

　生活支援相談員活動に携わっている間、さまざまな問題がありました。答えが見つからない課題に取り組むなかで私が心掛けたのは「チームワーク」でした。問題を一人で抱えていても解決にはつながりません。目の前の問題にいま自分たちができることは何か、いま何が必要なのかということを全員で共有し、悩み、考え、何度も話し合いをしていくことで、生活支援相談員の活動に強みを持たせられたらと考えていました。幸いにもメンバーに恵まれ、何度も助けられながら業務を続けることができました。これもひとえにチームワークのよさのおかげです。

　生活支援相談員活動は、フェーズの変化に応じて対応してきました。ややもすると、こちら側の思いを通そうとしがちですが、生活支援相談員を含めた支援者は、思いが一方通行にならないよう、一緒に問題を解決できる糸口を見つける支援を心がけていくことが大事だと思います。

　「し過ぎず、慌てず。焦らず、驕らず」ある先生から教えていただいた言葉です。私の生活支援相談員活動において忘れられない言葉になりました。

　現在、私は生活支援相談員の活動から離れ、「小規模多機能型居宅介護事業所ほっとおおつち」で介護業務に従事しています。先生の言葉を忘れずに、生活支援相談員の活動での経験をこれからの業務に活かしていきたいと思います。

第**4**章

災害公営住宅での
活動の実際

第1節 災害公営住宅での
生活支援相談員の活動事例

　第3章に引き続き、第4章では、災害公営住宅や復興した地域での生活支援相談員の活動を紹介します。災害公営住宅は、岩手県沿岸部には5,550戸建設されました。完成までに宮古市、大船渡市は2016（平成28）年、陸前高田市は2017（平成29）年山田町、大槌町、釜石市は2018（平成30）年の時間を要しました。

　災害公営住宅は、公営住宅法（以下、法）に基づき、「国及び地方公共団体が協力して、健康で文化的な生活を営むに足りる住宅を整備し、これを住宅に困窮する低額所得者に対し、低廉な家賃で賃貸し、又は転貸することにより、国民生活の安定と社会福祉の増進に寄与することを目的とする」（法第1条）もので、「地方公共団体が、建設、買取り又は借上げを行い、低額所得者に賃貸し、又は転貸するための住宅及びその附帯施設で、この法律の規定による国の補助に係るものをいう」（法第2条第二号）とされています。

　東日本大震災では、法による住居の滅失（全壊・全流出・全焼）のほか、大規模半壊、半壊であって、通常の修繕では居住することができない等の理由で解体を余儀なくされた方々も入居できることになりました。入居者は、原則として①同居親族要件、②入居収入基準、③住宅困窮要件の3要件をみなす必要があります（法第23条）。

　東日本大震災における災害公営住宅の建設は、過去に例をみない大規模な津波被害があったため時間を要しました。その理由は、防潮堤、鉄道、道路等の公共交通インフラの整備、現地再建、高台移転等のまちづくりの方針の決定などによるものです。

　一般的に、災害公営住宅の建設は、必要戸数の算定と必要十分な災害公営住宅を確保するための被災者の住居に関する意向調査が行われます。必要戸数を算定する理由は、住居を滅失した被災者のなかに自力再建者もおり、すべてが災害公営住宅に入居するわけではないためです。全体の供給戸数が概ね固まると、市町村単位での供給計画（整備計画）が定められます。この計画では、入居希望者の世帯状況、希望等を踏まえ、地域別、型別の供給戸数、供給（建設、入居）時期、供給主体等が示されます。

　応急仮設住宅から災害公営住宅に移行する際、長期間の応急仮設住宅の暮らしにおいて構築された地域コミュニティが崩れ、入居者の孤立が危惧されました。これは、阪神・淡路大震災で、応急仮設住宅入居において問題となった孤立死が災害公営住宅へ移行した後も依然として生じていることからも明らかです。

　こういった事態を防ぐため、応急仮設住宅に続き、災害公営住宅においても生活支援相談員の活動は継続され、訪問活動による相談・見守り活動は継続されました。ま

た、サロンなど住民主体の福祉活動を進めるための地域づくり支援にも生活支援相談員はかかわり、個と地域の一体的支援を展開しました。

　本章では、災害公営住宅における生活支援相談員の一例を紹介します。大きな被害を受けた岩手県沿岸の社会福祉協議会（以下、社協）のうち、宮古市社協、山田町社協、大槌町社協、大船渡市社協、釜石市社協の取り組みが掲載されています。事例執筆者は、各社協の生活支援相談員です。発災からの10年を振り返り、印象に残った事例について執筆していただきました。全員、社会福祉に関する事例の執筆は初めてです。執筆者により書きぶりの特徴がありますが、共通する内容として、タイトル、キーワード、事例の概要、本人の状況、生活支援相談員のかかわり（支援の経過）、生活支援相談員としての視点や感想と振り返りで構成されています。これらの事例には、岩手県社協が主催した事例検討会で取りあげられたものもあります。その事例検討会での山崎美貴子先生、山下興一郎先生のコメントをふまえ、本章に掲載した全事例に「タイトル」「キーワード」「事例の概要」を山下興一郎先生が、「事例検討のポイント」を山崎美貴子先生が執筆しました。

　また、本章には、避難所、応急仮設住宅、災害公営住宅を通し、地域で活動する民生委員・児童委員と生活支援相談員の活動の一例や民生委員・児童委員のコラムもあわせて紹介します。

　宮古市社協の佐々木伸子さんは、関係機関との連携の意味を問うた事例を取り上げました。さらに同じ災害公営住宅の住民間でかかわりがあるのは、共益費を管理している管理人のみであり、日常的に見守り合える近隣関係が構築できていないことに気づきます。社会的孤立が強まることも予想され、生活支援相談員としては、中長期的なスパンで本人から拒否されない関係性を維持しながら本人を中心とした地域とのかかわりを探し、つながりをみつけだす必要を考察されました。

　山田町社協の伊藤美子さんは、一人暮らしの男性高齢者の事例を提供してくださいました。本人は、生活面や衛生面からくる体調不良、いつも同じ服装、近隣との付き合いがほとんどなく、福祉サービスも拒否されています。「自分が施設に入ることは望まないことである。不自由と束縛は絶望である。夢と希望のない人生は死を意味する」と語り、唯一訪問を許しているのが生活支援相談員でした。

　大槌町社協の坂庭たか子さんは、認知症の母と、その母を介護して仕事に就かない息子、いわゆる9060（8050）問題の事例を提供してくださいました。この事例でも、社会資源のなかで唯一、定期的な訪問を続けられている生活支援相談員の活動がわかります。

　大船渡市社協の岡澤真理子さんは、生活支援相談員によるサロン運営を活かしたコ

ミュニティ形成支援について執筆されました。7階建てで58世帯が入居するこの住宅の入居者にはさまざまな生活課題がありました。地元住民は一部で、多くが他の地域からの入居でした。住民同士の集まりやサロンの立ち上げなど、コミュニティ形成を通常以上に意識して取り組んだ地域支援の事例です。個別支援のみならず、地域づくり支援を行う生活支援相談員の役割、さらにいえば、個人、家族、地域社会に横串を通した生活支援相談員の役割、つまり、個と地域の一体的支援を可視化させた生活支援相談員の10年の活動のなかから導き出したのです。

　釜石市社協の新田和代さんは、かかわったなかでもっとも印象に残った事例を取り上げました。持病を抱えた独居男性の孤独と自立に寄り添った事例です。応急仮設住宅入居当初はその方の生活状況等の異変には気づかなかったものの、2017（平成29）年春頃に市生活支援相談室の情報提供で、丁寧な相談活動をすることになりました。このように、災害発生からかなりの時間を経て支援が必要となる場合もあることを指摘した事例です。

　災害公営住宅の事例は、個別の支援と地域づくり支援を一体的に行う必要があることを生活支援相談員の活動では指摘しています。地域包括ケアシステムの構築、地域共生社会の実現の取り組みは、被災に関係なく、日本のあらゆる地域社会でめざされています。本章では、災害公営住宅での生活支援相談員や民生委員・児童委員活動の一端から、個と地域の一体的支援を意識した現場の実践を感じ取っていただければ幸いです。

第2節 災害公営住宅での支援事例

1 生活困窮者への長期の見守り支援
宮古市社会福祉協議会　佐々木伸子

◇ キーワード

粘り強い関係づくり、多機関協働、経済的困窮と社会的孤立、日常的金銭管理

◇ 事例の概要

自営業の不振により無収入状態のAさんは、家計管理がほとんどできていない状況でした。災害公営住宅に入居後、水道や電気が止められるほど生活が困窮し、生活保護を受けた後も、度重なる滞納がありました。そこで、日頃からかかわってきた生活支援相談員は、長い間に構築してきた関係性を維持しながら、Aさんに必要な制度や関係機関につないでいきました。生活困窮者自立支援制度、生活保護制度、地域包括支援センター（以下、包括）、日常生活自立支援事業、そして、岩手県住宅センターなどです。こうした関係機関とケース検討を行い、支援の方向性を共有し、生活再建、家計支援を進めていった事例です。

◇ 本人の状況

Aさんは70代後半の一人暮らしの男性です。期間は不明ですが、60代の頃、生活保護を受給した経緯があるようです。現在は一人暮らしですが離婚歴があり、世帯を別にしている成人した子ども（長男、長女、次男）がいます。長男以外とは疎遠です。これまで中古車転売の手数料等で収入を得ていましたが、自家用車の維持もできなくなり、仕事はできていない状況です。家賃は滞納があり、岩手県住宅センター納入指導係が対応しています。体調面は視力が落ちたと生活支援相談員に話すものの医療機関は受診していません。病歴は不明で、要介護認定や福祉サービスは受けていません。

◇ 生活支援相談員のかかわり

● 応急仮設住宅でのエピソード

すでにAさんと生活支援相談員の筆者とは、応急仮設住宅の個別訪問等で顔見知りになっていました。当時、家を訪問すると外のベンチで話をしました。初めの頃はいきなり胸のあたりに手が伸びて驚きましたが、Aさんによると、それは名札を確

認し、名前と顔を覚える方法だったようです。もしかしたら、その頃から視力に不具合をきたしていたかもしれません。しかし、一度名前と顔を覚えると「○○君！」「○○ちゃん！」と人懐っこく話しかけてくれて、憎めない感じの方でした。Aさんは飼っていた猫を連れて行ける災害公営住宅を探していましたが叶わず、最終的には内陸の施設に猫を預けていました。

● 災害公営住宅に転居後〜ゴミ出しができなくなる

災害公営住宅転居後の生活支援相談員とのかかわりは、2017（平成29）年10月からになります。2018（平成30）年4月の訪問時に「ゴミ出しの日がわからなくなった」とベランダに段ボールを4箱も重ねてあり、ゴミの分別もできていなかったので、一緒に行いました。

5月の訪問時は不在でした。その後「長男（関東圏在住）のところに行っていた」と電話があり、災害公営住宅を一時期離れていたことがわかりました。

6月の訪問時は「ゴミ処理場にゴミ出してきた」と、片付いている部屋の状況が確認できました。

8月の訪問時は、昨年11月から家賃が払えず滞納していたことが発覚し、年金が支給される月に、家賃を2か月分ずつ支払うことで岩手県住宅センターと調整を図りました。

● 経済的困窮はさらに厳しく〜長男との喧嘩をお話しされる

2018（平成30）年10月の訪問時は「長男と喧嘩をした」とAさんは溜まっていた思いを一気に話されました。その内容とは、軌道に乗った商売が実の兄に奪われたこと、何千万円もの仕事を切り盛りしてきたこと、何十万もの税金を何年も納めたこと、知り合いが困っていれば助けてきたこと、長男に対してどれほど教育費をかけてきたか、というものでした。そして「今は姪（兄の娘）から時々食品を送ってもらっているのに、長男は時折1万円しか振り込んでくれず冷たい」とも言いました。ただ、生活支援相談員との会話のなかでは、長男を繰り返し責めますが私に同調を求めるという訳でもなく、いかに自分の稼ぎがよかったかということを強調したエピソードのほうが印象に残っています。私は生活、健康に課題があり、親族にも経済的支援は求めにくい状況があるなかで、Aさんにどうかかわっていけばよいのか、生活支援相談員だけとの関係性を継続するだけでよいのかという不安がよぎりました。

11月の訪問では、「今は電気代を気にして節約をしている」と話されました。また、中古車の転売契約を2件取ることができ「少し気が楽になった」と話されました。

12月に訪問したときは不在でしたが、義姉の葬儀で実家へ行っていたため2週間留守にしていたと後にわかりました。その際、食事は1日1回〜2回しか摂れていな

いので痩せてきたと話されました。

2019（平成31）年1月、Aさんから社協に電話があり「水道が止まった」と生活支援相談員に訴えました。生活支援相談員は「1か月分だけでも水道料金を支払えば、通水してもらえるから」と水道料金を払うよう助言した後、よく聞くと、家賃（1年以上）、電気（携帯電話代と合算契約）、ガス代も滞納していることもわかり、さっそく訪問して請求書が溜まっていることを確認しました。

● 生活支援相談員の見守りを強化〜諸制度、生活保護につなぐも紆余曲折

Aさんの生活がますます厳しくなるなかで、生活支援相談員の見守りは強化していきました。「長男が仕送りをしてくれたので食材を買った」とAさんから聞きましたが、長男の仕送りの額がそう多くはないことを把握していたため、Aさんの了解を得て、くらしネットみやこ（生活困窮者自立支援事業）担当者に報告・相談するとともに、岩手県住宅センター納入指導係とも情報を共有をし、Aさんには生活保護の申請を促してみました。

2019（平成31）年2月、Aさんは生活保護の申請を決断するも、市役所での生活支援相談員、生活困窮者自立支援事業担当者との待ち合わせを当日キャンセルしました。再調整し、後日、生活保護窓口に申請するため再登庁するも、その場で申請を取り下げてしまいました。生活に困窮する状態だったので、社協の食糧支援の説明をしたところ、Aさんは「年金で滞納の一部（ガス代・家賃）を払ったらお金がなくなった」「長男に電話でお金のことを話しても、喧嘩になるので電話を切った」と怒り気味で生活支援相談員に状況を話してきました。

● 生活支援相談員に「いつもでなくてもいい」と

2019（平成31）年3月の訪問時、Aさんから「収入のあてを見つけた。今後は（生活支援相談員の訪問は）いつもでなくてもいい（来ないでくれ）」と言われ、訪問をやんわりと断られてしまいました。周辺からの情報提供では、Aさんは中古車を10台集めて転売利益を得ることや、隣接の業者に所有地の売却を考えているようでした。生活支援相談員にはこれらを語ることはありませんでした。

これまでの生活支援相談員との会話では、Aさんの収入、経済生活や仕事に関すること、子育てのこと、加齢現象や日々の生活のことなど、話題は多岐にわたり、毎回の訪問時は1時間を超えることもありました。

Aさんはこれまでなんとかやってこれていたという自信、子育てしたのだから子どもは親の面倒をみるべきだという本音があるようです。また、離婚した奥さんの話は聞いてもはぐらかされるような感じでお聞きすることは叶いませんでした。Aさんは「男なら何千万円ものお金を動かす仕事をして当たり前」というポリシーを長男

にも当てはめて考えていたようでした。さらに、昔のようにバリバリ仕事をしたいし、自分ならできると言っていました。震災からの復興工事が終われば、使用しなくなった重機を転売して儲かるともおっしゃっていました。とにかく大きなお金を動かし利益を得て今の窮地を脱したいと言っていました。今となっては私の反省ですが「歳をとって昔のようには仕事をできない。子どもには子どもの人生があり、子どもは当てにできないのではないか」といった"お説教"じみたことを言ってしまったことがあります。このときのＡさんは怒ってはいませんでしたが、一瞬シュンとなっていました。

● 生活困窮者自立支援制度の利用と生活保護制度への移行

その後、生活支援相談員の訪問回数は減っていきました。社協の生活困窮者自立支援事業の担当者から、Ａさんは生活保護を申請し、車検代やガソリン代等の車の維持費が捻出できず自家用車を手放すことになったと情報を得ました。

2019（令和元）年5月には、岩手県住宅センター納入指導係がＡさんより家計の相談を受け、滞納している公共料金や家賃、電話代等の支払い計画が作られることとなりました。6月、生活支援相談員、生活困窮者自立支援事業担当者、生活保護の担当ケースワーカーで情報共有を行い、Ａさんは日常的金銭管理が必要と判断し、日常生活自立支援事業の利用に関する情報提供と内容の説明が行われました。

● 各制度と社協活動・事業との連携

Ａさんの保健福祉ニーズ、生活支援ニーズについては、生活支援相談員一人で支えることはできないので、包括の職員にＡさんの状況を伝え、後日、職員と同行して、Ａさんに総合相談や介護予防等包括の業務の説明を行いました。

2019（令和元）年の年末に、Ａさんより「災害公営住宅の共益費を払えていない」と生活支援相談員に相談が入りました。生活支援相談員は日常生活自立支援事業担当者、包括の権利擁護担当に連絡し、状況を報告・共有しました。日々の生活費や各種公共料金の引き落としで預貯金が底をつくと、災害公営住宅の共益費は支払えず管理人に待ってもらっていることがわかりました。そして、たびたび食材購入のお金がないと社協の生活支援相談員に電話が入るようになりました。日常生活自立支援事業の担当者、生活保護の担当者とこの状況を共有しました。

2020（令和2）年5月、Ａさんを訪問した日常生活自立支援事業の専門員から、Ａさんに対する食料支援の必要性が関係機関に共有され、生活困窮者自立支援事業担当者はＡさんに惣菜系の保存食を支援することとなりました。また、翌月、Ａさんが車両を手放したことを理由に約1年間ゴミ出しができておらず、段ボールに梱包したゴミがベランダの両脇に高く積まれた状態になっていることから、生活支援相談員は、

非常時の避難路確保のため、物を置かないことを説明し、移動しました。そして、災害公営住宅のゴミ集積所に搬出できるよう、分別の仕方を教え、Aさんと共にゴミの分別作業を行いました。

　現在は、滞納していた電話代を完済したことにより、携帯電話を購入でき、生活状況も揺れはあるものの安定する傾向にあり、生活保護、日常生活自立支援事業、生活困窮者自立支援事業、包括、生活支援相談員で情報を共有する体制を整えています。

◇ 生活支援相談員としてかかわった感想等

　Aさんには応急仮設住宅入居当時から訪問を重ね、災害公営住宅に入居した後も支援を続けてきました。このことから生活支援相談員や社協との信頼関係は構築されていると認識しています。Aさんが困ったときは社協に連絡するようになっており、表面化した生活課題に、生活支援相談員はときに一緒に行動し、必要な制度、関係機関につなぎ、概ね対応することができました。

　しかし、Aさんは自身の仕事に関して独自のポリシーやこだわりがあり、特にお金のことは「なんとかなる」と思われており、現実と自身の理解にはズレがありました。一つの生活課題（Aさんから訴え）が関係機関の支援があって解決したら、それ以降は自分自身でできると思い「いつもでなくてもいい」と言われてしまい、一時、支援から離れると、また金銭管理ができなくなり、社協に電話がくるという繰り返しとなり、その状況は現在もあります。

　Aさんの一人暮らしを可能にするためには、今後も関係機関との情報交換が欠かせないと思われますが、生活支援相談員が長きにわたりかかわり、関係性を作ってきたからこそ、制度につながっているという側面があります。生活支援相談員の存在がなければ、制度の利用を拒否したり、支援を中断したりして、生活の不安さが心配されます。

　私の長いかかわりを振り返ると、Aさんとの関係は、決して良好な関係だと思えないときもありました。また、関係機関のAさんとの向き合い方、アセスメントや支援の仕方の違いもあり、関係機関との連携は本当に難しいものだと実感しました。そのようななか、生活支援相談員として徹底したことはAさんに寄り添うことでした。

　Aさんの事例の執筆にあたり、ここでは書ききれないさまざまなことが思い出されました。私自身の感情もコントロールを要しました。支援における過程ではAさんと関係機関とのやり取りで本当にいろいろなことがあったからです。Aさんと関係者との関係、関係機関同士の関係は簡単に進んだのではなく、紆余曲折がありました。生活支援相談員として、かかわりだけは継続しようとした筆者自身、怒りやあき

らめ、あるいは呆れてしまったり、気の毒に思えたりと、振り返りながら、書けば書くほど、思えば思うほど、たくさんの経緯があり、冷静を保つことにエネルギーを要しました。

もともと人とのかかわりを好むAさんですが、地域住民との関係は薄く、現状は関係機関の専門的な援助関係で成り立っています。唯一、同じ災害公営住宅の住民でかかわりがあるのは、共益費を管理している管理人だけです。Aさんには日常的に見守り合える近隣がいません。

家族・親族とのかかわりも希薄な方です。長男に対する思いなどは、筆者が知る由もないのですが、Aさんは長男との関係構築が難しいため、家族関係を再構築することについてはあきらめているようにも見受けられる言動があります。私のなかの、家族・親族との結びつきを大切にする価値観のずれを目の当たりにし、Aさんの世界を理解することが難しいと思いました。生活支援相談員が「その方の人生にお邪魔する」というスタンスで伴走してゆくとき、例えば家族の再会、再統合といったかかわりを支援目標とすることが、実は支援者の価値観の押しつけにならないようにするためにも、Aさんの人生観を十分に理解することが重要だと思いました。

依然として、Aさんは地域の中で孤立してしまうことが予想されます。引き続き、Aさんと地域社会とのつながりをみつける役割を果たす伴走者となりたいと思っています。

◆事例検討のポイント

70代後半のAさんに対する、長期にわたる生活支援が不可欠な事例です。

Aさんは自らの生活を主体的に形成することが困難な状況にあるといえます。具体的には1年分のゴミをベランダに積み上げ、捨てることができません。また、金銭管理が難しく、ときに電気、ガス、共益費等の支払いができなくなり、食料も底をつき、命の危険に直面してしまうことがあります。そのたびに事例提供者は社協等から少量の食糧を調達し、届けるなどの支援をしてきました。生活保護、医療保険などの制度が適用されるだけでは、生活が維持できるわけではないことを示しています。

事例提供者はAさんへの長期にわたる支援を通じて、独りぼっちで生きるAさんの命、生活、人生の営みを支える活動の意味を問うています。地域で暮らし続けるには、生活を支える地域資源である包括、保健師、近隣住民等の支援ネットワークを形成できるかどうか、それらの資源をAさんが受け入れる受援力が形成されるかが問われます。

しかし、災害の地域でにわかに建てられた応急仮設住宅や新たに建設された災

害公営住宅に、適切に利用できる資源を準備できるというわけにはいきません。事例提供者はそうした状況下で悩みながら孤軍奮闘し、支援の手をゆるめませんでした。なぜなら、孤立状態にあるＡさんの命の営みの支え手であったからです。そうした葛藤の記録として提示された貴重な事例です。

東日本大震災のような大規模災害が発生すると、必要な資源が一気に失われてしまいます。Ａさんのような方は、災害の前は地域での見守りや支援が形成され、生活ができていたと推測されます。災害は人の暮らしを根底から変えてしまう破壊力があります。地域が崩壊し、支えを失ったＡさんの姿は、このことを教えてくれているのです。

(山崎美貴子)

2 その人の考えに基づく暮らし方を大切にする支援
山田町社会福祉協議会　伊藤美子

◇ キーワード

施設入所・支援拒否、地域の中での孤立状態、生活支援相談員の定期訪問

◇ 事例の概要

Ｂさん（80代後半、男性）が応急仮設住宅から災害公営住宅で一人暮らしを始める2017（平成29）年頃より、私たち生活支援相談員の定期的なかかわりが始まり、今も継続しています。

Ｂさんは、生活面や衛生面からくる体調不良がみられています。着替えをせず、服や居宅内から異臭がするため、近隣住民との付き合いはほとんどありません。唯一話ができるのは生活支援相談員だけで、行政、福祉・介護サービスの利用、医療の受診は拒否しています。

Ｂさんの健康状態、生活環境等を手当てしていくためには、生活支援相談員だけの支援では当然限界があります。また、2020（令和2）年度で生活支援相談員の10年の配置は一区切りとなり、引き続き配置は継続されるとされていますが、その体制等は不確定なことも現状です。もし、生活支援相談員がいなくなってしまうと、外部の支援を拒否されているＢさんは今後どうなってしまうのか、いずれ孤立死へつながるのではないかと心配しています。

◇ 本人の状況

　Bさんは、震災前は弟夫婦と一緒に暮らしていて、靴屋を営んでいました。蔵の中で下駄を作る仕事をしていました。あまり外に出してもらえなかったのか、自分の意思で出なかったのかわかりませんが、何か事情があったようです。結婚歴もありません。しかし、80代後半になった今もお嫁さんをもらい、その方に遺産を残したいと考えています。

　震災後、弟夫婦は一軒屋を借りて住み、Bさんはそれから一人暮らしとなりました。弟が亡くなり、義理の妹は娘の暮らす隣県に引越し、町内に身内がいなくなったからです。

　Bさんの部屋には冷暖房の器具がありませんでした。夏の暑い日や冬の寒い日は、近くの図書館や住民交流センターなどに行っているということでした。また、着替えをせず、年中同じ服を身につけ不衛生でした。節約のため食事は質素に済ましており、栄養面の課題がみられました。しかし、Bさんの収入は年金のみですが、経済的に困窮しているわけではないのです。

◇ 生活支援相談員のかかわり

　Bさんは、応急仮設住宅から災害公営住宅へ入居しました。災害公営住宅入居後も住宅再建を考え、土地を探していました。生活支援相談員にも、繰り返し再建したいと話されました。応急仮設住宅入居時は、一時期ヘルパーを利用していたのですが、お金がかかるという理由から断ったそうです。これも住宅を再建したいという気持ちからだったと思われます。

　Bさんには夢や希望がありました。それは、住宅の再建です。そして結婚も考えています。亡くなった後に、購入した住宅を結婚相手に残すため、お金を極力使いたくないとよく言われます。普段の買い物は、安い魚や野菜、ときには具無しのすいとんなどで食事を済ませています。そのため、食事内容には偏りがみられ、栄養面は十分ではなく、10kg程の体重減少がみられる状況で、生活支援相談員は心配していました。

　この状況はBさんの生活が脅かされている状況であると察知し、包括に情報提供したところ、包括職員が訪問しました。その際、こたつの購入を希望されたので支援をしたとのことです。こたつのおかげで、その後しばらくの間、外出が減ったように思われます。

　ある日、災害公営住宅から少し離れたスーパー付近で、Bさんが転倒し、立てないでいるところを民生委員・児童委員が発見しました。そのときは警察官も来ましたが、何事もなく帰宅しました。しかし次の日、民生委員・児童委員から連絡を受けた包括

職員がBさん宅を訪問したところ、熱中症状態でいつもより状態がよくないことがわかり、救急車で県立病院に搬送され、11日間の入院となりました。退院後、生活支援相談員の訪問は、以前同様1週間に1回を継続することとしました。

退院後に生活支援相談員が訪問したところ、Bさんはいつもよりスッと言葉が出て来ないように感じられました。生活支援相談員は「具無しのすいとんだけでは栄養が摂れないので、野菜も食べるように」とBさんに話し、引き続き健康状態が心配なことを包括に情報提供しました。

Bさんは、地域見守り支援拠点に毎日来所し、昔話や政治のこと、生活上の相談などを話し、その都度、地域見守り支援拠点の生活支援相談員は傾聴しアドバイスなど行いました。会話のなかで、Bさんは15、6歳頃から下駄づくりの職人として働いてきたので、下駄を作る機会があればまた作りたいと話したそうです。結局、ヘルパーは災害公営住宅に入居してからは利用していません。

● **現在の様子**

最近になって包括より情報提供があり、他県在住の義理の妹より電話で「施設入所を考えた方がよいだろうか」と話があったようですが、Bさんは介護サービスも拒否していることから、施設利用の同意をBさんから得るのは無理なのではないかと伝えたとのことでした。また、妹から「兄に何か体調異変があるときは連絡してほしい。関東に住む弟と相談し対応していく」と伝言があり、生活支援相談員の訪問時に変化があった場合は包括と連絡し合うこととなりました。

2020(令和2)年に入り、新型コロナウイルス感染症が蔓延し始めましたが、岩手県は感染者が0人の状態が続いていたので、生活支援相談員の訪問は続けられました。ただし、玄関先での対応と短時間での訪問になりました。Bさんも理解してくださり、インターホンを鳴らし、「生活支援相談員です」と言うと玄関の外に出て対応してくれていました。しかし、会話時間については、いつものようにこちらから終了としない限り話し続けていました。

生活支援相談員の定期訪問、地域見守り拠点の利用、包括の訪問は受け入れるものの、未だに介護サービスは拒否しています。施設入所も到底考えていないようです。Bさんは次のように言います。「自分が施設に入ることは、望まないことである。不自由と束縛は絶望である。夢と希望のない人生は死を意味する」と。私はこの言葉を聞き、震災前は蔵の中で下駄を作り、外に出ることもなかった(出してもらえなかったのか)けれども、今は何をするのにも自分の考え、自分の意思で行動できる。水を得た魚のように、自由を楽しんでいるのかなと感じます。しかし、Bさんには生活経験が不足しており、栄養面、衛生面など、どこまで自分でできるのか。サービスを利

用しながら、自らの生活をどう組み立てていくのか。もし、家族からそれを学ぶ機会がなかったとしたら、それを取り戻していく社会的支援も必要なのではないかと考えています。

生活支援相談員は、Bさんの「自分らしい生き方をしたい」という気持ちを尊重し、必要があればその都度関係機関への情報提供を行い、災害公営住宅に住み続けられる支援を進めていきたいと思っています。

◆■事例検討のポイント

下駄を作る職人であったBさんは、15、6歳の頃から蔵の中でのみ暮らし、外の世界を知らずに長い間過ごしてきました。その暮らしがどのようなものであったかをBさんの立場に立って想像してみることが、この事例を読み解く入り口といえるでしょう。

仕事が終わりを告げ、Bさんは蔵から出て生活を始めました。そして、国民年金だけの収入で暮らしを営むことになりますが、Bさんには「お金を貯めたい、土地を求めたい、結婚したい」という夢があり、その夢の実現のために頑張っています。事例提供者はその夢を否定も肯定もしません。なぜなら、Bさんが蔵の中で暮らしていた頃から、その夢をずっと抱き続けてきたことをよく理解しているからです。夢が実現できるか否かではなく、夢があることがBさんの生きる力となっていることを知っているのです。

相談活動の主人公は利用者その人であること、生活支援相談員の役割はBさんが思い描いた事柄の実現に伴走することなのです。

(山崎美貴子)

3 9060世帯における近隣住民、関係機関との包括的支援
大槌町社会福祉協議会　坂庭たか子

◇ キーワード

認知症、近隣住民との関係構築、男性の在宅介護、9060問題

◇ 事例の概要

認知症の母（Cさん）と、その母の介護をしながら定職に就いていない長男（以下、息子）の二人世帯に、生活支援相談員がかかわった事例です。個別訪問による相談支援と地域づくりを目指したコミュニテイ形成支援の一体的な支援をこの事例から考え

たいと思います。

　災害公営住宅に転居後、Cさんの認知症状が進み、地域住民の間では対応に苦慮していました。また、息子は他人との交流が苦手で、近隣住民との関係構築が進まず孤立していました。生活支援相談員の訪問も拒否することがあり、探りさぐり関係を作っていきました。

　関係機関につなぐ際は、親子にかかわる機関の役割を明確にするきっかけ作りや、近隣住民による見守り支援の体制を構築する等、生活支援相談員としての役割を果たした事例です。

◈ 本人の状況

　Cさんは90代の女性で、現役時代は小学校の教師をしており、プライドが高く、勝気な性格です。認知症があります。同居する息子は60代で、現在、定職には就いておらず、Cさんの介護をしています。Cさんには長女（関東在住）、次男（町内在住）、次女（町内在住）がいます。息子はほかのきょうだいと関係が良くありません。

● 生活歴・生活状況

　Cさんは震災前、地区のお茶っこの会やイベントに積極的に参加していました。震災後に息子が住む町内の応急仮設住宅に転居してきました。Cさんの勝気な言動に対して、応急仮設住宅の住民は上手に応答され、声掛けや見守りが行われていました。

　Cさんは筆者ら生活支援相談員に対して、疑問に思っていること、気になることは、納得するまで何回も繰り返し聞いてきました。Cさんの職業や獣医だったご主人がお亡くなりになっていることのみ生活支援相談員は知っていましたが、相談員とは教員時代のことやご主人のことは話題にされませんでした。

　息子は、定職には就いておらず、冬期限定の仕事（週2〜3日）を繰り返していました。災害公営住宅（集合タイプ）に転居後、Cさんの認知症が進行し、息子が仕事で留守中、Cさんが近隣住民宅のドアを叩く、大声をあげるなどの行為がみられ、徘徊するようになりました。サロンは周囲の呼びかけに応じて参加していました。

◈ 生活支援相談員のかかわり

　当初、災害公営住宅の住民は、Cさんの「寂しい」という言葉や思いに理解を示し、Cさんの様子を心配していました。例えば、応急仮設住宅から災害公営住宅に引越して間もなくのことですが、Cさんは同じ階に住む複数の住民宅を頻繁に訪ねています。住民がドアを開けると「寂しい、泣きたくなる」などと訴え、住民がドアを閉めようとすると、Cさんは片足をドアにかけ閉められないようにしていました。住民はC

さんを家まで送っていくこともありました。

　そのうち、徐々にCさんの徘徊がエスカレートしてきたこと、加えて息子の不愛想な態度に、支えている近隣住民が不満を感じ始めました。息子は他者との関係構築が不得手で、介護負担を打ち明けられる友人や知り合いがいない状況を知るのは生活支援相談員のみでした。

　近隣住民から社協に、Cさんが自宅の鍵を無くして部屋に入れないこと、もの忘れがさらに目立つようになったこと、息子との会話の際、声を荒げることがあると相談が寄せられました。そこで、小地域ケア会議で関係機関と情報を共有し、Cさんに送迎がある支援拠点の利用を勧めましたが、利用には至らず、一時期関東在住の長女宅に行きました。

　生活支援相談員は、息子が勤労意欲が湧かず飲酒を続けていることを聞き、Cさんが一時不在中でも、息子の見守りを実施することにしました。息子は母（Cさん）がこれまでできていたことができなくなってきていること、もの忘れや家の中での意味不明な行動等がさらに出てきたことについて、不安で受け入れられない気持ちであることを生活支援相談員に吐露しました。また、母がそのような状態になった理由は自分（息子）のせいだと語りました。

　その後、息子は冬期限定の仕事に就きました。週2〜3日の仕事です。ある日、息子から生活支援相談員に対し、自分の留守中に母が心配だと相談がありました。そこで、サロン開催中は必ずCさんに参加を呼びかけ、参加者と交流してもらうことにしました。

　さらに、息子はCさんの近隣との付き合いが心配だと話しました。Cさんが息子の不在時に寂しさから外出するようになったためです。近隣住民は、Cさんの話を聞いてあげたいが、息子が不在時ではCさんとのトラブルに発展することを警戒し、慎重になっていました。そこで、小地域ケア会議で包括、ケアマネジャーと筆者ら生活支援相談員、社協で対応を検討することになりました。

　この頃、Cさんが寂しさを口にして近隣住民宅のドアを叩くことが頻回になり、住民から苦情が出るようになってきましたが、近隣住民の理解と協力を得るため、筆者ら生活支援相談員と社協は、ケアマネジャーと包括に「サービス担当者会議」の開催を提案しました。

　その後、生活支援相談員は息子に対し、周囲との関係を再構築するため、「近隣住民とあいさつを交わしては？」と提案してみました。すると、息子は「頭を下げて歩けばいいのか」と逆上しました。息子は、実はCさんの徘徊や認知症のBPSDを知らなかったのです。このとき初めて、生活支援相談員は息子がCさんの徘徊行動を

理解していないことがわかりました。

　そこで、生活支援相談員は、再度、仕切り直しの協議が必要と判断し、サービス担当者会議の開催を要請しました。その後、Cさんには短期間の訪問サービスの利用が決まり、住民の精神的負担の軽減につながっていきました。包括とケアマネジャーは息子に、CさんのBPSDについて説明し、近隣住民の理解を得て災害公営住宅で生活し続けるためにも、近隣住民にCさんの認知症の症状を理解してもらうよう共に声掛けすることとなりました。

● **現在の様子と変化**

　4年が過ぎて、Cさんの認知症は進行し、施設に入所することになりました。息子は以前から飲酒していましたが、Cさんの入所により独居となったことで、さらに飲酒量が増え、生活に乱れが出てくるのではないかと懸念しています。実際、徐々に酒量が増えてきている様子や、飲酒を起因とした怪我をしていることから、適切な量を保てているか関係機関と共有し、確認していく必要があります。

　全国いたるところに、高齢の母親と中高年になった独身の息子世帯が少なからずいることから、息子にも焦点を当てながら地域の中でどのように関係を作っていくか考えていくことが必要だと思った事例です。

◆ **事例検討のポイント**

　　事例提供者は応急仮設住宅の頃から長期にわたり、時間をかけてしっかりとこの親子と信頼関係を築きながら支援を重ねてこられました。その過程で特に注目したい支援の手法は次の諸点です。

　　1点目は、生活支援相談員は、特に認知症高齢者のCさんを介護する息子の負担軽減と、近隣住民との関係構築の進め方に心をくだきました。なぜなら、ともすると認知症に対する無理解から誤解が生じやすいからです。この家族の孤立を防ぎ、関係の結び直しの支援、学び合いの関係づくりにいたるプロセスから、それが読み取れます。

　　2点目は、生活支援相談員は継続的な訪問活動と情報提供を重ね、関係機関をつなぎ、関係者会議を開催し、情報を共有した点です。適切に対応できる基盤を整え、専門職との連携も進めることができました。

　　3点目は、認知症に関する専門職の知恵を住民に届け、理解を深め、地域づくりの輪を広げることに成果を上げ、新しい災害公営住宅での住民の力を発揮できる環境づくりに寄与した点です。

　　4点目は、支援対象であったCさんが施設に入所した後も、生活支援相談員は息子の支援を継続した点です。息子は人間関係の形成が苦手できょうだいとも良好な関係ができていないこと、友人もなく、自分のつらさや寂しさを伝えるこ

とができません。飲酒せずにいられないと訴える孤独な息子に焦点を当て、地域の中での関係づくりの支援を続けたことは大切な視点です。

（山崎美貴子）

4 サロン活動を活かしたコミュニティ形成支援

大船渡市社会福祉協議会　岡澤真理子

◈ キーワード

災害公営住宅内のサロン運営、自治会設立、個別支援と地域支援の一体性

◈ 事例の概要

　大船渡市社協では、東日本大震災による被災者支援として、生活支援相談員（陽だまりサポーター）を配置し、地域福祉の視点から、被災者に寄り添って、見守りや相談活動、サービス利用の橋渡しなどアウトリーチによる個別支援とサロン活動などによる仲間づくりやコミュニティづくりなどの地域支援を総合的に展開し、生活の復興や地域再生に向けた取り組みをしています。

　2016（平成28）年9月、震災から5年半経過した頃、大船渡市の中心部に市内最後となる7階建て58世帯入居のS災害公営住宅が完成しました。応急仮設住宅から転居された方々の生活課題は複雑多岐にわたり、入居に時間を要した方もいるなかで、災害公営住宅でのコミュニティ形成に筆者ら生活支援相談員がどのようにかかわっていったか、サロン活動を活かした活動について報告します。

◈ 一人ひとりの個別の課題が地域の課題

　Dさん（70代、独居、男性）は災害公営住宅の部屋の前の通路に座っていることが多い方でした。持病（心臓、喘息など）があり、生活支援相談員に「食欲もなく、喘息で咳が続くと苦しくて夜も眠れない。孤独死して、何日も発見されなかったら嫌だ。毎日が不安だ」と話されました。そこで、要介護認定の申請について情報提供し、介護保険制度の利用を促しました。その結果、翌月からヘルパーが週2回入ることになり不安は解消されたようで「誰かが来てくれると安心だ」と話され、以前より笑顔が増えて筆者ら生活支援相談員は安堵していました。

　しかし、介護サービス利用から半年が経過した頃、外出先で倒れ、救急搬送されま

した。その後、ケアマネジャーから「手術をしたが、10日後に亡くなった」と電話連絡がありました。それは、毎日の不安な日々が解消された矢先でした。生前、この災害公営住宅で生活支援相談員の姿を認めるとDさんは通路から大きく手を振ってくださることが何度もありました。筆者は、その姿が今も目に焼きついています。

　大船渡市には一人暮らし高齢者が多く、不安を抱えている住民はもっといるのではないかと考えるようになりました。この災害公営住宅は、入居世帯数が多いにもかかわらず、地元住民はごくわずかです。ほとんどが他地域から入居された方でした。よって、顔を合わせてもあいさつ程度で会話も少なかったため、これからのことを考えるとコミュニティ形成を意識し、住民同士の集まり、特に応急仮設住宅で開催していたような住民が交流できるサロンの立ちあげが必要なのではないかと考えるようになりました。Dさんだけでなく、一人ひとりの個別の課題が地域の課題であると気づき、そのための地域福祉実践について、筆者ら生活支援相談員同士はいつも話し合っていました。

◇ コミュニティ形成支援へ

　訪問を開始した同時期に、行政から自治会設立に向けた総会が行われると連絡が入りました。そこで、生活支援相談員3名が同席しました。総会では、自治会設立までの経過説明、規約内容、役員選出、住民からの質問などの流れを見守りました。そこで感じたことは、やはり予測していたように、住民同士で交流が少ないこと、さまざまな地域から入居しているという点でした。そのため、役員選出には相当の時間が掛かりました。

　そこで生活支援相談員は災害公営住宅を訪問する際に、一人ひとりの住民の話を傾聴するなかで、サロンについての意向や希望を必ず聞くことにしました。お話をうかがった結果、災害公営住宅ができた頃はイベントやボランティア団体の催し物が何度かあったことがわかりました。支援団体が定期的に集会所で「手芸の会」を催し、7～8名の参加があったそうですが、それも2018（平成30）年3月には終了してしまったそうです。

　そのほかにも、一人暮らし高齢者や新しい環境にまだ慣れない住民の方々の話では、集会所でのイベントに興味はあるが、なかなか参加できないとのことで、住民同士の交流を住民同士で行う環境は十分ではない状況がわかってきました。

　これも、被災地支援、応急仮設住宅における支援後の災害公営住宅の話題ではよくあがったことなのですが、それぞれの応急仮設住宅で社協が開催するサロンに参加していた住民は、以前の応急仮設住宅のサロンのような場がほしい、以前の知り合いに

会いたい、あるいは、災害公営住宅でも「前のようにサロンをしてほしい」という声があがりました。応急仮設住宅では、社協やひだまりサポーターがサロンの運営を行っており、住民が自主的に運営するサロンではありませんでしたが、住民の参加も多く、その内容は好評を得ていたからです。

◇ サロンの開始

　2019（平成31）年9月、自治会長から「住民から希望があり、サロンのことで相談したい」と連絡がありました。少しでも喜ぶ住民がいるなら、と生活支援相談員は11月からサロンづくりの支援に入ることになりました。

　自治会長からは、自分たちの災害公営住宅でサロンを始めたいという希望を聞き、生活支援相談員は住民主体でサロン運営ができるように自治会長と話し合いを行いました。チラシの作成、配布方法、周知方法、内容、準備するものなど細かく話し合いました。その後も開始まで何度か自治会長と連絡を取り合い、アドバイスや困ったことがないか確認しました。私たちは、少しでも参加者が多くなってほしいと思い、個別訪問時に声掛けも行いました。

　11月に開催された初回のサロンでは、お茶は住民同士が準備できるようにテーブルの近くにセットし、テーブルの配置もコミュニケーションがとりやすいようにしました。参加者は80代後半の方が半分以上で9名参加し、そのなかには男性が2名いました。生活支援相談員が個別訪問をしている顔見知りの参加者もいました。軽度の認知症がある住民、精神障害があり近隣住民とトラブルが絶えない住民、手芸をしたいが人とのかかわりが苦手な住民など性格もさまざまでした。自治会長にはあいさつとラジオ体操をリードしてもらうよう促し、その後、初めて顔を合わせる方もいたので自己紹介を企画し、簡単にできる折り紙を行いました。男性の方も慣れないながらも楽しそうに折り紙を折ったり、覚えた住民が隣の方に教えたりなどコミュニケーションが取れていました。後日、個別訪問した際、サロンの話をうかがうと作品を見せてくれたり、わからないところがあるとサロン参加者のお宅に聞きに行っていると話してくれました。

　12月に開かれた2回目のサロンでは、1回目の様子をもとに、参加する住民がどんなことに興味を持っているか、どうすれば交流が深まっていくか、その日の体調、機嫌、健康面を気にかけながら、座る位置やテーブルのセッティングを工夫し、声掛けをするようにしました。

　3回目のサロンは2020（令和2）年1月にありました。その際、精神障害がある方は「姉と口論になり、イライラして夜も眠れない。死にたい」と話されました。生活

支援相談員は心配になり、サロン終了後、健康推進課に今までの経緯と今日の様子を情報提供し、訪問を依頼しました。後日、担当保健師から「会話が成り立たず、うつ症状が見受けられたので、月に一度訪問する」と連絡があり安心しました。

また、人とかかわることが苦手だった住民は、特技の手芸をいかしてサロンに参加するようになり、完成した作品や今までに作った作品を見せてくれました。サロンでは笑顔で会話することが多くなり、今ではサロンの開催を楽しみにしています。

60代の女性は最近転居してきた方ですが、参加者のなかでは一番若く、周りへの気配りが上手で、隣の人が困っていれば手順を教え、お茶を率先して入れてくれます。サロンの雰囲気が穏やかになる存在です。今後のサロン運営において、貴重な人材になってくれました。

震災から10年が経過し、被災者の環境は変化しています。これから高齢世帯がますます増えていきます。個別訪問ではその方の体調や生活面が心配なことも少なくありません。一方、サロン活動を進めていくなかでは、住民がサロン活動を運営することへの支援を通し、体験し、個別訪問とはまた違った気になる人の対応が必要なことも感じ取ることができました。気になる人への対応を住民とともに分ち合うつながりづくりを継続させていきたいと考えています。

今後、災害公営住宅での生活支援相談員の活動は、サロン支援にも入るようになり、コミュニティを形成する住民とのかかわりが増えていきます。筆者ら生活支援相談員は、訪問やサロンを通して、これからもこれまでの経験を活かし、会話のなかでの「気づき」を大事にし、住民が安心して生活できるよう支援していきたいと思っています。

◈ 事例検討のポイント

　　生活支援相談員活動を開始する前に、どのように相談活動を進めていくかについて話し合い、活動の方針を定めています。それは、研修で学んだことなどをいかして、「個別支援と合わせて地域支援をも一緒に進めていくこと」でした。つまり、活動の目標を定め、話し合いを進めながら、協働して実践活動を進めていった実践記録となっています。

　　70代男性のAさんは複数の持病を抱えており、緊急の支援が求められることが予測されていました。しかし、Aさんは一人暮らしで、周りにつながりのある知り合いが一人もいないことが判明したため、孤独死の可能性があると推測できました。生活支援相談員はAさんの個別課題の解決のために行政につなぎ、介護保険サービスを導入し、ヘルパーによる定期訪問が開始されました。

　　話し合いのなかで、同じ課題を持つ人々がほかにもいるとの発言があり、課題を共有して、地域の人々と共に支え合い活動を進めることが提案されました。そ

こで地域にサロン立ち上げの提案があり、地域の動向をみつめながら慎重に進めていきました。

　事例では、生活支援相談員が主導的にサロンづくりを進めていくのではなく、住民主体で進めていくプロセスが記されています。サロン開始に至るプロセスでは自治会の会長、住民側の提案により立ち上っていきますが、サロンに参加する住民のなかに心の病を持っておられる人、人とのつながりづくりが苦手な人の存在に気づきます。そこで、個別支援を行い、専門機関につなぐ支援をするとともに、サロンづくりではでそれぞれの得意分野を分担し、支え合う住民主体の活動が生まれていくプロセスを記しています。このように、個別支援を通して地域の課題に気づき、個別課題の解決を生活支援相談員のみで進めるのでなく、周りの資源とつなぎながら進め、一方で住民の意思でサロンを立ち上げる関係づくり、住みやすい地域づくりへと進むことがコミュニティ形成のめざす方向です。

　災害により家族を失い、仕事を失い、家を失い、さらに長い時間をかけて紡いでこられたコミュニティを失ってばらばらになってしまった住民が、地域を再度作り上げていく入り口づくりのプロセスに参加する様子に、この地域のストレングスが垣間見えます。被災地では家族や地域のつながりをなくしてしまった人々が少なくありません。課題を担う人の個別支援とともに地域の一体的な支援が求められています。

（山崎美貴子）

5 持病を抱えた独居男性の孤独と自立に寄り添って
釜石市社会福祉協議会　新田和代

◇ キーワード

　一人暮らし、セルフネグレクト、声掛け・見守り

◇ 事例概要

　セルフネグレクト傾向にあった独居男性の事例です。精神不安定、血縁者のつながりもなく、ライフラインは不十分な状態でした。もし、筆者らが訪問する生活支援相談員事業が終了してしまった場合、その代替を既存の制度やサービスでは対応できないと思われます。このことから、今後、地域とのかかわりを中・長期的に構築する必要があるため、筆者ら生活支援相談員が定期的にかかわったケースを紹介します。特に筆者はＥさんの再アセスメントを担いました。

筆者はEさんを支える社会資源づくり、Eさんを見守る支援のネットワークをどのように構築していくかという課題意識を持ち取り組みました。

◪ 本人の状況

Eさんは、46歳の男性で、市内T復興住宅で一人暮らしをしています。両親はすでに亡くなり、実兄とは音信不通とのことでした。現在無職で、生活支援相談員の支援の途中からは生活保護を受給しています。亡母の医療費、通信費、電気料金、税金等は滞納されており、電話、そのほかの通信機器もない状況で暮らしています。

被災前は現在住んでいる災害公営住宅と同地区の一軒家で母親と暮らしていました。震災後は応急仮設住宅に入居した後、母親が亡くなり一人暮らしとなりました。

Eさんには税金の滞納があるため、市営の復興住宅に入居できませんでした。その後、県営の災害公営住宅に入居することになったと釜石市生活支援室から社協に情報提供がありました。Eさんには心疾患と糖尿病があり、治療・受診していますが、これまで受診の予定を何度もキャンセルしています。さらに精神疾患もあり受診していますが、入院時に病院から脱走したこともあるとのことでした。Eさんは生活支援相談員に対し、死や孤独感についての発言が複数回あり、なかには幻覚、幻聴と思われる発言もみられました。

● 家族状況

父親は幼少時に他界しており、母親は地元出身ではなかったため近隣に親戚関係はいません。兄は高校卒業後に関東へ転出しており、関係は薄いと聞いています。

● 生活支援相談員の見立て~ニーズと支援上の課題

①特にEさんの食生活等の生活環境の向上と定期的な受診が継続されることが必要。関係機関や生活支援相談員は、その確認のための見守りや声掛けと傾聴対応をしてはどうか。

②①により安定してきた場合もそこで支援を止めず、生活状況が乱れぬよう、関係機関や生活支援相談員は経過を見守り、変化を見逃さないようにする。

③Eさんも参加して作成した「住民支え合いマップ」で確認した入居者同士や友人とのつながりを含め、関係機関と共に重層的な見守り体制を構築する。

◪ 支援の経過

Eさんと生活支援相談員の出会いは、さかのぼれば応急仮設住宅入居当時になります。当初、個別訪問ではEさんの生活状況等の変化について察知し、それを見守る必要性を感じたという記録はありませんでした。このように震災直後には支援の必要

はなく、時間が経ってから支援が必要になる事例は少なくありません。

　Eさんへは2017（平成29）年春頃、市生活支援室の情報提供により、生活支援相談員が定期訪問することになりました。当時は地区担当制で複数の生活支援相談員がチームでEさんのお宅を訪問していました。

　Eさんは災害公営住宅に転居する際、市営の災害公営住宅は税金の滞納により入居できなかったことに加え、県営の災害公営住宅の申し込みにも当日来所しないなど、応急仮設住宅からの転居については他人事のような態度をとることが気になっていました。当時、Eさんは電話がなく、車も手離していました。これらのことから、社協ではEさんを「重点見守り」の対象とし、生活支援相談員による訪問を続けました。その後、夏には家電を売り払うまで生活に困窮していき、厳しい状況を迎えます。

　秋に社協のボランティアセンターを利用した引越支援により県営災害公営住宅に入居したEさん宅を生活支援相談員は訪問しました。そこで面談した際、Eさんは、体重が増加して仕事にも支障が出て無職になったと話し、「死のうと思っていた」と口にしました。こうした経緯から、市生活支援室職員がEさんの生活保護の申請を手伝いました。

　年末、生活支援相談員はEさん宅に5回訪問しましたが、すべて面談できませんでした。居留守もありましたが、救急搬送で入院していた時期もあったとのことです。生活保護担当者も同様に連絡が取れない状況だったそうです。最終的には地区生活応援センターにつなぎました。それにより、地区生活応援センター職員と警察とで同行訪問し、安否が確認されました。

　年明け、2018（平成30）年の1月に3回訪問しましたが、やはり面談は叶いませんでした。ようやく2月に面談ができた折、Eさんは「12月に入ってから今も外出したくない。人に会いたくない。ここから飛び降りれば死ねるか」「眠るために酒を飲んでいる」「酒量も増え、痛風が悪化して、歩けないときもあった」と話してくれました。

　3月には4回訪問しましたがすべて面談できませんでした。そこで、地区生活応援センターにつなぎ、後日、生活保護のケースワーカーが訪問し面談しました。4月の生活支援相談員の訪問時には、Eさんの体調が悪化している状態で、すぐに保健師につなぎました。数日後、保健師とケースワーカーが訪問し、すぐさま救急搬送され、入院となりました。退院後、翌月にも体調は悪化し、保健師が訪問して救急搬送となり、入退院を繰り返しました。

　7月に退院して以降、生活支援相談員は10月までは月1回から3回、11月、12月は各4回訪問するも不在で、12月の5回目でようやく面談ができました。Eさんは

検査入院の結果がよければ、心臓の手術をする予定とのことでした。

　2019（平成31）年1月の生活支援相談員の訪問時、Eさんは痛風の発作で動けずにいました。Eさんによると、2週間くらいして落ち着いたら病院へ行くということでしたので、このことを保健師とも共有しました。しかし、2週間後に生活支援相談員が訪問すると、Eさんは受診をせず、手術もキャンセルしていたことがわかりました。

　こうした経緯を経て、生活支援相談員主任より筆者にEさんのお宅を訪問し、アセスメントを担当するよう指示があり、かかわるようになりました。Eさんへの訪問活動について時系列で記録したものの抜粋が以下の通りです。

（筆者（N生活支援相談員）による訪問活動―時系列の記録―）

2019（平成31）年

2月　生活支援相談員主任より、筆者に見立てをし直すためにEさん宅を訪問するよう指示が出される。

　　　筆者による初回訪問時、ドア越しの5回の声掛けに、Eさんは無反応のまま。居室から音楽が漏れ聞こえたため、管理人に一緒に声を掛けてもらい、Eさんとの面談が叶った。

　　　初回面接では、現在の受診状況、通院先、交流やつながりを確認し、友人の連絡先もいずれ教えてもらう約束ができた。また、その際、次回以降に訪問する際は、音楽を聞いている場合にはドアを開けて声掛けすることの許可を得た。

　　　※以後、訪問時には、次回受診、検査、手術予定等を毎回確認することを約束した（引き続き、月1回以上訪問する重点見守り世帯とした）。

3月　亡母を介護した話や音信不通の兄のことなどについて傾聴した。Eさんが「母の逝去で血縁者がいなくなった。友達と血縁者は違う。この孤独感は大きい」「入院前に動くことができていたら飛び降りていたと思う」「時々自分の孤独について考える」と語った。

　　　※筆者は社協事務所に戻り、Eさんについて「孤立、喪失感、希死念慮等」が気になる方として課長に報告した。このことをきっかけに、当面、筆者がEさんに継続して担当することが決定された。

4月　「震災で人生が変わった」と震災後の変化について話された。また、「偶然道で出会ったNさんからの声掛けが嬉しかった。救急搬送時、入院せずにいたらそのまま死んでいた」と口にされた。

5月　世帯調査があり、保健師とチーム内の生活支援相談員が同行訪問する機会があった。面談では、Eさんは足痛で動けず、今週の初めから水しか摂取していないと語った。食べるとトイレに行かなければならず（足が動かず）面倒だからとのことで、痛みで空腹も感じないとのことだった。

　　　保健師と同行訪問したチーム内の生活支援相談員よりこのことを聞き筆者も訪問し面談すると、痛風の発作で1週間動けず、食べると便意が来るので水分のみ摂

取していたこと、尿はペットボトルを使用していたとのことだった。

筆者が「動けなくなる前に友人に助けを求める」ことを勧めると「迷惑を掛けたくない」との返事。以前、同災害公営住宅の住民に病院に連れて行ってもらったことについては、「あのときは命にかかわったから。痛風は命にかかわる訳ではないので」と言われた。

6月　ある日、災害公営住宅の住民が出勤時にEさんをかかりつけの病院まで送迎してくれていたことを知り、筆者は、その住民に定期的な送迎を頼んでみてはどうかとEさんに提案をしてみたが「嫌だ。迷惑を掛けたくない」と言われた。

その後、Eさんは筆者に手術の心配や不安や「以前救急搬送されたときはどうなってもいいと思っていた。その前には幻聴や幻覚もあり、イライラすることもあった」「安否確認で警察が来たときには大げさに騒ぐなと腹立たしかった。今は気持ちの上がり下がりが激しい。体調不良時や夜間にもう死んでもいいと思うこともある」「Nさんと話すのは楽しい」と語った。

7月　地区担当保健師と筆者で訪問し、現在の生活状況、健康状態、入院予定を確認した。また、Eさん自身の地域の中でのつながりを把握するため、Eさんの参加によるEさんの支え合いマップの作成を企画し、了承を得た。

8月　筆者の不在時、Eさんが事務所に来訪し、退院したことを伝えて欲しいという伝言を残してくれた。その後、筆者が訪問すると、術後の経過は良好で外出しやすくなり、痛風の発作もなく、気持ちが前向きになっていると言った。また、医療ソーシャルワーカーから、精神科の受診を勧められ、受診してみようと思うとも話した。このときは、亡母の入院費未払い分が発覚し、月々の支払いについても病院と話したようだった。

来月に約束した9月の支え合いマップ作成時のEさんの送迎を申し出たところ「行きはバスで行く。疲れるかもしれないけれど。帰りには送りを希望する」と言った。それは、筆者らに対し、迷惑をかけたくないという気持ちと、自分でできることはしたいという気持ちの表れと受け止めた。

9月　支え合いマップ作成の日、往路の移動についてEさんより「急遽、病院に行くことになり、バスカードの残高がなくなったため、支え合いマップ作成の日はタクシー代を友人に借りて行こうと思っている」と連絡があった。筆者より、再度、送迎を提案したところ、Eさんは初めは躊躇したものの、結局は送迎することとなった。送迎中に「免許失効。亡父の酒乱とDVで兄が実家に寄り付かなくなった。父親が大好きだった。震災と母親が亡くなったことで生活が大分変ってしまった」と語った。

支え合いマップ作成時、部屋には、課長、筆者、チーム内の生活支援相談員、県社協職員の参加があったが、そこでEさんは「死ぬことは毎日考えていたが、今はそうなりたくない」「被災者は孤立したら終わり」と話した。精神科受診により服薬は継続。「よく眠れるようになり、いろいろ考えることがなくなる」と話した。この時点で、Eさんが自身のことを考えられるようになってきたのではないか。複数人いるところで話をしていた様子から、筆者以外の生活支援相談員ともかかわりができるのではないか、と感じられた。

10月　生活ご安心センターに来所予定になっていたがEさんは来なかった。保健師が心

の相談会を勧めたが、台風で中止になった。その際、「心の相談会には筆者も来るか」と聞いてきたという。

11月　チーム内の生活支援相談員に、来年から就職活動をしたいので、健康診断と体調を整えたいと話す。

12月　チーム内の生活支援相談員に、精神科を受診せず、安定剤を飲まなくても眠れると話す。筆者に「夢か、霊的なものだと思う」と前置きし、「最近、夜中にノック音がし、玄関ノブを回して開けようとする」「心のケアには発熱し行けなかった」「その熱は翌日下がったので受診はしなかった」「心の相談会には来月行く」「電気料金の滞納は来月には払い終わるけれど、通電しても生活費がかさむだけで、風呂はさらに水道代がかかってしまう。生活保護費だけでは足りない。働かないと生活できなくなる」と話す。

※ライフライン状況、精神科受診状況等の現状を生活保護のケースワーカーと情報共有した。ケースワーカーからは、以前より精神疾患の通院、入院がうまくいっていないようだと情報提供があった。

生活保護費の受給日の帰りに生活ご安心センターに来所する予定だったがEさんは来なかった。

2020（令和2）年

1月　（先月の）生活ご安心センター来所予定日は「気分を害し帰った」とのことだった。その理由は、生活保護費受給時、亡母の医療費滞納の支払い状況を確認されたとき、Eさんは「（震災以前から）払える額を病院担当者が集金に来てくれていた」と話すと、生活保護のケースワーカーは「（Eさんが嘘をついているという表情をして）病院ってそんなことしてたっけか」と呟いたようにEさんには聞こえ、気分を害したとのことだった。

Eさんは筆者に対し「今まで生活保護のケースワーカーにいろいろ話してきたが、信用できないのでもう話さない。元々自分はキレやすい性格。普段は猫を被っているだけ。就労当時も客と喧嘩ばかり。応急仮設住宅の頃から生活支援相談員等の訪問にも居留守を使っていた。どうなってもいいと思っていたし、安否確認で警察がきたときも自分が死んでも関係ないだろう。腹立たしかった」と話した。

現在　関係機関とのかかわりを拒否したり、気分を害すこともあるEさんだが、生活ご安心センターには来所しないことがあっても、現在も筆者との関係は継続されている。

● 生活支援相談員による支え合い、取り組みから明らかになったこと

・県営災害公営住宅内でEさんの見守りができるよう住民への声掛けを行いました。

・つながりを確認するためのツールとして「支え合いマップ」をEさんと一緒に作成した際、Eさんも同災害公営住宅の住民をよく見ていることがわかりました。

・災害公営住宅内での住民同士の見守りを促すことは、それぞれの住民同士が見守り、見守られるというつながりになっていることが支え合いマップ作成により明らかに

なりました。

● **現在のEさんの様子**

・Eさんは自転車を使用し、行動範囲が広がりました。体力もつき、落ち着いた様子も見られます。

・筆者以外のチーム内の生活支援相談員とも面識ができました。

・必要時には生活保護のケースワーカーや保健師とやりとりができています。

◈ 生活支援相談員としてかかわった感想

　Eさんには、応急仮設入居時からかかわっていたものの、若く、就労していたことから支援の必要性はありませんでした。その後も、関係機関の情報提供がなければ、生活支援相談員だけで、Eさんの生活状況の変化には気付けなかったかもしれません。こうした方々を支援するのも、生活支援相談員に求められるのだと感じるとともに、その方の基本情報や活用すべき社会資源との連携と活用はとても重要だと思いました。

　Eさん自身も、当初は居留守を使い、生活困窮や体調不良があってもそれを問題としないなど、筆者としてもかかわりが難しいと感じました。しかし、支援を継続し、傾聴を続けるなかで、本音を語ってくださり「助けられるだけではなく、助ける側でもありたい」と思うEさんの気持ちも共感、納得できました。

　筆者は生活支援相談員として、Eさんの味方であること、いつもEさんを気に掛けていることなどを、面談できないときは不在連絡票にメッセージを書いて伝え続けました。

　Eさんは「生活支援相談員」という知らない第三者に対して、筆者が毎月、定期的に訪問をしていったことにより、少しずつ生活課題や苦しい気持ちを語ることができるようになっていきました。また、生活保護受給により借金を返済し、ライフラインの保持も少しずつ可能になり、必要な専門職も面談ができるようになっていきました。しかし、精神疾患がベースにあること、希死念慮もあり、定期訪問による常時見守りが必要な事例と判断されるもので、継続的な支援が求められると思います。

　筆者ら生活支援相談員にはEさんの孤独感を埋めることは難しいかもしれません。しかし、Eさんが生活支援相談員と共に、地域社会の中で、かかわりをもって生きているのだということを実感してもらえたらいいなと思います。

◉事例検討のポイント

　一人暮らしのＥさんは、多くの生活課題を抱えながら親族、家族、近隣、友人などインフォーマルな資源がなく孤立した状態です。行政や社協は支援が必要と判断し、生活支援相談員等の家庭訪問を重ねましたが、居留守を使ってドアが開きませんでした。そこで、関係者による検討会を持ち、再アセスメントを行い、事例提供者を主軸とした粘り強い支援が開始されました。以下でどのような手法がとられたか、どのような変化と成長が見られたかを述べます。

　さまざまな生活支援相談員が入れ替わり立ち代わり訪問する方式をやめて、主軸となる生活支援相談員を決め、定期的に休みなく訪問する方式を取り、丁寧な傾聴を重ねて信頼関係を築いていき、効果をあげました。ドアを開けてくれるまでの工夫もなされています。

　Ｅさんの自己開示が始まり、家族のこと、幼少期のエピソード、閉じていた生活の整理ができるようになり、人を信頼するという体験は大きな変化でした。人に相談するということができるようになってきました。

　Ｅさんは糖尿病、心疾患、精神疾患があり、医療機関の利用が必要でした。保健師が同行し、医療機関とつながりを作り、入院して治療を受けることに成功しています。社会資源は紹介するだけではなく、生活支援相談員が同行支援する必要がある場合もあります。

　地域とつながりができ、外出もできるようになりました。自転車で地域の「ご安心センター」に通い始め、生きる力、暮らしを紡ぐ力が生まれつつあります。本人から「被災者は孤立したら終わりだ」との発言も聞かれ、Ｅさん自身がつながりの大切さを実感しています。つながりづくりの大切さを立証した好事例と言えるでしょう。

（山崎美貴子）

第3節 民生委員・児童委員の活動と生活支援相談員

◈ 東日本大震災での県内民生委員・児童委員の被災状況とその後の活動の展開

　東日本大震災は、大津波が襲来した岩手県沿岸部の民生委員・児童委員にも、死者26名、負傷・疾病8名、建物被害295件の大きな被害をもたらしました。大震災津波の犠牲となられた26名の委員のなかには、大地震発生から大津波襲来までの限られた時間のなかで、一人でも多くの人を助けたいと地域の要援護者の避難誘導中に波にのまれた方もいます。

　大震災津波により、各地区の民生委員児童委員協議会（以下、民児協）は、その存続が危ぶまれるほどの大きな被害を受け、うち、町の中心部が大きな被害を受けた陸前高田市高田地区では、定数16名のうち7名の民生委員・児童委員が尊い命を失い、辛うじて命を失うことがなかった9名のうち6名も建物被害を受けるなど、その被害規模は計り知れないものがありました。

　民生委員・児童委員のなかには、大地震の発生直後に担当地区内の一人暮らし高齢者や近隣住民に声を掛け一緒に避難した方、近隣の行き場がない人を高台にある自宅のスペースに避難させた方など、その時々に精一杯の機転を働かせ、状況に応じた活動をされた方も多く、後日、「あのとき、声を掛けてくれたから助かった」との感謝の声を掛けられた民生委員・児童委員が数多く存在しました。

　震災後、沿岸部の民生委員・児童委員の多くは、自身が避難所や応急仮設住宅で困難な生活を余儀なくされるなか、担当地区の住民の安否確認や状況把握に取り組んでいました。また、避難所ではボランティアとして運営を手伝い、避難所から応急仮設住宅への移転後は、居住している応急仮設住宅と元々の担当地区の両方の要支援者の見守りを担当する委員もおり、近隣住民や生活支援相談員と連携しながら、民生委員・児童委員としての役割を果たした方もいました。

　陸前高田市では4月中旬から5月にかけ、大きな被害が発生した広田地区や気仙地区など4地区で、市の民児協が隣接する住田町民児協、社協と連携・協働して被災地域の高齢者等の訪問活動を展開しました。訪問は双方の民生委員・児童委員と社協職員4〜5名が一組となって3〜4班に分かれ、手分けして2,000人以上の在宅及び避難所の要援護者を訪問しました。被災した高齢者に寄り添い、誠実に向き合いながら、言葉にならない想いに耳を傾け、困りごと、心配ごとなどの支援ニーズを聞きながら、被災した要援護者を励まし勇気づけました。また、高台で暮らす高齢者の水運びの負

担や介護者の心労の蓄積、家屋の泥出しなど、必要に応じて市社協災害ボランティアセンターや包括につなぎました。訪問は男女ペアで行われ、一人暮らし高齢女性のなかには、訪問した女性の委員にしがみつき、津波の恐怖や孤立感を訴える姿も見られ、災害時の女性委員の訪問の必要性もクローズアップされました。訪問活動からは、「平常時以上に住民に安心を与え、心の支えになること」、「民生委員・児童委員の存在と役割は同じであり、住民に信頼感と絆をもたらすこと」、「民生委員・児童委員相互、社協、関係機関、団体による迅速な協働活動は、その後の双方による住民支援につながること」などが確認されました。

◈ 民生委員・児童委員と生活支援相談員の連携した活動の展開

東日本大震災発生直後、沿岸各地の社協では、役職員の安否も確認できないなか、いち早く無事が確認できた被災地区の民生委員・児童委員と一緒に地区を回り、徒歩で情報集めに奮闘しました。

また、民生委員・児童委員が不在であったり欠員が出たりしている地区においては、近隣の民生委員・児童委員や民生委員・児童委員の地区民児協会長、行政関係者と生活支援相談員が持つ情報共有の取り組みや、民生委員・児童委員の欠員が出ている地区の住民支援を生活支援相談員が担うなど、情報を持っている生活支援相談員が地域の社会資源となり、民生委員・児童委員と連携・協働した活動が数多く行われ、そうした双方の協働関係による情報共有の取り組みは行政からも頼りにされていました。

民生委員・児童委員と生活支援相談員による相互の情報共有や連携の取り組みは、被災された方々個々の支援に留まらず、サロン活動や居場所づくりなどの地域支援活動においても展開され、被災された方々が前を向く大きな力になりました。ここでは、相互に連携した活動の一例を紹介します。

◈ 支援終結後に民生委員・児童委員からの情報により再度支援につながった事例

災害公営住宅に入居する独居男性（60代）の事例です。被災後は就労せず、預貯金を切り崩して生活していました。震災後はみなし仮設住宅で生活しており、持病を持っていることから、生活支援相談員が定期的に訪問していました。その後、災害公営住宅に移り、保健師が定期訪問を行うこととなったことから、生活支援相談員による個別訪問は終了し、以後、災害公営住宅入居から1年後に、災害公営住宅入居者を対象にした健康相談を定期的に受けることを条件に保健師による訪問も終了しました。

災害公営住宅入居から2年経過後のある日、「体調が悪いので相談したい」とみなし仮設住宅居住時の担当民生委員・児童委員に連絡がありました。民生委員・児童委員は直ちに社協へ連絡し、生活支援相談員が本人宅を訪問し、アセスメント基準を用いて状況を確認したところ、「支援度2（通常見守り）」となり、支援の再開につながりました。

　現在は、災害公営住宅の民生委員・児童委員と生活支援相談員が本人の健康面や生活状況を注意深く観察しています。生活支援相談員のかかわりにより、親戚や知人による援助の状況等を把握することができるようになり、生活困窮者自立相談支援事業担当者や福祉事務所生活保護担当者との連携も図られたことで、将来的な生活面の不安が軽減され、精神面の安定が図られるようになっています。

◈ その地域に住む住民と同じ目線で

　民生委員・児童委員と生活支援相談員が持っている「最後の一人まで支援を続ける」という高い志は、岩手が生んだ詩人宮澤賢治の「世界全体の幸福」思想に通ずるものであり、国連が提唱する2030年までの国際指標「SDGs」にもつながるものです。

　民生委員・児童委員と生活支援相談員は、その地域に住む住民と同じ目線で東日本大震災において被災された方々や地域で福祉的な課題を抱える住民に寄り添い続けてきました。こうした住民目線での寄り添い支援は、被災された方々にとって、前に進んでゆく力の源になったとともに、民生委員・児童委員にとっても自身の自己実現という成長を感じられる機会になったと考えられます。

　岩手県の民生委員・児童委員と生活支援相談員が震災以降、これまでに培ってきた幾多のことがこれからの時代においても永続し、今後もさまざまな活動につながり、発展していくことを切に願います。すべては東日本大震災で被災された方々を含む岩手県民全体の「ほんとうのしあわせ」につながるものです。

一生忘れない震災

元・釜石市鵜住居地区民生委員・児童委員　鈴木堅一

　私は現在 76 歳で一人暮らしです。震災時は鵜住居地区の民生委員・児童委員として活動しておりました。当時は福祉弁当を高齢者に配達しておりました。ところが、あの震災に遭遇して、忘れることはできません。

　それまで私は、消防団本部長として消防活動に専念しておりました。震災で家族四人を一瞬にして亡くし、呆然として、何をしていいのかわからない日々でした。消防団は 5 月 30 日には警報が解除になり、なんとか自分のことができるようになり、そこで民生委員・児童委員二人の死を知りました。

　鵜住居地区は月例会の会場もありませんでした。その頃、自分は病気かなと思いました。ときに涙が急に出て大変だったからです。

　そんなある日、社協から連絡があり、月日は不明ですが、ようやく地区の会議が応急仮設住宅で開催されました。そこで、自分が会長になることになり、びっくりしました。でも、頑張って元の鵜住居地区民児協協議会に戻したいと思い、研修会に参加しました。男の一人暮らしは大変ですので、民生委員・児童委員を終わらせていただきました。会長の皆さま、そして関係者の皆さま、ありがとうございました。

震災後の民生委員・児童委員の生活と心構え

釜石市鵜住居地区民生委員・児童委員　小野寺喜代子

　民生委員・児童委員になって 4 年目、それまでに体験したことのない大きな地震が起きて以来、毎日非現実的で夢の中を彷徨う感覚で生活をしました。

　避難所には何の仕切りも無く、プライバシー無視のなかで、夜になると昼の間、家族の遺体探しに歩いていた人たちが帰ってきて、互いに「見つかった？」「見つからない？」と重苦しい雰囲気が覆いました。自衛隊や医療関係の方、NPO の支援団体等やたくさんの人たちが入ってきて、支援していただき本当に有り難いと思いました。避難所には高齢者や身体の不自由な人もおり、そのような人の介護や、体調の悪い人たちを見たら症状を医師や保健師さんに説明しました。在宅避難者への食料支援物資の調達は、役所の担当者とも一緒に何度か配達し、役所の説明（義援金の申請や応急仮設住宅への申し込み手続き）を聞いても理解できない高齢者の支援もしました。ほ

かの避難所を回り、町内の人たちの情報収集をし、町内会長と会い報告をしました。

　応急仮設住宅に移ってからが大変で、電化製品（電子レンジ・冷蔵庫・洗濯機・テレビ・炊飯器）は置いてありましたが、電子レンジを載せる台、食器棚、台所用品等日常生活をするための物がなく、また購入するにも町は廃墟と化し、店舗らしき建物はなく、車で15分以上もかかる場所まで買い物に行きました。

　応急仮設住宅での団地暮らしの4年間、せっかく津波から命が助かり生活を始めたのに、たくさんの人が病気で亡くなりました。NHKの「あの日 あのとき」という番組に出て、津波が襲ってきたとき、橋の上で逃げ回り助かった妻、防災センターの建物の中で逃げ回り助かった話をしていた夫など、取材に応じていた人たちも亡くなりました。

　また、夫婦で防災センターに避難して妻だけ助かった人は、悲しみを通り越して心が病んでいきました。住み始めた1、2年くらいは、畑を耕しいろいろな野菜を作り、収穫した大根で漬物を作って隣近所に配ったりしていましたが、段々と脚が衰え、家の中に入るのも大変で転んで怪我をしたり、体力的にも精神的にも疲れてきて、生きることをあきらめ、死を選んでしまいました。「なんで自分だけ助かったんだろう」と悩んでいました。息子さんは震災後、一度も帰って来たことがなく、娘さんも50キロ位離れた所に住んでいたのですが、あまり帰って来ませんでした。亡くなる前、「東京にいる息子から母の日のプレゼントにお菓子が贈られてきた」と嬉しそうに私に半分くれました（息子さんは私の息子の同級生でした）。葬式にいた息子さんに声を掛けたら「母の生前について教えてほしい」と言われ、いろいろ話をして、母の日に贈ったお菓子をすごく喜んでいたと教えたら、悲壮感に満ちた表情に少し笑顔が浮かびました。住宅のご近所さんたちは、談話室に小さな祭壇を作り初七日まで弔いをしました。この方は地元の資産家で応急仮設団地の地主でもあり、夫婦共に公務員で名士でした。まさか亡くなるとは思いませんでした。とてもショックでした。

　民生委員・児童委員は鵜住居地区の仮設団地名簿を持っていましたので、社協の生活支援相談員たちと一緒に団地内の高齢者世帯や気になる世帯を訪問しました。生活物資の支援も欲しい物を聞きながらお届けしました。

　隣の家の声が聞こえてくるプライバシーが守られない狭い住宅の中での暮らしはストレスが溜まり、児童虐待で逮捕される人も出ました。困難を抱えている世帯が多く、一人で倒れて亡くなっている人も数名おりました。みんな自分のことで一杯で周囲に対して余裕がありませんでした。

　定期的に社協の生活支援相談員、民生委員・児童委員、保健師、仮設住宅支援員、サポートセンター所長と情報共有を行う話し合いの場を設けました。生活支援相談員

は毎月エリアミーティングを行いながら世帯の見守りをし、地区民児協定例会後には個別に担当委員と情報を共有しました。生活支援相談員からは、「地域の情報を知っている民生委員・児童委員との訪問活動は助かりました」とお礼を言われました。

　また、全国各地からボランティアとして訪れた大学の先生や学生たちとの交流に協力したり、社協の担当者と一緒に他県、他市民児協との情報交換会では自らの津波体験を語りました。

　私は現在、災害公営住宅に住んでおりますが、ここでの活動もいろいろな町から引越して来た方が多く、考え方がまちまちで苦労している毎日です。しかし、私も生き残った者として、これからも釜石市や社協に協力して頑張り、役に立ちたいと思って活動を続けます。

生活支援相談員との連携

釜石市民児協会長、甲子地区民児協会長　東野武美

　発災直後、民生委員・児童委員は担当地区の安否確認や声掛けに飛び回り、避難所開設後は町内会の一員として避難所運営に携わりました。またボランティアとして避難所運営の手伝いをしたり、在宅避難者の要望のつなぎ役をしました。甲子地区は被災者が多く、10か所に応急仮設住宅が550戸程建設され、みなし仮設、一般のアパート、社宅等に1,000世帯、約3,000人の方が避難しました。

　2011（平成23）年10月には応急仮設住宅とみなし仮設、在宅避難者間の支援の格差が浮き彫りとなり、民生委員・児童委員がみなし仮設、アパートや借家の在宅被災者実態調査をしております。

　11月には私が担当する地区の応急仮設住宅に入居が始まり、自己紹介を兼ねて訪問、生活支援相談員による戸別訪問や支援も開始されました。12月に生活支援相談員と民生委員・児童委員が一緒に家庭訪問し、ギフトセットを配布しながら安否確認や健康調査を行いました。また、生活支援相談員も民児協の定例会に出席し、入居者の健康状態などの情報交換を行いました。

　発災から今日まで見守り活動を行っている生活支援相談員は、被災者と面識があり信頼を得ていること、また災害公営住宅という特殊な環境のなかで、安否確認はインターホンによることが多く、民生委員・児童委員としても訪問は難しいことなどから、入居者のなかから民生委員・児童委員を選任できるまでは、生活支援相談員による見守り活動に期待していますが、今後の見守り活動の在り方を自治会・社協と話し合う

ことも必要だと思います。

　全国的にも民生委員・児童委員のなり手不足が取り上げられておりますが、超高齢社会を迎えていることや自然災害が頻発している今日、常日頃から見守り活動をしている民生委員・児童委員の存在がますます大きくなっております。1日も早い欠員補充（なり手確保）を希望するとともに、地域の福祉維持向上のため、社協と協力し、委員同士の支え合いで活動していきたいと思います。

生活支援相談員が教えてくれたこと

宮古市社会福祉協議会　佐々木睦子

　生活支援相談員との思い出というと、真っ先に浮かぶのが「すいか」です。暑い夏、トラックの荷台に山のように積んである、支援で提供いただいた見事な大きいすいかを、当時はエレベーターが設置されていないみなし仮設住宅の5階まで、悲鳴を上げる足を気合でカバーしながら被災者の方へお届けしました。今でも良い思い出です。

　そんなスタートから、私が生活支援相談員の統括として携わることになったのが、復興期間の後期「復興・創生期間」です。宮古市は住まいの再建も落ち着き、災害公営住宅集会所や近隣の地区会館を活用したサロン活動が定期的に実施されていました。同時に復興後期に入り、外部からの支援や宮古市社協の復興支援活動を今後どのようにしていくか、さまざまな変化に併せ方針を求められる時期となっていました。生活支援相談員数もピーク時と比べると約1／4となり、従来どおりでは進められなくなっていた頃で、何をどのようにしていったらよいのか正直悩むことも多かったように思います。

　そのようなときは、生活支援相談員が受けた相談内容によく耳を傾けました。生活支援相談員は被災者の方の生活の場に本当によく出向き、寄り添い、話をうかがっていました。その内容を地域支援の職員と丁寧に掘り下げていくことで活動に必要なヒントを見出し、さまざまな団体の力を結集して一つひとつ実践することができました。

　今、改めて振り返ってみると、生活支援相談員が行ってきた相談支援は属性で区切らない、まさに「住民」のあらゆる相談に真摯に対応し、「断らない相談支援」を実践してきたと思います。その積み上げてきた個別支援の実績は、今後の地域づくりの大きな糧になると確信しています。この数年で、社協の事業もさらに幅広くなりました。「みやこの地域づくり」には、それらの強みを活かし、まずはみんなで一緒に考えていく場をスタートしていきたいと思っています。

第**5**章

生活支援相談員活動から
見えてきた地域福祉

第1節 生活支援相談員が示唆する 平時の地域福祉

◈ ソーシャル・サポート・ネットワークの大切さ

生活支援相談員の配置が始まった 2011（平成 23）年 8 月のことです。応急仮設住宅に日本赤十字社が無償提供したテレビやエアコンなどの家電製品が届けられ、生活支援相談員が訪問したところ、「エアコンを入れても冷えない」と高齢の入居者から相談がありました。見たところ、設定が"暖房"になっていたので"冷房"に切替えて、リモコンの操作を説明したといいます。家族や友人が近くにいればこのようなことは容易に解決し、笑い話のネタになったことでしょう。しかし、このとき、相談した人は相談相手が身近にいない悲哀を感じていたのかもしれません。

このエピソードは、家族、親類、近隣住民などの支えを喪失した被災地の人たちの状況を象徴しています。このような身近な人たちからもたらされる支えをソーシャル・サポート・ネットワークといい、情緒的支援、手段的支援、評価的支援、情報的支援といった性格があります。

震災で家族を失い、避難のために幾度も転居を余儀なくされ、また心身に脆弱性を抱えた人たちの身近な支えは、不安定だったといえます。そのため、ボランティアなどの共助の支援者が、被災者の暮らしの再建に手を差し伸べ、大きな支えとなりました。

◈ 地域の暮らしには支え合いの関係性が重要

岩手県社会福祉協議会（以下、社協）が発災から 6 年後、2016（平成 28）年に生活支援相談員の支援対象世帯から無作為抽出して行った調査では、約 7 割の人たちが地域の暮らしを「満足、まあ満足」と感じていました。その特徴は、周囲の人を助けたり、相談に乗ったり、逆に助けられたり、相談している人の割合とピタリと重なりました。つまり、元々あった支え合いの輪が健在であったか、支え合いの輪を再構築した人たちは生活の満足度が高く、一方、支え合いの関係のなかに加わっていない約 3 割の人たちは、生活の満足度が低かったのです。地域の暮らしに満足感を得るためには、支え合いの関係性が強く影響を与えていることがわかりました。

また、近所の人たちの手助けを頼りに暮らしてきた人が要介護認定を受け、介護サービスを利用するようになると近所との交流が減り、当の本人は、「介護の不安はなくなりましたが、仲間と会えなくなって寂しい」とこぼしたといいます。つまり、地域の暮らしの満足度が下がったのです。

介護、障害福祉サービスに課題を抱える世帯をつないだだけでは十分な解決になっていないことは明らかで、地域のソーシャル・サポート・ネットワークの質を下げないかかわりが大切だということがわかります。

被災地の復興において、生活の満足を実感するには、身近な地域の中にお互いを気にかける関係、すなわち住民のソーシャル・サポート・ネットワークを意識的に築くことが重要でした。これは、人と人とをつないで“誰一人、独りぼっちにしない”という被災者支援の“教訓”がもっとも強く作用する活動になりました。

地域の生活にある互助・互酬は、個々人のソーシャル・サポート・ネットワークから派生した生活の営みです。互助・互酬は、家が近い、通った学校が同じ、職場が同じ、共通の趣味など、顔と人柄がわかりあえる間柄で、しかも長い時間軸で役務や物の贈与が均衡する関係性と言えます。親族の少ない人たち、転居によって知り合いが少なくなった人たちのソーシャル・サポート・ネットワークは貧弱です。

このような人たちのソーシャル・サポート・ネットワークを再構築するには、気軽に立ち寄れる居場所、定期的な通いの場、地域の共同作業への参加、自治組織を作ることなどが効果的です。このような活動が地域にあることで、住民は暮らしの水面下で独自の互助・互酬の関係を取り結んでいきます。ここでいう互助・互酬は、決して組織だったものではなく、個人的な営みであり、自助行動の延長線にあるものです。

◈ 生活支援相談員の活動

生活支援相談員は訪問相談で世帯の生活課題に寄り添うことで個別支援を行い、また、住民の互助・互酬、支え合いの状況を50戸世帯の住民支え合いマップに記録する地域アセスメントに取り組みました。住民は支え合いマップの作成に参加し、世帯の支え合いの様子、課題や特徴、強みを生活支援相談員と共有することになります。このように住民が地域アセスメントを共有することによって互助・互酬の線を地域の中に伸ばしていくことにつながりました。例えば、安否の見守り、車の相乗り、食材の差し入れ、余り物のおすそ分けなどが、住民同士の関係性を表す支え合いの行動例でした。

生活支援相談員は戸別訪問による相談活動で地域の顔なじみになり、行動や人柄に信頼を得ることで、地域アセスメントの際に住民との良好な対話を行うことができました。個別支援と地域支援の一体的な取り組みは、コミュニティソーシャルワークの特長ですが、生活支援相談員の職務行動はこの特長を体現しました。

生活支援相談員の活動は、まず訪問相談（アウトリーチ）による個別支援です。そ

の目的は、不安な気持ちの傾聴や簡単な手助けなども行いつつ、生活課題の相談を受け、その解消のために支援制度や福祉サービスの利用を援助することです。世帯に対する個別支援の視点は、世帯アセスメントで明らかにしていきました。

次に、人と人をつなぐ地域支援活動です。生活支援相談員の合言葉は"誰一人、独りぼっちにしない"ことですが、行事やサロンの企画運営、そこに参加した人たちに対する出会いや対話の場を作ることで住民同士がつながるよう支援を組み立てていきました。また、人と人とをつなぐ地域支援には、応急仮設住宅や災害公営住宅の自治会を結成する際の支援や住民向けの研修会、懇談会の開催なども含まれます。

三つ目の活動は、地域支援の勘所を把握する、言い換えれば、人と人とのつながりの状況を把握する地域アセスメントの活動です。世帯の気になる課題と強み、特徴を発見し、そのつながりの強弱を住民と共有する取り組みです。

四つ目は地域アセスメントに住民が参加することによる学習効果、福祉教育効果を促す活動です。地域アセスメントが、互助・互酬の姿を可視化させ、可視化の刺激が住民の主体的な活動を誘発する引き金になるよう、気づきを促すことが大切です。このことによって、誰かの問題は将来の自分の問題と自覚され、また、同じ内容の互助・互酬は、一緒に取り組むことで地域共通の「共助の仕組み」につながることが期待できるのです。

五つ目は、生活支援相談員の訪問相談と地域支援が広がりを見せることによって、福祉ニーズがより明確になり被災地の社協の活動目標が形成される効果です。生活支援相談員が地域を基盤としたソーシャルワークのスキルを会得することによって、市町村福祉事業を受託できる質的な担保となりました。生活支援相談員が介護予防事業の生活支援コーディネーターや地域包括支援センター（以下、包括）の社会福祉士、生活困窮者自立支援事業の相談支援員や介護保険事業などに配置換えとなることによって、被災者に対する支援力が通常の福祉施策のなかで発揮されることになったのです。

被災者支援で磨いた支援力が一般施策で活かされる意義は、次なる災害の備え、すなわち防災の効果として絶大です。また、復興が長期化する災害の二次的、三次的被害を最小にとどめるためには、生活支援相談員活動の一般施策化がもっとも効果的であり、今後に求められる施策です。

◇ 生活支援相談員が用いるアセスメント法

ここで、生活支援相談員が用いる二つのアセスメント手法を説明します。それは世帯アセスメントと住民支え合いマップによる地域アセスメントです。

発災から５年に差し掛かった時期は、災害公営住宅への転居や防災集団移転地への

住宅再建が徐々に進み始めた“住まいの移行期”の入口でした。新たなコミュニティが少しずつ形成されるなかで“人と人とがつながる支援”、“住民の主体性を助長する支援”への関与も意識されつつありました。

　生活支援相談員の活動範囲は応急仮設住宅から新たなコミュニティとなる災害公営住宅や再建住宅地へも拡大し、車の移動にも時間を要することから、重点的に見守る世帯を見極める必要が生じました。個別支援を網羅的に行うのではなく、支援の重点化を図ることにしたのです。

　そのためには見極めの尺度が必要になりました。その尺度となったのが、岩手県社協の被災者支援委員会が策定した世帯アセスメント基準とアセスメントの視点でした（**巻末資料／資料2**参照）。

　世帯アセスメントは、A日常生活と心身の健康（9項目）、B生計の維持（4項目）、C社会的なかかわりの維持（11項目）、D震災に起因するストレス（5項目）、E関係機関との調整により支援の必要な理由（1項目）の五つのカテゴリー（30項目）のなかで、一つでも突出した課題がある場合に支援度を高く認識する仕組みです。世帯の構成員の多少にかかわらず、また、世帯に複合的な課題があっても五つのカテゴリーのどこかに反応するように考えられたものです。

● **世帯アセスメント**

　生活支援相談員の支援対象は、大震災による影響を受けた世帯を漏らさず訪問対象としてきたことから、2011（平成23）年度のピーク時からは減少してはいたものの2016（平成28）年度当初の訪問対象世帯は1万5,000世帯ほどでした。それが、世帯アセスメント基準を適用した翌年度は、対象世帯が半減しました。これは、数の絞り込みを目的としたのではなく、個別支援を必要とするポイントを絞り込んだ結果です。

　もっとも訪問頻度が高い重点見守り世帯の状態像は“生活支援相談員の観察と他機関のサービス利用・連携により多機関・多職種で関与する必要がある”状態像と定義しました。この世帯は、課題が複合していることで、多くの機関が役割を分担して狭間を作らない連携を必要とする世帯ということになります。

　通常見守り世帯は、二つの区分があり、“生活支援相談員が定期的に関与し、変化があるかどうかを気にかける必要がある”世帯と“生活支援相談員が定期的に関与し、他機関と情報を共有する必要がある”世帯に大別されています。いわば、状況変化が見逃せない生活支援相談員のメインターゲットとなっている世帯が通常見守り世帯となります。

　“生活支援相談員による定期的な関与は不要であるが、引き続き経過の観察は必要である”世帯は、不定期見守り世帯と定義しました。世帯が脆弱性を内包しながらも

自立を保っている世帯の状態像であり、緩やかな見守りを続けて行く世帯です。

一方、世帯アセスメントによって支援度が認識されなかった世帯は、生活支援相談員の個別的な関与が必要ない世帯であり、訪問相談による見守りの対象外と判断された世帯です。不定期見守り世帯や見守り対象外の世帯は、50 戸世帯の地域において、住民相互の見守りや互助・互酬の関係線で結ばれていることを地域アセスメントで確認すべき世帯ともいえます。なお、世帯アセスメントは、定期的に、または民生委員・児童委員や関係機関の要請で再アセスメントを行い支援度の変更が行われます。

福祉サービスに結び付く人たちは、サービス利用に係るアセスメントツールによって、日常生活上の動作能力や生活歴、ジェノグラムやエコマップによって詳細が把握され、サービスが提供されることになりますが、生活支援相談員の世帯アセスメントでは、対象世帯数の多さからこのようなアセスメントは省略し、支援の必要度を判断することを優先したものです。

● 地域アセスメント

さて、生活支援相談員が行うもう一つのアセスメントは、住民支え合いマップを活用した地域アセスメントです。

従来、地域アセスメントは市町村域を対象とした第１層、市町村の支所から中学校区を対象とする第２層、小学校区や民生委員・児童委員担当区域を対象とする第３層に階層を区分し、それぞれの階層ごとに住民の状況、地域の歴史、地域特性、福祉サービス資源、商業施設、民生委員・児童委員や町内会役員、ボランティアなどの地域のキーパーソンを把握することをもって地域アセスメントとしてきました。

このアセスメントは、地域におけるサービスシステムや資源情報の把握といった点に特長があり、福祉ニーズは、統計的な分布として把握されるにとどまっていました。地域住民が手助けの受け手と担い手の役柄を入れ替えている姿や支え合いの相互関係が濃密であったり希薄であったりという特徴、住民の主体的な問題解決の仕組みを把握することは到底できませんでした。

◈ 生活支援相談員が取り組む地域支援

生活支援相談員が取り組む地域支援では、被災地の新しいコミュニティにおいて、ソーシャル・サポート・ネットワークを静かに育み、互助・互酬が機能する住民関係の土台を築くことが目標になりました。そのために第３層をさらに階層区分し、50 世帯程度のご近所を第４層とする地域アセスメントに挑戦したのです。

第４層地域アセスメントは、木原孝久氏が提唱する“住民支え合いマップの技法”から基本を学び、岩手県社協に設置した支え合いマップ地域支援委員会が標準的な方

法を研究しました。その成果は住民支え合いマップの作成前後の推進プロセスや取り組み経過の記録方法をまとめた標準的な実施方法となるマニュアルの完成をみました。

住民支え合いマップによる第4層地域アセスメントは、地域住民の互助・互酬、世帯の孤立、気になる世帯の気づき、人的資源の気づきをもたらし、住民が課題解決に動き出すきっかけを提供する地域支援になりました。また、この第4層の構造や"世話焼きさん""大物世話焼きさん""超大物世話焼きさん"といわれる地域のキーパーソンが明らかになり、これを基に第3層での活動を生み出す原動力となることも意図されました。

"世話焼きさん"とは、自治会などの組織的な役柄や職業的地位とは関係なく、善良な隣人として人助けに関心を向けている人のことです。大物とは、ご近所内で支え合いに関与している住民の数が多い人のことです。超大物とは、ご近所の範囲を超えて複数のご近所にまたがる支援にかかわり、第3層にいる民生委員・児童委員との連絡調整や第2層、第1層の専門機関の役割を心得ている人です。

第4層地域アセスメントでは、なんらかの課題を抱えた世帯を阻害、排除しない姿勢、価値観を生活支援相談員と支え合いマップ作成に参加した住民とがよく話し合っておくことが重要になります。また、個人と個人の関係で互助・互酬の見守りや支え合いが成立している基本を認識し、行き過ぎた"相互監視"や"規範の押しつけ"としてはならない点も重要なポイントでした。

したがって、住民支え合いマップの作成は秘密裏に行ってはならず、地域の当事者に情報提供した上で行う必要があります。また、作成後のマップは、地域の外に出さないということもルールです。大きな課題を抱える世帯に関しては、戸別訪問による対応となるので、マップ作成とは別の相談方法や民生委員・児童委員との連携で対処することになりました。

図　第4層地域アセスメントのポイント

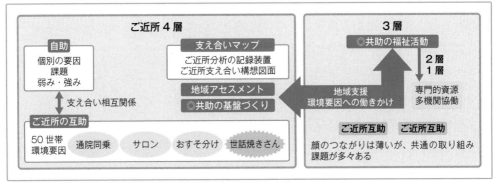

また、孤立が疑われる世帯への関与は、訪問相談での対応のほか、孤立という課題に気づいた住民がどのように動けばよいのかという点での課題も生じました。外部とのつながりに苦痛を感じる世帯がありましたが、つながりは皆無ではないので、そのつながりの姿を手繰っていくかかわりも重要でした。このような世帯には訪問相談によって関係を深め、制度利用や支援団体、近隣住民との間に線をつなぐ活動が求められました。

　一方、人が侵されたくないと感じる領域は、人によって違いがあります。私的な領域に他人が侵襲することは、たとえ善意や好意であってもそれは苦痛にほかなりませんので、第4層地域アセスメントでは、このような感性に十分配慮することが重要でした。

◇ 従来にないアセスメント領域にスポットを当てる

　生活支援相談員が用いるアセスメントは、通常、あるいは従来のアセスメントにはない領域にスポットを当てることになりました。福祉サービスの利用に関する個別アセスメントと第3層の地域アセスメントとの中間に位置する世帯アセスメントと第4層地域アセスメントの二つのアセスメントです。このツールを用いることで、これまでに隠れて見えなかった地域の暮らしの実態を理解した上での支援やかかわりが可能になったのです。被災地を舞台にした生活支援相談員の活動は、社協という地域福祉実践の基盤と相まって、災害と災害の間をつなぐ平時の地域福祉に求められる標準的な実施方法を模索する実践研究を伴って二つのアセスメントを生み出しました。

　過去の災害から東日本大震災の被災者支援に引き継がれた“誰一人、独りぼっちにしない”という教訓のバトンは、災害時には当然のことですが、平時の地域福祉活動では地域力強化に携わる組織の行動規範として有効かつ重要です。

　二つのアセスメントツールを活用した生活支援相談員の活動は、ニーズの早期発見、早期対応という予防的な効果が期待できる一方、災害といった急激な環境変化に襲われたとき、近所の住民のソーシャル・サポート・ネットワークを基盤とした互助・互酬の営みが、連帯や共助の機運を生み、範囲の広い第3層、第2層地域での活動を円滑に運ぶといった効果が期待できるのです。

　その意味で生活支援相談員の活動は、被災者への長期的な支援、地域の回復を助ける支援から進化を遂げて、地域を強靭化する支援、次なる災害にも備える防災としての支援の機能を備えるようになりました。

　生活支援相談員の活動は、“誰一人、独りぼっちにしない”という行動規範を伴って、平時の地域福祉活動の標準的な役割機能として評価されなくてはなりません。

これからの地域福祉と
社会福祉協議会

1 宮古市の取り組み
宮古市社会福祉協議会　有原領一

◇ くらしネットみやこ相談室の開設

　震災から３年程が経過した頃、被災地域では高台移転工事や道路復旧工事等のハード面での復興が完了し始めたことで、応急仮設住宅に暮らす方々の住宅再建が本格化していきました。一方で、若い世代の多くは、仕事を求めて新しい地域での生活を始め、なかには市外へ転居する方もいました。さらに、５年が経過すると応急仮設住宅に暮らす方々の多くは高齢者となり、独居高齢者も多くみられました。所有していた家や土地での生活から災害公営住宅での生活を余儀なくされた方や、震災後は仕事を続けることが困難となり、年金のみでの生活をする高齢の方が出ていました。収入が減少し、さらに新たな支出が増えることで、被災者、特に高齢者の生活再建は大きな課題となっていきました。また、災害公営住宅入居や住宅再建に際して借入をする場合等の保証人の課題も生じました。これらの課題に対しては、制度も柔軟に対応しましたが、応急仮設住宅で生活をしている方々の多くは高齢者であり、制度を理解して進めて行くことが困難なため、生活支援相談員の業務も専門性を増していきました。

　こうした課題もあるなかで、2015（平成27）年４月、宮古市社協では、生活困窮者自立支援事業を宮古市から受託し、被災者だけではなく、市内に暮らす生活課題がある方々への相談支援を開始しました。事業では自立相談支援事業に合わせて、家計相談支援事業、就労準備支援事業、こどもの学習支援事業の三つの任意事業を受託しました。2016（平成28）年からは一時生活支援事業も開始し、すべての任意事業を受託しました。2019（令和元）年度までの新規相談件数は1,000件を超えています。

　生活困窮者自立支援事業は、社協の事務所内ではなく、宮古駅前にある商店街の空き店舗を活用し、「くらしネットみやこ相談室」（以下、相談室）として開所しました。開所時は、５人のスタッフでスタートし、

災害公営住宅での住民交流イベントの様子

現在は6名とこども食堂事業コーディネーター1名、学習支援事業コーディネーター2名で運営しています。

相談室に寄せられる相談は、必ずしも困りごとを抱えた本人だけではありません。約半数が、行政や他機関から寄せられています。事業では、世代や分野を問わず、生活上の課題を抱えた方々を対象としています。

くらしネットみやこ相談室の外観

相談室に寄せられる相談者の背景にあるのは、「社会的孤立」です。それは、家族や友人からの孤立や、地域からの孤立等、人間関係が極めて薄い方々です。また、制度からの孤立がみられる場合も多々あります。困りごとを抱えてさまざまな制度にアクセスしたものの、窓口での説明を理解できなかった世帯には複数の課題があります。一つの課題には対応できたがほかの課題には制度上対応ができないため、他機関を紹介されたもののアクセスできなかったなど、本人に対して寄り添った支援や、年齢や分野を横断した支援がなされなかったことで、根本的課題の解決に至らず、再び生活課題を抱えた方々でした。

また、地域で暮らす方々への支援は、制度やサービスを利用した専門職による個別支援だけでは十分ではありませんでした。特に、地域住民への理解を図るため、地域全体で課題を共有し、解決する仕組みを専門職と住民が一緒になって取り組んでいくことが必要でした。

社協は震災以前から地域福祉活動の推進を担ってきました。ボランティア活動の推進や組織化、高齢者を対象としたサロンの開設、福祉教育の推進など、さまざまな活動を展開してきました。また、介護保険事業や障害者福祉サービスを展開するなど、サービス提供の主体ともなりました。しかし、地域住民の困りごとに対する個別支援は十分ではありませんでした。震災を契機に、社協に生活支援相談員が配置されたことで、継続的に被災者に寄り添い課題を一緒に解決していく、事務所ではなく被災者が暮らす場で相談支援を行う、サロンやさまざまな場を活用して課題を発見し、専門職や機関につないでいくアウトリーチの経験を多く踏むことができたことで、それまで行っていた地域支援（地域づくり）に加えて個別支援を行うことができるようになったと感じています。これらの経験を踏まえた後に、生活困窮者自立支援事業に取り組んだことは、大きな意義がありました。

◈ 多機関による「事例検討会」の開催

生活支援相談員の経験を通じて、相談室では、2017（平成29）年度から「事例検討会」を年3回開催しました。事例検討会には、市内社会福祉法人に所属するソーシャルワーカー、行政機関（生活保護ケースワーカー、包括等）、社協（低所得相談員、生活支援相談員、包括、当相談室）等が参加しました。最近では、医療

多機関事例検討会の様子

機関に所属するソーシャルワーカーや地域の民生委員・児童委員の参加も始まっています。

　事例検討会では、山崎美貴子先生、山下興一郎先生に継続して講義とスーパービジョンの協力を得ています。「事例検討会」での主な目的は、個別事例をさらに深くアセスメントしていくことでみえてくる支援のあり方を共有し、地域に不足している資源の開発と、資源はあるものの十分に活用されていない資源の調整にあります。

　2015（平成27）年度から岩手県内の社会福祉法人は、岩手県社協を事務局として「IWATE・安心サポート事業」を実施しています。この事業は、各社会福祉法人に配置された安心サポート相談員が生活困窮者に対して、相談援助と現物給付を行うほか、社会福祉法人が保有する資源を活用してさまざまな事業を展開しています。相談室は、宮古ブロック・あんしんサポーター連絡協議会と連携し、生活困窮者への迅速な支援を実施しています。例えば、40代の両親と小中学生3人がいる世帯で、父親は持病を抱えながら仕事をするが通院ができない、母親も精神疾患を抱え就労が困難、家賃や電気代を滞納したため退去を命じられ電気も停止、手元には千円しかなく次回給料までは時間があるといった慢性的な生活困窮に陥っている家族に対して、安心サポート事業を活用し、相談室の相談員と安心サポート相談員にて面談を行い、早期に電気代と食糧を支援しました。緊急的な支援を実施する場合には、その場での判断が求められるため、アセスメントに時間をかけることが困難です。そのため、実施した支援が果たして効果的であったのか、ほかに支援できることがあったのではないか、次に同じようなケースが出たときに、ほかにできる支援はないのかといったことについても「事例検討会」を通じて、多機関のソーシャルワーカーが検討しています。

◈ 地域資源の調整と開発

　相談室に寄せられる相談は、働くことが困難な40代、50代男性の就労支援、ひとり親からは生活費の不足や子どもの課題が特に多く寄せられました。働くことが困難な方には、就労準備支援事業を活用して働くことに向けた支援を実施してきました。しかし、日常生活自立や社会参加自立、就労自立と段階的に支援

荒波キッチンにて、対象者が調理

を継続しても、職業安定所を通じた一般就労では続かない人が出てきました。これらの課題背景を探ると、共通しているのはやはり「社会的孤立」でした。まず、本人が孤立している状態を解消すること、本人の自己肯定感を高めていくことが必要であり、就労の準備ができる資源を開発する必要性が事例検討会や支援調整会議のなかで確認されていました。相談室では、これらの取り組みとして、市内の水産加工業者や印刷業者、商店街等の協力を得て「しごとネット」をはじめ、企業から仕事を受注し、利用者が金銭を得られる仕組みを構築しました。

　就労準備支援事業対象者の多くは、日常生活の自立に課題を抱えています。特に衛生保持や決まった時間に来室すること、他者とコミュニケーションを図ることなどの課題がありました。これらの課題について、調理や買い物、食事を通して自らの課題に気づき、解決できるよう「荒波キッチン」を月1回スタートさせました。その効果は行政から認められ、2019（令和元）年度には相談室向かいの空き店舗を活用して「就労準備支援事業拠点施設」が整備できました。

　ひとり親世帯への支援では、親と相談室の関係構築を継続すること、継続的な支援を止めないようにすることが大きな課題でした。相談の主体は親であり、課題を抱えた世帯に暮らす「子ども」に直接支援することはなかなかできません。そのため、2016（平成28）年度から特定非営利活動法人JENの協力を得て「こども食堂」事業を展開しました。現在は、対象者限定型こども食堂1か所、地域共生型こども食堂4か所を宮古市社協で運営しています。こども食堂を運営したことで、相談援助場面では見ることのできない親子関係や養育の様子、子どもの成長など、さまざまな情報を得ることができ、アセスメントを深めることができています。こども食堂は食事をとるだけでなく、さまざまな大人と出会うことで将来の選択肢を増やしていき、将来「社会的孤立」に陥らないことを目的としています。これらは相談室に来る方々が社会的

孤立状態になるのは、幼少期を過ごす家庭に課題が多いことを相談場面から感じていたからです。そこで、子ども時代から一人でも多くの信頼できる大人と出会う機会が増えるよう、地域住民や多機関の参加をさらに進めるため「こども食堂運営支援者研修会」を開催し、地域課題を発信するとともに、支援者の拡大に努めています。

子ども食堂で支援者と一緒に調理

　また、就労準備拠点施設を活用し、就労準備支援事業利用者によるカフェ運営を展開しています。カフェ「凪」は、利用者が一般企業で働く前の準備（中間的就労）としての場所でありながら、カフェを通じて社会的孤立やひきこもり者の課題を地域に啓発し、課題を抱えた人が通い、安心できる、またはそれぞれの役割がある居場所となることを目標としています。

　宮古市社協は地域福祉活動を推進してきた経験があること、高齢者や障がい者、子どもへのサービスを提供してきたことに加え、東日本大震災により被災者を支援してきたこと、包括や生活困窮者自立支援事業を受託したことにより、さまざまな年代や分野からの相談を多く受け付ける窓口となっています。これからは、これらの資源を最大限活用し、行政や社会福祉法人、民間事業者、地域住民と共に、地域で暮らす複合的な課題を抱えた世帯をはじめ、誰もが地域の中で包摂される地域づくりを展開していく主体となっていきたいと考えています。

2 山田町の取り組み
山田町社会福祉協議会　黒澤寛

◇ 復興支援期間終了後の重点施策

　復興支援期間終了後の地域支援の方針としては3事業が重要と考えています。1点目は「支え合いマップ」の作成です。地域を知るのに有効な手法であるということと、地域のつながりを再確認することができ、マップが平時のみならず災害時における見守りの手段としても活用できるといった長所があります。最終的にはマップを活用して住民が相互に支え合う地域づくりを構築できるように推進していきたいと思っています。個人情報保護の問題もあり、すべての住民に対し結果報告を行うことは困難で

すが、当事者の方々に地域の問題や課題を出してもらうだけでも解決策を探ることができ、地域状況や気づきを発見することができます。そしてすぐ他機関につなぐのではなく、地域にもう一度投げかけられるということも有効であると感じています。

2点目は、岩手県立大学協力のもとに始めた「いわておげんきみまもりシステム」の導入です。生活支援相談員事業は有期雇用のため、終了後を見すえた見守り支援の再構築が必要です。人的な見守り支援は一番大切ですが、事業にかかる人件費をみると難しくなるため、ICT を使った見守り活動を試験的に実施しています。民生委員・児童委員も高齢で疲弊しているため、こういった取り組みの必要性を感じています。周りが見守ることも大事ですが、可能な方はまず自分から状態を発信してもらう。そうすることで発信する方と見守る方を重層的に支援し、ネットワークを形成していきました。

このシステムは、利用者が電話機を通じ「今日も元気です」と自分で自分の状況を社協に知らせる仕組みです。メリットとしては、①本人が電話機で伝えるため安否確認が確実である、②簡単に操作できる、③1回10円と低コストで発信できる、④地域での見守りにつなげることができるなどが挙げられます。やはり人的ネットワークだけでは限界があり、こういったシステムを併用することで、より重層的に見守りができ、また必ず1日に1回発信してもらうため、孤独死が少なくなると感じています。

3点目は「地域見守り支援拠点」の整備です。この取り組みは地域住民が気軽に立ち寄れる居場所を作り、併せて見守りや相談支援を行うというものです。これまでは町内広範囲にわたって対応してきましたが、今後は人と人とのかかわりを重視するため小地域において、事業をコンパクトに進めていかなければならないと思っています。これらの事業が今後のポイントになってくると感じています。

◇ 生活支援相談員事業の収束に向けた取り組み

山田町では、最高30人の生活支援相談員を配置してきましたが、収束にむけた取り組みが急務となってきています。震災対応で培った生活支援相談員を何人雇用できるか不透明でありますが、民生委員・児童委員の欠員、インフォーマルな支援が少ない山田町にとってその役割は大きく、今後も必要としています。しかし不透明ななか、復興予算ありきで運営していただけに、これからが本当の勝負になることは間違いありません。

山田町社協は震災によって財政面が一度崩壊しました。もともと介護保険収入の利益を地域福祉業務に繰入れて事業を展開していただけに、今後の地域福祉にかかる予算確保に苦慮しております。人件費の部分では、ある意味この事業に助けられた部分

が大きかったため、復興期間終了後、第2の震災ともいえる波がくるのは確実です。介護保険事業も震災前のような状況ではなく、なんとか継続している状況ですので慎重な事業展開が必要になっています。想定外だったことは2013（平成25）年4月に労働契約法の改正があったことでした。無期転換ルールの導入により、長期にわたる職員の雇用が難しくなり、山田町社協においては人事構成において大打撃を受けました。

　また、震災から10年経つということは、10歳をとっているということであり、高齢化がどこまで進むのか、被災した方の独居率がどれだけ増えるのか、まだ想像がつきません。10年経過すると、地域支援ばかりに目がいきがちですが、個人を知らなければ地域にはつなげず、今こそより充実した個別支援が求められる時期であると思います。町内においても小規模な店舗は無くなり、大型の店舗ばかり目立つようになりました。携帯電話、インターネットでなんでも購入できる時代です。そういった時代に対応できるようにさまざまな対応を考えていかなければなりません。

　生活支援相談員がこれまで培ってきた個別支援や地域活動をどのようにして、誰に引き継いでいくのか。この事業を単体で考えるのではなく、介護保険サービスや障害サービス、ボランティア活動等のインフォーマルな事業と連携し、今こそ新たな課題へ取り組みを再構築していかなければなりません。

3 大槌町の取り組み
大槌町社会福祉協議会　瀧澤恵・川端伸哉

◇ 生活支援相談員の成果

　生活支援相談員は住民の自立に向けた取り組みを行っています。これまで生活支援相談員が準備等をしていた「ひだまりサロン」は、参加費で運営し、参加者のニーズに合わせて開催しています。「住民支え合いマップ」づくりは、自分の住む地域の課題は自分たちで解決するという意識づくりのため、開催回数を増やし取り組んでいます。

　どちらも徐々にではありますが成果が見え始めています。たとえば、ひきこもりがちで認知症の疑いのある方にひだまりサロンの声掛け係をお願いしたところ、ひきこもりがなくなり、いきいきと声掛けをしてくれます。マップづくりをきっかけに、お茶っこの会を始めた地域があります。拠点事業のベンチづくりでは、元大工の男性が地元の高校生に作り方を教えることをきっかけに毎回サロンに顔を出すようになりました。

震災後は、「誰とも話したくない」と閉じこもっていた方も、訪問活動を通じ根気よくかかわり続けることにより、「少し話してみようか」と態度が変わりました。みんなが集まれる場所を提供することで、「誰かと話したい」「みんなといると安心する」と思ってもらえるようになりました。役割を与えることで「集まって何かやってみるか」「あの人は元気か？」と誰かを支援したいという方が増えてきました。

◈ 大槌らしいまちづくり

●「自主性・主体性」

東日本大震災を振り返って、ほかの被災地支援をしてきた方に「岩手の人は、苦しいことを言わない」と言われた言葉が印象的です。大槌町民には「人の手を借りず、自分たちの力でなんとかするんだ」という自主性と主体性の意識の高さを感じます。

東日本大震災後の町は、日常から非日常になり、地域に一体感が生まれました。大槌町では、震災をきっかけに「自分たちの町は自分たちで復興させるんだ」という復興まちづくりを目的に発足したNPOや社団法人、団体が36団体にのぼり、沿岸市町村で一番多く誕生しました。

●「結い」

大槌町は漁師町のためか、昔から「結い」の文化があります。「結い」とは小さな自治単位における助け合い、協力し合う共同作業です。普段まとまりが悪いように見えても、住民の間では同じ地域に住む仲間という、しっかりしたつながりがあります。震災からの10年間、避難所、応急仮設住宅、災害公営住宅のそれぞれで、コミュニティの崩壊と構築を繰り返すなか、生活できてきたことは、「結い」の文化があったからです。

●「人財の多様性」

町には震災の影響で失業した人がいます。一方で、町で生まれ育ち震災をきっかけにUターンした方、震災でのボランティア、復興支援に携わった企業・NPO・支援団体で大槌町の魅力にふれUIターンする方がいます。また、地域には、昔から住んでいる人、課題を抱える世帯、UIターン者、団塊世代など、さまざまな人財がそろっています。

● 平時からの自助・共助

防災を考える上で、自助・共助は大切な要素です。震災の影響で、重複した課題を抱える世帯への支援や震災後の地域づくり、まちづくりを進めるにあたり、さまざまな人財が自分たちで立ち上がるという意識とお互い助け合う「結い」の文化を活用しながら平時からのまちづくり、人づくりを進めます。

● 人を輝かせる存在（社協）となれ

「生活支援相談員は何かをやってあげる人ではない。問題を解決する人でもない。実行・解決するのは相談者その人。生活支援相談員は相談者が踏み出す一歩を助ける人（傾聴・受容・情報提供・橋渡し）。今の気持ちを伝え、共に考え、一緒に悩んでくれた人がいたと感じてもらえる体験が支援の一歩」という言葉が生活支援相談員のあるべき姿を現しています。これは社協が推進する地域福祉を考える上で、一番大事なことではないかと思います。

大槌町社協の役割は、地域に住む一人ひとりを地域福祉の主人公ととらえ、その人が地域で輝くためにはどうするかを一緒になって考える存在になることです。

4 大船渡市の取り組み
大船渡市社会福祉協議会　伊藤勉

◇ 被災地の現状と支援活動の実態（訪問と拠点事業）

震災から 10 年が経過し、大船渡市では市内 25 か所の災害公営住宅、高台への住宅再建を中心に被災者の転居が進み、37 団地、1,801 戸建設されたすべての応急仮設住宅が解体され、道路や商店街も整備されるなどインフラ復旧が進みました。

住宅整備等が進む一方で、入居者の高齢化、転居先での孤立、生きがいづくりの創出など課題が山積しており、ソフト面での支援が今後も必要な状況です。なかでも、災害公営住宅では孤立した高齢者が多く、今後も増えるのではないかと懸念しています。

震災前に形成されてきた地域のつながりが震災によって崩れ、応急仮設住宅に入居し、入居後は 1 日も早く馴染もうと隣の住人とあいさつを交わし、集会所に通いながら少しずつコミュニティが作られてきました。しかし、災害公営住宅への転居で再び友人と離れることになった方も少なくありませんでした。特に 50 世帯以上が暮らすような大型の住宅では、一堂に集まる機会も少なく、気の合った仲間をみつけることも難しい状況です。

大船渡市では 882 世帯（2019（平成 31）年 3 月現在）を対象に生活支援相談員が訪問していますが、半数以上が高齢者であり、単身世帯の方が多数を占めています。今後は収入超過により家賃が高額化する若い世代の転出が予想され、さらに高齢化が進むのではないかと危惧しています。

高齢化に加え、団地内でのコミュニティ機能が欠落すると、住民同士の見守り体制が失われ、孤独死のリスクが高まります。こうした事態を防ぐため、団地ごとに対象

者の見守り区分を4段階に設定して訪問活動を継続しています。さらに、2019（平成31）年からの新たな取り組みとして、公営住宅の集会所に生活支援相談員が常駐し、住民の支え合いを促す取り組みと、見守り・相談機能を一体的に実施する「地域見守り・支えあい等支援拠点整備事業」を展開しています。

拠点整備事業は、応急仮設住宅に併設されていた集会所をイメージしています。応急仮設住宅の集会所には常に1名以上の生活支援相談員が常駐し、住民の困りごとについて話を聞いていました。生活支援相談員との何気ない会話や孤独感を紛らわす空間を求め、たくさんの住民が集まっていました。また、自分たちの住まいや今後の在り方について情報交換する場となって、「今度は夏祭りをしてみようか」「みんなが参加してくれるといいね」といった、お互いを思い合う気持ちが自然と生まれていました。

災害公営住宅にも集会所は設置されていますが、常に開放されているわけではなく、維持費や鍵の管理に関する問題も重なって、活発には利用されていない現状があります。そのため建設当初に想定された住民のコミュニティスペースとしての在り方に近づけられるよう取り組んでいるところです。

拠点づくりにおいて大切なことは、サービスを提供する側と受ける側に分けられないように住民主体の拠点づくりを進めることだと感じています。住民の交流を促進させるためには、みんなが顔を合わせ、話したり、笑い合ったり、意見を交わすことが必要であり、自治会が中心となって、季節行事や趣味活動が進められ、多くの住民が楽しみや生きがいをみつけながら生活しています。このような活動をさらに活発化させ、自主的な集まりが生まれるよう支援し、互いに何でも話せるような関係性が少しずつ育まれていけば、より豊かな生活を送ることができると考えています。

◇ 事例検討を生かした課題解決

生活支援相談員は常に被災者の気持ちをくみ取りながら、寄り添い、あらゆる場面で生活を支える存在でなければなりません。

大船渡市では20名の生活支援相談員を配置し、四つのエリアに分かれて活動しています。毎日ミーティングのなかで振り返りながら支援にあたっていますが、複雑な問題が混在するケースも少なくありません。そういった場合には、社協内部での連携協力や外部の研修会で他市町村の取り組みを知り、講師の助言を得ることがかかせません。

岩手県では、1年を通してエリアごとに事例検討会が開催されており、積極的に参加しています。参加にあたっては事例提出が求められますが、必ず参加者一人ひとり

が事例を提出するように心がけています。事例作成は労力がいりますが、それ以上に自分でケースを振り返る大切な時間であり、今後の支援方法について再考する貴重な機会ととらえています。

また、生活支援相談員は被災者の悩みに耳を傾けること、すなわち傾聴が大きな役割の一つであり、技術はもちろんですが、大切なことは相談を受けたとき、気持ちをしっかりと受け止め解決に向けて適切に対応し、スムーズに関係機関へつなぐことだと思っています。

研修会ではさまざまなケースについて事例検討を行い、意見交換を通じて対処法を学ぶことができます。ある程度の解決策が出てきたところで、講師の先生から助言をいただき、支援のイメージを広げています。長期的な被災者支援を行う上では、生活支援相談員であり社協職員であるという意識を持ち、被災の有無にかかわらずさまざまなニーズを抱えた住民が地域で生活している現状を理解して支援にあたる、地域を基盤としたソーシャルワークの視点も講師の先生方からご教授いただいているところです。研修会後は、参加しなかったメンバーに復命する場を設けており、客観的な視点を大切にしたケース検討の結果を聞くと研修に参加した職員のレベルアップが感じられます。

被災した世帯が震災により抱える課題は住まいに関することだけではありません。仕事、介護、子育てなど世帯構造や年代によって大きく変わってきます。訪問で面会できた方の悩みだけでなく、世帯全体に目を向けて、抱える課題を見極め適切に関係機関へつなげることが今後さらに必要だと感じています。

◇ 今後の生活支援相談員のあり方

2021（令和3）年、東日本大震災発生から10年を迎えます。生活支援相談員は、被災者の生活再建にむけて、悩みに寄り添い、心の復興を支える役割を担ってきました。復興に向けた取り組みは、今後も地域福祉活動を進める上で大切なポイントとなりますが、震災により生じた課題を地域の課題としてとらえ、新たな福祉サービスや社会資源を創出することが大切であると感じています。

再建後の生活を高台に移し生活している住民、特に高齢者は車を所有していない方も多く、移動を制限されながら生活している実態があります。そのため、買い物や通院ができないなど生活に大きな影響を及ぼしますが、これらの問題は市内中心部から離れた地域にも共通しているものであり、行政、地域住民と一体となって支援策を考えていかなければなりません。

このような地域の課題に気づき、解決策を住民とともに考える取り組みとして「支

え合いマップ」づくりに取り組んでいます。作成にあたっては生活支援相談員がインストラクターとして参加し、住民の気づきをうながす役割を担うことで、地域の課題解決能力を引き出していきます。こうした作業を共に行うことで、住民は役割を見い出し、アイデアを出し合いながら、少しずつお互い様の意識を醸成します。

　今後、ますます人口減少が進み、公的サービスだけで地域の困りごとを解決することは困難になることが予想され、共助による助け合いサービスが求められます。より多くの住民が福祉活動に参加し、意識を高め合うためには気づきが必要であり、マップづくりを積極的に進め、被災の有無にかかわらず地域の力が強化されるよう働きかけていくことが今後の地域づくりに欠かせません。

◈ 被災者支援から学んだアウトリーチの視点

　大船渡市社協の職員は決して多いわけではありません。震災以前は介護職員を除いた数名で地域福祉活動を進めてきました。現在は、生活支援相談員が被災者支援から得た経験を活かして地域のコミュニティづくりや個別に抱える住民の課題と向き合っています。震災前に実践してきた地域福祉活動と比較してみると、大きく変わった点があることに気づきました。それは、アウトリーチ型の支援を基本としていることです。

　生活支援相談員は、震災直後から応急仮設住宅に住む住民の名簿がないなかで、訪問活動を繰り返し、世帯構成や生活状況を把握してきました。被災者が抱える、どんな小さな悩みでも力になりたいと住民の声に耳を傾けてきました。こうした地道な努力が少しずつ信頼関係を育み、被災者の心を開いてきました。

　昨今、少子高齢化が進み世帯構造が変化していくなかで、ひきこもり、8050問題、虐待など家族間だけでは解決することが困難な問題が多く発生しています。こうした問題の発生を未然に防ぐためには、地域の中で気軽に相談できるような仲間づくり、居場所づくりが必要となりますが、なかには人とつながることを望まず、誰にも相談できない人も多くいるため、声なき声を拾っていくことが重要になります。

　今後の地域福祉活動では、こうしたアウトリーチ型の支援が必要不可欠であり、さらに困りごとの受け皿となる社会資源を創出し、それらにつなげていく実践力を備えられるかが問われています。

◈ 住民と共に復興へ

　あの日を境に多くのものを失い、多くのものが一変しました。しかし、私たちは社協が地域に存在する意義を再確認し、社協職員の力を今こそ発揮させるときと自らを

奮い立たせ、目の前にある課題と向き合ってきました。今日まで支援を継続してきて改めて感じることは、その地に住む人々の力抜きでは復興は成し遂げられないということです。支援者だけで作られた支え合いの輪は、復興支援事業の終了に伴い簡単に断ち切られます。しかし、住民自らが本気で今後の地域を考え、困難に立ち向かうことで住民の絆は強固になります。

　人口減少や高齢化など多くの課題がありますが、これまで社協が培ってきたネットワークを基盤にしながら、より多くの市民が福祉活動に参加し、一人ひとりの困難を新たな支え合いの輪で支え、地域で解決できる力を実感してもらうことを大切にしていきたいと思います。

5 釜石市の取り組み
釜石市社会福祉協議会　菊池亮

◇ 地域共生社会の実現に向けて

　復興創生期間の最終年度にあたる今、総合的な被災者支援の一翼を担ってきた生活支援相談員活動をいかに釜石市の地域福祉に活かすのかを考える時期となりました。その解は、厚生労働省が 2019（令和元）年 12 月にまとめた「地域共生社会に向けた包括的支援と多様な参加・協働の推進に関する検討会 最終とりまとめ」にあると考えています。その構想を釜石市の現況と合わせて検討してみたいと思います。

　最終とりまとめでは「市町村における包括的な支援体制の整備の在り方」について、①断らない相談支援、②参加支援、③地域づくりに向けた支援の三つに提言しています。

①断らない相談支援

　提言によるとこの内容は、本人・世帯の属性にかかわらず「受け止める相談支援」とされていて、具体的な機能として「相談を受け止める機能」、「多機関協働の中核の機能」、「継続的につながる機能」と示されています。「受け止める相談支援」に関して、生活支援相談員は全世帯数の 20% 弱を対象として活動を始めてました。高齢、障がい、児童、生活困窮、母子（父子）家庭等のすべてを対象として、まさに対象別に分断されない幅広の活動でした。訪問世帯のなかには、生活課題を複合して抱える世帯が珍しくなく、必然的に課題の属性に限定せず、あらゆる相談に対応するよう努めてきました。

　「他機関協働の中核の機能」は、具体的機能として、世帯を取り巻く支援関係者全体を調整する機能とされています。これに近い取り組みは、八つの「生活応援センター」

が主催し、支援関係機関が課題に応じて参加したエリアミーティングであると感じています。

また、ケース別に医療系や児童系ワーカーによる個別ケア会議に参加し、生活困窮者自立支援事業所とも連携していたことから、関係者の全体を調整して支援に取り組む行程に知見があります。このことから、新たに中核的な役割を担うことになったとして、期待に応えるまで時間を要することはないと感じています。

「継続的につながる支援」は、まさに生活支援相談員の活動そのものといえます。アウトリーチを基本活動とする生活支援相談員は、つながり続けながら課題の解決にむけたアプローチをしてきました。これらは震災前の釜石市社協にはとぼしかった機能であり、今後は不可欠な取り組みであると考えています。

②参加支援

参加支援は、応急仮設住宅や災害公営住宅時代に生活支援相談員が担ってきた取り組みです。周囲に顔見知りがおらず、ひきこもりがちになる高齢者や子育て中の親を支援団体などと協力して多彩なプログラムを提供し、参加促進に取り組みました。性別や世代、価値観の違いなどで生じがちな葛藤や相違を乗り越える調整役としても実績を積んできました。

また、釜石市社協が中央共同募金会「赤い羽根福祉基金」の助成を受けて実践している「林業を通じた持続可能な生きがい就労創生事業」に生活支援相談員がかかわったことで、ひきこもりがちな男性高齢者や生活困窮者等が糧を得るための新たな活動や居場所づくりに触れることにより、地域資源や本人や世帯の状態に合わせた参加支援を実践してきました。

③地域づくりに向けた支援

提言では、地域社会からの孤立を防ぐとともに、地域における多世代の交流や多様な活躍の機会と役割を生み出す支援とされています。この取り組みにはまず、現状の把握が必要です。このため、生活支援相談員は「支え合いマップ」の策定に取り組み、住民目線の情報を加えながら、真に孤立していて支援が必要な世帯を確認しました。また、ここから得た情報をもとに籠りがちな方同士や周囲との橋渡し・出会いの機会を探り双方向の関係性を構築してきました。

また、2019（令和元）年度から地域見守り支援拠点（以下、拠点）の運営を通じて交流や居場所づくりに取り組みました。拠点には、三つの機能があります。一つは、「集い」機能であり日中の居場所や見守りの場となっています。二つめは、「訪問・相談・つなぎ」機能で、住民からの相談対応や地域での見守りネットワークの構築を目標としています。三つめは「生活支援」機能であり、ニーズに合わせて適宜実施されます。

拠点では生活支援相談員2名以上が常駐することにより見守り・相談機能付き居場所となっていて、認知症高齢者や周囲との関係性を閉ざした方、介護予防に取り組みたい方等が訪れています。また、地域のボランティア団体が定期的に活動するようになり、さらに交流の機会が豊かになっています。

このほか、子育て中で周囲とのつながりや不安を募らせている母親を対象に「ママ友会」を行い、母親同士の交流や赤ちゃんを中心とした世代間交流を促進しています。こうした取り組みは、場や居場所の確保支援や、ケアし支え合う関係性を広げるコーディネート機能につながっていて、関係機関による期待に十分応えていけるものと感じています。

◇ 今後の課題

生活支援相談員によるこれまでの実践は、提言におおむね沿っていると思われますが、課題もあります。社協がこれまで以上に、課題解決に向けた活動を行う事業体としての主体性を高めていくことが必要です。生活支援相談員がつながり続けて育んだ「馴染みの関係性」を活かして、本人が持つ課題の具体的な解決に向けた支援は引き続き必要とされますし、こうした実践の積み重ねで関係機関の信頼もさらに厚みを増すと考えられます。

また、社協は専門性を高めると同時に「当事者目線」を忘れてはなりません。まだ知名度もなかった活動当初、徐々に生活支援相談員を受け入れてくれた世帯から、「一緒に悩んでくれるから（生活支援相談員を）受け入れた」といった声を聴きました。私はこの声こそもっとも大切にすべきものだと考えています。これらを忘れずに歩むならば、釜石市社協が掲げる地域福祉活動計画スローガン「つながる釜石 豊かさ育む地域コミュニティの創造」の実現に向けて大きく進んでいくと考えています。

東日本大震災以降の被災者支援活動を、今そして未来を創る地域福祉実践につないでいくことこそ私たちの使命であると考えています。

6	**陸前高田市の取り組み**
	陸前高田市社会福祉協議会　安田留美

◇ 支援者からつながれたもの

震災から10年が経ち、これまでの活動を振り返りながら現在をみても、日本全国、どこにいても自然災害から逃れることはできないし、いつ「被災者」になるかわからない、というのが現実だということを強く感じます。

ここ数年、私は被災地の災害ボランティアセンター（以下、ボラセン）運営支援に入る機会もでてきました。そして、どこの被災地に支援に行っても、「被災者」でありながら「支援者」であることを求められる被災地社協の職員の皆さんの苦悩と葛藤を目の当たりにします。それは、私の東日本大震災の経験と同一視してはいけないかもしれませんが、現地の支援者と外部の支援者双方に苦悩と葛藤があるということです。現地社協の職員は課せられた役割を果たすことに苦悩がある一方、外部支援者は現地の社協職員に何を、どこまで、どう伝えるかといった葛藤があるのです。今、私が外部支援者となって感じた葛藤は、当時、私たちの支援に入った外部支援者の方々の苦悩がどれほどであったかを思うことができるのです。今、外部支援者としての私は、現地を離れることが1分1秒も惜しいくらい、後ろ髪を引かれる思いで帰路についています。東日本大震災のときの私は、最初の頃は本当に泣いてばかりいました。目の前に広がる変わり果てた景色も、自分に課せられた役割も、受け入れることができなかったのだと思います。外部支援者はそれをわかった上で、「こうすべきです」と急ぐわけでもなく、でも、腫れ物に触るように扱うのではなく、傍らに居てくれたこと、それを次に来る外部支援者に伝え続けてくれていたことは、本当に感謝してもしつくせません。

　あのときの「助けられた」という経験は、私たち陸前高田市民の心に根付き、後に「被災者のために役に立ちたい」と志し、入職した生活支援相談員に確実に引き継がれ、現在の社協活動の根幹を支えていると思います。

◇ 生活支援相談員の効果と今

　現在、生活支援相談員の活動は多岐にわたっています。応急仮設住宅にはまだ自立再建を待っている被災世帯が10数世帯入居していますが、主たる訪問対象世帯は災害公営住宅に移っています。個別訪問による見守りや相談活動はもちろん、災害公営住宅自治会支援や「住民支え合いマップ」の作成を通じたコミュニティ形成支援などにおいても、生活支援相談員は大きな役割を果たしています。

　今では当たり前の、民生委員・児童委員や市役所保健師、包括等関係機関との連携は、生活支援相談員の活動から社協に根付いたものですし、これらすべてがボラセン時代のニーズ調査からつながっているもので、社協活動の姿勢としてのアウトリーチの標準化になっています。

　また現場や研修を経て、ファシリテーションの技術や事例検討の仕方を身につけたことにより、「被災者」を真ん中に置くという支援の方向性をブレることなく貫くことができているのは、どんなときも原点に立ち返り本人の「声を聴く」ことの大事さ

を忘れていないからだと思っています。

だからこそ、生活支援相談員の活動が生み出した支援機能は「被災者支援」に限定されたものではなく、市内の要支援者へ寄り添うための一般施策に結び付けることが必要だと感じています。

◇ 生活支援相談員の未来〜二つの方向性とその融合

これからの生活支援相談員活動には、二つの方向性が考えられると思っています。

まず個別支援により重点を置いた活動として、既存事業であれば、生活困窮者自立支援制度や日常生活自立支援事業、成年後見制度、それらを含めた総合相談事業としてのワンストップ体制の担い手です。

また、もう一つは地域支援により重点を置いた活動です。地域のサロン活動については、主催だけでなく自主サロンへの布石、立ち上げ支援をすることで、小地域のコミュニティ形成につながっていくのだと思います。また、新たなコミュニティ形成支援としてこれまで携わってきた、身近なコミュニティの基本である自治会の立ち上げとその継続も、まだ高台移転が進んでいくなかでは必要だと思います。

そして、陸前高田市独自の居場所事業である「市民交流プラザ」や、岩手県が推進している地域見守り支援拠点事業も、今後の生活支援相談員の配置は、後の住民主体の運営へ発展させていくことが、地域へ広がる活動になると思っています。

この二つの方向性をともに、個別支援と地域支援の融合事業の一つとして、「地域共生社会」の実現に向けた包括的支援体制の整備のための「重層的支援体制整備事業」が新たな選択肢としてみえてきたと思っています。

2020（令和2）年度で終了する復興創生期のその後のことは、国や県の動向を踏まえて市との協議が必要になってきます。生活支援相談員という約10年分の社協としての「人財」をぜひ今後も活かせるように働きかけていくことが筆者たち運営側の使命だと思っています。

7 遠野市の取り組み
遠野市社会福祉協議会　高橋洋子

◇ 生活支援相談員の配置終了

6名の生活支援相談員でスタートした被災者の相談支援活動は、被災者の皆さまがそれぞれ故郷へ、内陸へと自立再建するなかで、段階的に配置人数を縮小してきました。2018（平成30）年度から2019（令和元）年度にかけて遠野市にも災害公営住宅

が完成し、ほとんどの方が希望する地に根を下ろしました。生活支援相談員としての配置は2019（令和元）年度で終了しましたが、ここに至るまで生活支援相談員は遠野市各地で生活している被災者の方々が、それぞれの地域住民として暮らしていけるように配慮して対応してきました。地域の一員として早く地域に慣れ親しんでいただくこと、その一方で生活課題を抱える方は地域の相談者や専門の相談支援機関に引き継ぎながら収束に向けて取り組んできました。

　そして、2019（令和元）年9月30日をもって応急仮設住宅「希望の郷『絆』」のサポートセンターはその役割を終えました。生活支援相談員は社協職員として引き続き活動しています。そして、被災者の皆さまは「いつまでも被災者ではないから」と地域とつながり、被災者同士の新たな交流や助け合いを始めています。

◇ これからの地域福祉について

　東日本大震災からの10年は、長いようであっという間の10年だったように感じます。近年は日本各地で毎年のように大規模災害が発生し、住民に多くの生活被害をもたらしています。

　発災直後の3月21日、釜石市ボラセンニーズ班の釜石青年会議所メンバー6名と共に被災地のニーズ調査に出向いたときの忘れられない思い出があります。箱崎地区に向かうと根浜海岸から一帯は壊滅状態。海岸から山に向かって500メートル程度の所に被害を免れた数十軒の集落の方々が避難生活をしていました。集落の中の鉄工所など、広い場所がある家に住民10数名が避難し、協力して炊き出しをしていました。ワカメを茹でる釜を利用し、沢水をホースで引いた手づくりの風呂が集落の中央にありました。集落で協力して生活を維持している様子は、平時の地域のつながりの強さを実感する光景でした。

　ここで私は一生忘れることができない言葉をいただきました。「あんたたちは、俺たちが避難所にまとまっていれば支援する手間がかからず楽だと思うでしょ？ でもな、俺たちは自分たちのこの地域を自分たちで守りたいと思っているんだ。今は壊滅状態だけど、いずれ自衛隊も来てくれると思う。片付ける作業をするぞ、となったらいつでも俺らも一緒に作業できるように、ここで、地域で待機している。ここを守りたいんだ。自分たちの地域だからな」。

　戦場のような壊滅的な光景を目の前にしながらも、このような言葉をいただき、私は改めて「地域福祉」の神髄を見せられたような気がしました。どんなときにも、どんな状態になっても「住み慣れた、この土地で生きていきたい」と思っている住民が作り上げている地域こそ、私たち社協がめざす地域づくりではないかと思います。

　何が起きても地域のみんなで力を合わせ乗り越えようとしている様子は、平時における地域のつながりがあるからこそと思います。高齢化、過疎化が進む現在の各地域では、住民主体の取り組みに限界があるかもしれません。しかし地域の力は住民が「我が事」として主体的に考えていかなくてはなりません。遠野市社協は住民主体の地域福祉活動を進めるため「福祉でとおのづくり」をスローガンに掲げています。

　行政と協働し、住民に身近なところでの相談支援体制を構築し、「住民支え合いマップ」などを活用しながら「いつまでも住み慣れたところで暮らし続ける」ことができるように、これからも地域の方々と一緒に取り組んでいきたいと考えています。

第3節 生活支援相談員活動を経験して

1 寄り添える相談員をめざして
宮古市社会福祉協議会　飛澤友香利

◇ 迷いを抱えながら業務を開始

　相談員をやってみたいという漠然とした希望は以前からありましたが、自分自身も被災し、生活が一変したなかで、初めて生活支援相談の業務をやることに大きな不安を抱えながらのスタートとなりました。

　そして実際、仕事が始まり、「未曽有の大震災で大事な自宅が全壊し、大切な人を亡くした」そうした話を聞くたびに一緒に涙し、私は心身ともに疲れ果ててしまいました。

◇ 講義を受けることで活動に自信を得る

　ゴールがあるのかないのか、先がまったく見えないなかで相談業務の壁にぶちあたり、行き詰まり、悩んでいるときに、岩手県社協が開催した研修に参加し、山崎美貴子先生と山下興一郎先生の講義を受講させていただきました。当初は正直ピンとこなかったことが、継続して受講するうちに徐々に理解することができ、たくさんの学びを得ることができました。

　ただ話を聴いているだけで力になっていないかもと思っていた"傾聴"も、話し手の世界にお邪魔し、真剣に聴く姿勢や相づちを打つことで、話し手に安心感を与え、信頼関係を築くことができる手法であること。住民との距離感や立ち位置、なにより大切なことは、"被災者に寄り添う"ということを学びました。程よい距離の立ち位置で、生活支援相談員の役割を伝え、必要なときは手伝い、自分でできそうなときは見守る。それを継続することで住民と信頼関係が築けるということを経験させてもらいました。

　また、生活支援相談員の活動はアウトリーチが重要であり、自分から相談に出向けない住民に出向いていくことが大切であることがわかりました。振り返ると、生活支援相談員の業務に就いた当初に、自問自答を繰り返しながらも目の前にいる被災された方のためにという必死の思いで行ってきたことは、間違いではなかったんだと救われました。

　学びと経験の積み重ねが私の糧となり、研修を通して出会ったほかの市町村社協や

県社協のたくさんの仲間と、生活支援相談員としての悩みを共有し、慰め合い、褒め合って、10年間歩むことができました。おかげで、悩んだときに相談できる頼りになるネットワークができ、とても心強いです。

◇ 応急仮設住宅「集会所」での活動における学び

応急仮設住宅「集会所」での活動においても、たくさんの経験と学びがありました。毎日、自由に出入りできる「居場所」の存在は、その空間に一人誰かがいることで、人と人とがつながり、被災者の安心感につながることがわかりました。個別訪問でお話することと集会所でお話することで、視点が広がり、被災者の理解にもつながりました。仮設集会所では、住民のほかに市内・県内外の支援団体・ボランティアにさまざまなプログラム・活動・イベントを開催していただき、被災者が外に出るきっかけや人とつながるきっかけづくりをしていただきました。

◇ 生活支援相談員のやりがい

被災された住民が、少しずつ元気になり、自分の力で前向きになり、笑顔を見ることができた瞬間に、生活支援相談員という仕事にとても"やりがい"を感じました。一方で、業務経験を重ねることで新たな葛藤が生まれました。応急仮設住宅入居者には、複合課題を抱えている方々も多く、どうしたら少しでも役に立てるのかと考えました。

生活支援相談員がチームとしてかかわることも多く、単なる思いやりや優しさ、同情や親切心だけでの対応、または、個人的な経験だけでの対応では、適切な援助を行うことができないということがありました。相談者に対して個人的な感情や経験・知識だけで援助の実践をしてしまうと、相談対応する人によってバラバラな対応になり、援助の質にも大きな開きがでてしまい、最終的に相談者を混乱させてしまうという経験をしました。そこで、私は社会福祉士を目指しました。

東日本大震災をきっかけに生活支援相談員という職種にめぐりあい、社会福祉士を取得し、まさに学びと実践のなかで、私の人生の価値観が大きく変わりました。人とのつながりの大切さを痛感し、人の力を最大限に引き出す必要性を感じました。自分の仕事はもちろん、プライベートにおいても人とのかかわり方、話の聴き方など、日々の生活に良い影響を与えていただきました。

生活支援相談員は、対象者としては被災者という枠はありましたが、子どもや高齢者など、誰でもなんでも相談対応しました。対応に悩んだエピソードや苦労はたくさんありますが、それ以上にやりがいが大きいです。初心を忘れず、これからも、寄り

添いアウトリーチしていくソーシャルワーカーに成長していきたいと思います。

2　そう簡単に支援終了と言えない現実
山田町社会福祉協議会　伊藤美子

◈ 何もわからないところからスタート

　訪問入浴係から、新しい部署となる生活支援相談員となり活動が開始されたのは2011（平成23）年の9月1日でした。私を含め6名の職員と5名の新規職員の11名でスタートしました。各応急仮設住宅を訪問し、傾聴してニーズを聞き、行政などにつなげるということが主な活動内容だったと思いますが、震災後初めての事業だったので、何をどのように進めていったらいいかもわからず、無我夢中で活動していました。

　大切な人、大切な財産を津波によって流された方々への訪問は、想像よりもはるかに難しいことでした。特にご家族を亡くされた方への訪問は、どのように話したらいいのか、どんなことを話したらいいのか、言葉を選びながらしていました。初めて訪問したときは、「この人たちは何？」というように、眉間にしわを寄せ、厳しい顔で対応されました。その都度、なぜ訪問しているのかを1軒ごとに説明して歩き、事務所に戻った後は毎日のように自分たちの活動を振り返り、涙を流す日々でした。早く自分たちの活動を知ってもらえるように、顔写真の名刺を作ってもらい、全応急仮設住宅に配布しました。

◈ 活動を振り返って

　生活支援相談員の活動を始めてから2～3年が過ぎたころ、ようやく心を開き活動を理解してくださる住民が増え、訪問していると「オレンジのチョッキー見っと、今日も来てけったんだーってすげー安心だがえ」「寒んぶーのにごぐろーさんね。かぜーひかねーでね」など優しい言葉を掛けてくださる方が多くなりました。

　それまで個別訪問が中心でしたが、地域に向けたコミュニティ支援活動も増えていきました。イベントなどに参加する人は同じ人で、参加しない人は何を企画しても参加しない。参加を促しに訪問しても、その対応すらしないというのが現状でした。その傾向は今現在も同じで課題となっています。しかし、外に出ないからといって「ひきこもり」というくくりでまとめるのも、ちょっと違うのかなとも感じていました。実際に訪問に行くと、人がいるところに出るのは苦手だという人も多く、自宅で趣味を楽しんでいる人や、ほかの地域のお友達とお茶飲みをしているなど、それぞれ人と

のつながりがありました。ただ何かあったとき声を掛けてくれたり、異変に気付いて
くれるのは近隣住民なので、地域のつながりは大事ということをわかってはいるが、
どのように入っていけばいいのかがわからない方も多く、私たちが訪問時、情報提供
することによって、外に出るきっかけを作れたらという思いもありました。

　応急仮設住宅での生活も長くなり、住民同士のつながりも濃くなっていくなかで、
終の棲家となる自宅や災害公営住宅に移られる方々からは、「仮設がらでったぐねー」
「まだ最初からやっていがねーばなくて」「ではんなぐなっこったー」など聞かれ、実
際に災害公営住宅に転居された方からは、「仮設のどぎに比べっとではんなぐなった
がえー」「ではってもしらねーひとばりだーもん」と外出する回数が減ったと話され
る方が多かったです。

　震災前は山田町に2階建て以上の住宅はほとんどありませんでしたが、災害公営住
宅ができ、扉も重く隣に誰が住んでいるのかもわからない状態で入居します。私た
ちが「ほかの方々とつながりを持ちましょう」「コミュニティ作りをしましょう」と
言っても「はい、わかりました。やります」と知らない同士で即答できるわけでもな
く、参加を促している私たちでさえも、1回や2回イベントを開催しただけで、「はい、
これでコミュニティづくりができました」となるとは思っていません。私たちが今で
きることは、まずはきっかけづくりであって、それをどう継続していってもらうか、
住民のやる気をどう引き出すか、いまだに出口が見えてきません。訪問活動でも、生
活支援相談員の事業がなくなった後、この方は誰が見守りをしていくのだろう、誰に
つなげたらいいのだろうかなど思うと、簡単に支援終了とはできない現実があります。

3　当初の思い出
大槌町社会福祉協議会　佐々木直美

◇ 何もないところからスタート

　生活支援相談員は10名からのスタートで、2泊3日の研修を盛岡の温泉で行いま
した。朝から晩まで旅館に缶詰めで、2日目の最後の夜はみんなで1部屋に集まり、
明日から「みんな一緒に頑張ろうねっ！」と話をしました。

　初日は応急仮設住宅の場所探しから始まりました。町内48か所に点在していたの
で見つけるのが大変でした。二人一組になり、2,106件を1件1件訪問し、世帯状況
の聞き取りを行いました。初めの頃は、被災者宅にはいろいろな支援者の訪問が毎日
何度もあり、来る人来る人に同じことを聞かれるとか、なんで教えなければならない
のかと言われ、しまいには怒鳴られ、心が折れそうになりました。また、訪問時最初

に聞かれるのは「家はどこ？　被災したの？」という質問でした。私は被災していないので「被災していない」と言うことがつらかったです。その後もしばらくは震災直後の話になり、聞いていてとてもつらくて、何と声を掛けたらいいのか困り、ただただ聞くことしかできませんでした。また、家族、親戚、知人を探しに来た方たちに、〇〇さんを探していると言われ場所を聞かれても、教えてあげられないもどかしさがありました。

　社協はプレハブの事務所で、当初は生活支援相談員の事務スペースが作れなかったため、外の軒下に丸いテーブルを二つ置き、そこでミーティングや書き物をしました。その後、社協と同じ敷地内で開業していた歯医者が使っていたプレハブを借り、8畳くらいの広さの何もない部屋の床にブルーシートを敷いて、膝をついて書き物を行いました。1、2か月後は古いプレハブを2個合わせた12畳ほどが生活支援相談員の居場所となりました。1チームにつき長テーブル2個と長椅子2個で、頭、足、腕がぶつかり合う狭さのなか、みんなでいろいろ話し合い、町内を3ブロックに分け、3チームを編成し、A・K・Bチームとして活動を開始しました。

　心強かったことは、県内外から派遣された社協職員の存在でした。アドバイス等をもらいながら訪問し、県外からということで話がはずんだり、笑ったりできました。また、岩手県立大槌病院の看護師やNPO団体との同行訪問も力になりました。

　8月からサロンを開始しました。応急仮設住宅はいろいろな地区からの集まりで、隣にどこの誰が入居しているのかわからないという方が多いため、サロンを通してコミュニティづくりを行いました。サロンの内容は、毎回みんなで何をやるか、何を作るかなど考えました。その頃のサロンは、ほぼ毎日午前・午後行い、サロンに出てこない人に来てもらうためにはどうすればよいのかを日々考えていました。サロンや訪問を通して、心を開いてくれる住民も次第に多くなっていったように思います。

　10月にはケース共有会議を月1回行うようになりました。訪問時に気になる世帯やニーズ等を行政や支援者間で共有することで被災者に寄り添った訪問ができるようになったと思います。

　毎年3月11日が近くなると震災当時の話になり、やっと当時の話ができるようになったと話される方もいます。生活支援相談員の訪問を待ってくれていて、「そろそろ来る頃かなって思ってたよ、次は1か月後だね」と言われると、生活支援相談員になってよかったと思います。いずれはなくなるであろう事業なので、支え合いマップやサロン活動を通してつながりができ、住民相互の支え合いや地域の見守りの必要性を感じています。

4 住民と共に歩む
大船渡市社会福祉協議会　坂本道子

◇ 被災者として

　私は震災で仕事と築10年の自宅を失いました。当時、あわび種苗施設の事務員をしていましたが、職場で14時46分を迎えました。水槽の水が溢れ、電柱の尋常ではない揺れ、経験したことのない大きな地震でした。所長の「みんな逃げろ」の声で、近くの高台に逃げ地面に這いつくばっていました。これからどうなるのかわからず、死を意識しながらも、少し気持ちが落ち着いたところで、同僚と車を取りに行きました。車で高台の安全な場所に移動しているとき、津波が押し寄せてくるのが見えました。間一髪でした。眼下に広がる町の光景は今でも忘れられません。波が引き海底が見え、間もなく海水がわいてきたかと思うと白波が立ち、コンクリートの擁壁を海水がせり上がり、町の中に流れ込んできました。まるで映画のワンシーンのようでした。

　被災後は応急仮設住宅に入居し、生活支援相談員の訪問を受ける立場でした。「こんにちは、社会福祉協議会の生活支援相談員です。皆さんお変わりないですか」「よかったら、このタオル使ってください」。これが生活支援相談員との最初の出会いでした。初対面でしたので、そのときは特に相談することもありませんでしたが、このような活動をしている人たちがいることを知ると同時に、自分も被災した住民に対し、何かできることはないだろうかと思うようになりました。

　その後まもなく、社協の生活支援相談員の募集を目にしました。夫から生活支援相談員は阪神・淡路大震災時にも長く活躍し、被災者にとって大切な仕事だと勧められ、この仕事に就くことにしました。

◇ 常に被災者に寄り添うものの

　ある応急仮設住宅の独居男性宅を訪問したとき、「こんにちは、はじめまして。大船渡市社協の生活支援相談員の坂本と申します。ここの応急仮設住宅を担当していますので、何か困りごとなどありましたら、お伺いしたいと思い訪問しました」と話すと、「この通り何もしてねぇ、浜仕事（漁師）だがら。何があんのが、金でもけろや」との返答で、どう言ったらいいのか戸惑ったことを思い出します。支援金制度はその時点で決まっておらず、情報提供することもできず、ただ「一緒に頑張りましょう」「共に乗り越えていきましょう」という思いで寄り添うことしかできませんでした。

◈ 孤立死が生まれないように

応急仮設住宅からの移行が進むと、今度は孤立死が課題として挙げられるようになりました。そのようなことがあってはならないと、特に独居世帯への訪問には、体調面や就労状況をはじめ、どんなに小さな変化も見逃さないよう、住民の声に耳を傾けました。また、緊急時の連絡先を把握できるよう、訪問を何度も重ねました。訪問を重ね、思いに寄り添った傾聴を続けたことは、住民の支えになり、明日を生きる活力になったと思っています。

◈ 訪問を重ね、むき出しの感情を受け止めて

訪問を重ね、日常的な会話や思いに共感し、傾聴を続けたことで、私たちを受け入れてもらえるようになり、その住民が抱えていた怒りや苦しみ、悩み、感情をむき出しにして話してくれたときは、「やっと話してくれた。訪問を続けてよかった」と思う瞬間です。

震災から 10 年を迎えた今、感慨深く、そしてありがたく思っています。生活支援相談員の活動を通して、被災した住民を支えながら、一方で自分も支えられていたことを幸せに思っています。

5 10 年間生活支援相談員活動を経験して
釜石市社会福祉協議会　土橋眞由美

◈ 生活支援相談員になったきっかけ

震災当日、川を逆流してくる高い壁のような濁流を見て、命からがら家族全員で逃げおおせたものの、自宅は流され、同時に職場も流されて途方に暮れました。地元の集会所に 3 日、その後、身内の家に 3 週間、それから応急仮設住宅に移って本格的な避難所生活が始まりました。

職場が被災したため雇用保険を申請しましたが、最初は自己都合退職とハローワークで言われ、「なぜ？」という悲しい思いをしました。主人の叔父叔母が行方不明となり、何度となく遺体安置所に通いました。葬儀をすませて一段落した後、ハローワークに行くと社協から生活支援相談員の求人票がありました。以前ヘルパーとして働き、いずれは介護福祉士や介護支援専門員の資格を取ろうと頑張り始めていましたが、あと半年で介護福祉士を受験できるというところで社協の訪問介護事業の「雇い止め」にあっていました。転職した先で期間を満たし介護福祉士を受験し、就業歴があと半年あれば介護支援専門員の受験資格が得られると仕事に励んでいましたが、被災しそ

れもかなわなくなりました。

　最初は、「雇い止めにあった社協でまた働くの？」と言われましたが、生きたくても生きられなかった人のことを思い、応急仮設住宅がなくなるまでかかわっていきたいと思い、勤めることにしました。

　生活支援相談員として任用され、いろいろな経歴を持つ方が集まり少しずつ人数が増え、多いときには30名の方々と一緒に仕事に携わってきました。単年度雇用という不安定な雇用体系のなかで、年度途中で雇用される方、途中で次の仕事がみつかったと退職する方、研修を受けてもすぐ辞める方など職員の出入りが多くありました。生活支援相談員同士の軋轢などもあり、思い返せば平坦な道のりではなかったように感じます。

　生活支援相談員の活動も、支援対象者の環境が変わるごとに更新されています。被災された方たちへのかかわりも、被災者支援から一般施策での福祉支援、地域福祉活動へと引き継がれていくと思います。被災者だった私は、東日本大震災の経験者となり、今後、各地で発生する災害の被災者を支援できるよう、そして、みんなが自立した生活を送れるよう願い、今後へつなげて行きたいと思います。

◈ 最後に、届けたいこと

　東日本大震災から10年が経ちます。それに伴い、私の生活支援相談員人生もまた10年近いものとなりつつあります。これまで、多くの方にお世話になりました。改めて感謝申し上げます。民生委員・児童委員、行政の職員、県内外の被災者支援団体、ボランティアの方々、県内各地の社協、生活支援相談員の方々、研修で講師を務めてくれた先生方、弁護士勉強会も開催し、いろいろな経験をしてきた方々に出会い、さまざまな話を聞き、被災者支援をしながら多くのことを教わりました。

　自身のスキルアップにと社会福祉主事の通信教育を受けたこともありました。スクーリングで神奈川県逗子市にある全社協のロフォス湘南で、人生で初めて素敵な宿泊施設に5泊も連泊し、全国から集まった方々と交流ができ、生活支援相談員という仕事を伝えられたこともありました。生計が苦しいなか、送り出してくれた家族にも感謝しています。

　訪問活動をしていた頃、「おー元気だったが？」「教えでくれて助かったぁー」「まだ来ーよ（また来てよ）」など、住民から温かい声を掛けられ、元気をいただき、各々が持つ生きる力をもいただいたように思います。さまざまな場面で、住民個々が力を持っているのだと感じさせられた瞬間が何度もありました。また、震災前にはみえなかった人間関係や支え合う人と人との光景が新たにみえるようになりました。

生活支援相談員は被災者を支援する役割を担いましたが、住民は困難な状況にもそれぞれ支え合う力があると感じています。その力を奪うことがないように、支え合う力を発揮できるように、住民に寄り添っていく大切さを伝えていきたいと思います。「一人はみんなのために、みんなは一人のために、寄り添い助け合える」と信じています。

6 生活支援相談員の仕事が好き
釜石市社会福祉協議会　新田和代

◇ 生活支援相談員になったきっかけと社会福祉士をめざして

2011（平成23）年11月採用で私は生活支援相談員となりました。前職を退職して、求職中に震災が起きました。震災後の求人は「被災者限定」の求人のみで、応募すらできない日々が続きました。そんななか、ハローワークに勤めていた知人が「新田さんに合っていると思うよ」と窓口で紹介してくれたのが生活支援相談員だったのです。

生活支援相談員になって1～2年はただただつらいだけでした。毎日が目まぐるしく、気持ちの揺れ動きが激しく、あっという間に時間が過ぎました。物資配布、サロンやイベントの企画開催もしました。人手が必要なときには、人数が多い生活支援相談員はなにかと借り出され「生活支援相談員は、独楽鼠のように働くなんでも屋だ」と私は思っていました。当時はまだ混乱時で、なにもかもが整っておらず、私だけではなく、みんなが余裕なく、ぎすぎすしていたのだと気付くのはもう少し後のことになります。

たくさんの地域生活課題が浮き彫りになり、かかわるケースからも経験だけではなく知識も必要だと思い始めた私は、国家資格である社会福祉士取得のための勉強を始めました。単年度雇用の生活支援相談員を自分がいつまでできるのか……。勉強を始める決心がついたのは、辞めても福祉の仕事に就きたいと考え始めたからでした。

◇ 10年を振り返り

この10年を振り返り、忘れられないケースや人、かかわった関係機関の方もたくさんいます。閉じていたドアを開いてくれた人、亡くなった方、制度に結び付いた方、しっかり自立して笑顔を見せてくれた方たち。新人の頃、訪問先で私を怒鳴っていた住民たちは、不安を抱え、ぶつけどころのない感情を私に吐き出しただけだと今ではわかります。傾聴し、落ち着いた頃に謝ってくれた人もいました。今まで生活支援相

談員を一緒に経験した皆さんとは、いい思い出としてきれいにまとめられませんが、笑い合った日も、一緒に泣いた日もあります。好き嫌いではなく仲間だと思っています。また一緒に仕事をしたいと思える人もいます。研修を通して他市町村社協の生活支援相談員とも交流できました。これは大きな力であり、ここ数年、私の支えになりました。ありがとうと心から言いたいです。

生活支援相談員になった当初、すぐに辞めようと思っていた私がつらくても今までやってこられたのは、なによりも生活支援相談員の仕事が好きだからです。窓口で待つのではなく、アウトリーチでニーズを拾いに行く。被災者限定とはいえ、年齢・性別に関係なく、生活の困りごとを持つ人たちにかかわれる。こんな仕事はなかなかほかにありません。私が生活支援相談員を経験し、得たものは、人と福祉の理解と学び、経験、尊敬できる人と仲間です。

またどこかで生活支援相談員の配置がされるときには、ぜひ福祉経験、資格の有無にかかわらず募集してほしいと願っています。地域で展開される相談の重要性が多くの人に理解され、それが経験できる機会を作ることも必要だからです。まったく畑違いのところからきた私のように福祉を学び、福祉の仕事を続けたいという人が出てくるかもしれません。

7 都民ボランティアから移住して

陸前高田市社会福祉協議会　松本崇史

◇ 横須賀市から陸前高田市へ

私は神奈川県横須賀市の出身で、震災が起きたときは東京に住んでいました。陸前高田市には縁もゆかりもないのですが、震災の年から生活支援相談員として活動を続け、現在「くらし応援窓口」の仕事もしています。

私は震災直後、さまざまな場所でボランティア活動を行ってきました。なぜ？ とよく聞かれるのですが、理由は特にありません。ボランティアに行けるのならば行くだけでした。そんななか、東京ボランティア・市民活動センターが実施していたボランティアプログラム「都民ボランティア」のボランティアコーディネーターとして、2011（平成23）年5月に陸前高田市に初めて来ました。被害の甚大さには驚きましたが、当時はどのように陸前高田市の方に受け入れてもらえるかということに必死だったように思います。

当初、私は2週間だけボランティアコーディネーターとして入る予定でした。しかし、その後も派遣は繰り返し行われることとなり、幸いにも私はさまざまな地域の方

たちと会う機会が多い活動を割り振られていたため、陸前高田市にお住まいの方のつながりの強さや、近所の方たちで協力する文化が濃いことに魅力を感じる日々が続きました。

　そんなとき、生活支援相談員の募集を目にしました。移住するのは一大決心ではありましたが、今後も市民同士のつながりが強く、助け合うことができるこの町にかかわり続けたいとの思いから生活支援相談員に応募し、幸いにも採用していただきました。

◇ 生活支援相談員となった当初の苦労

　しかし、生活支援相談員としての私は前途多難でした。特に震災前の街並みがわからないことは非常に大きなハンデでした。少しでも話を共有できるように、毎夜、地図を見て、商店街の並びや応急仮設住宅にお住まいの方が以前はどこに住んでいたのかを覚えようとしました。

　また、訪問活動は、災害ボランティアセンターでの活動で慣れてはいたものの、福祉的な仕事を経験していなかったため、どのようなポイントに気を付けてお話をうかがうべきかがわからないまま活動を続けていたように思います。アセスメントシートは渡されましたが、どのように活用すべきなのか、当初はしっかりと把握できていなかったというのが正直な感想です。

　そんななか私が必死に取り組んでいたことは、数多く訪問を繰り返し、信頼関係を築くことでした。心の内に眠っている不安や苦労をお聴きすることでした。生活支援相談員の活動を始めて数か月のとき、いつも訪問をするたびに愛想よく物静かに会話をしてくださっていた高齢者の方が、幻覚に悩んでいるとのお話を突然されたことがありました。正直、そのようなことで悩んでいるとはまったく思わなかったので非常に驚きましたが、相談してくれたことがなにより嬉しかったですし、必死に訪問を続けていてよかったなと思いました。その後、その方は適切な医療や介護サービスを受けることで、幻覚などに悩むことなく暮らしています。

◇ 連携、ネットワークの力

　生活支援相談員の活動を振り返り、もっとも印象的な活動は、県営栃ヶ沢アパートの入居当初の支援でした。陸前高田市で最大で唯一の県営復興公営住宅が完成する際に、市営住宅と変わらない支援が行えるよう動き出したのは、完成の半年ほど前でした。当時、市内で初の県営復興公営住宅ということもあり、ほとんどの関係機関は様子をうかがっているだけでした。このままだと数多くの要支援者の方が入居するにも

かかわらず、支援が薄くなり、孤立しかねないと感じたため、非常に危機感を持って連携する場づくりに動き出しました。

　初めは県庁職員へのアプローチでした。隣接市の説明会に来るという話を聞けば、なかば無理やり口実をつけて出向いてあいさつを行うことで、その後につなげていきました。ある研修に出席するという話を聞けば、その研修に出席して暗に連携する場の必要性を訴えていました。また、県営栃ヶ沢アパートは戸数が 301 戸と非常に大型の公営住宅だったので、社協だけで支援を行おうとはせず、さまざまな関係機関にも必ず声を掛け、協力していただきました。

　その結果、最終的には栃ヶ沢ミーティングという関係機関による会議体が発足し、市営住宅とほとんど変わらない自治会形成支援を行うことができました。支援を行った結果の一つであれば嬉しいのですが、当時、入居の不安を感じていた方が、近隣の方から気にかけられて声を掛けられている姿を見たときは、少し安堵感を得たことを今でも覚えています。

8　弱さに寄り添い、立ち上がる強さを信じる
滝沢市社会福祉協議会　赤石友子

◈ 内陸の支援社会福祉協議会の生活支援相談員として

　滝沢市社協では、震災の翌年、2012（平成 24）年 6 月から生活支援相談員を配置し、当初は 2 名で 127 世帯（2020（令和 2）年 3 月現在は 56 世帯）を対象に事業がスタートしました。二人でお揃いの岩手県社協が定めたオレンジ色のベストに身を包み、一人はハンドルを握り、一人は地図を見ながら二人三脚での訪問活動です。鮮明なオレンジ色には少し恥ずかしさを感じましたが、この色が私と被災者をつなぐ証になりました。私より年上の 60 代の女性に「オレンジベストは見守られている安心感がある。どこにいるのかわかって心強い。子どもが親を捜すときと一緒！」と言われてからは、オレンジ色で救えるのならと思い、変色したりほつれたりしても着用し続けています（笑）。オレンジはすっかりマイカラーになりました。

◈ 訪問先で、初めはにらみつけられ

　インターフォンを鳴らし玄関が開けられ、最初はにらみつけながら「誰だ？　何しに来たえん？」「おめさんだち来たって何も変わらね」「滝沢なんてやんた！　あんたたぢの家はそのままあるえん！」と、怒りや悔しさをぶつける方がいました。

　「人の話をひたすら聞くだけでよいの？　私、何もできてないじゃん！」と、震災

の話を聞いた後のストレスの吐き出し方がわからず戸惑っていた私に、相方は「大丈夫。あなたの不安は全部引き受けるから、毎日訪問が終わったら二人で話をしましょう」と、訪問帰りの車中で私の話をずっと聞いてくれました。

実は相方もまた被災者の一人でした。どれだけのストレスを抱えながら生活支援相談員の仕事をしていたのかと思うと、「ごめんなさい」と今も胸が締めつけられます。2年間一緒に仕事をしましたが、今、彼はオレンジベストを着て、遺影の中で優しく微笑んでいます。2020（令和2）年度、この事業が滝沢市社協で終了したときには、「ありがとう！　無事に終えることができました」と報告に行きたいと思っています。

◈ 誰かが待ってくれているこの仕事

訪問の回数を重ね、信頼関係ができてくると、最初は「あんたに話してもわがらねべ」と話していた80代の女性から、「あんたが来ないとわがね！　さっぱり来ねえな」「誰も訪ねて来ないから、せめてあんたぐらいは顔を出してくれよ」と言われるようになりました。また、「父さんが認知症になっても赤石さんのことは覚えてるがえ〜。待ってっから」と70代夫婦の妻から電話が来るようになりました。このことから、つらいことがあっても、誰かに待ってもらえるこの仕事を途中で辞める決心はつきませんでした。

◈ 生活支援相談員の配置も終わりに近づいて

2020（令和2）年度末で、滝沢市の生活支援相談員事業の終了が決まりました。このことを被災者にお知らせしたのは、2019（令和元）年7月のことでした。「悲しくなるがらしゃべらねんで！　聞きたぐね、涙が出る」と話したのは「滝沢なんてやんた！」と話していた80代の女性でした。オレンジベストに安心感があると話していた方からは、「私たち、また失っちゃうのね」と言われ、返す言葉がありませんでした。

また、福島からの避難者で、今は宮城県に住宅再建された50代の女性からは、「当初は訪問に来てくれても、冷たい態度をとって申し訳なかったね。でも懲りずに何度も何度も来てくれて本当に嬉しかった。赤石さんは第二のお母さんだな」と嬉しい言葉をもらいました。

◈ 活動を文字に残して

生活支援相談員事業の終了をお知らせした後の訪問では、思い出話をしたり、一緒に涙を流したりすることが増え、私自身も不安や不満、寂しさで心がいっぱいになりました。

そのようななか、なんとかして心の整理をつけなくてはと思い、滝沢市社協唯一の生活支援相談員として活動してきた思いを文字に残すことを決めました。

そして、「被災者の方々も書くことで少しでもつらい体験を吐き出してほしいし、その思いを共有できる最後の機会になるかもしれない」と思い、被災者の方々からも手記を寄せてもらうことにしました。

「8年間を1枚に表現するなんて無理でしょう」「作文は得意じゃないから」と遠慮する方もいましたが、「赤石さんにはお世話になったから恩返ししないと」と、サロンに参加したことがない方からも手記が寄せられました。

できあがった手記を読んだ被災者からは「みんな、苦しかったんだな。自分だけじゃねがったんだ」「サロンで聞いたことがない名前だけど、滝沢にはたくさん被災者がいるんだね」との声がありました。今まで口に出せずにいたつらさや苦しさを共有できたと感じた方が多かったようです。

私自身、手記を書いたことで、生活支援相談員事業の終了を知った当初の不安や寂しさなどに対して気持ちの整理がついたとともに、寄せられたどの手記にも、受け入れてくれた地域や社協への感謝の言葉が綴られていて、それを読みながら、自分がやってきたことが報われた思いになりました。

そして、胸のうちでは「一人で（被災者支援を）背負うのは大変だ。ほかの社協には相談員仲間がいてうらやましい」と思いながら活動してきましたが、「一人で続けられてきた訳ではない。被災者や周りの人々に助けられて被災者支援を続けてこられた」という感謝の気持ちにたどり着くことができました。

2019（令和元）年８月の岩手県社協の研修で山下興一郎先生に「私、なにか復興の役に立ったでしょうか？」と尋ねたら「赤石さんのしてきたことは十分に役に立ちましたよ」とおっしゃっていただき目頭が熱くなりました。この仕事をすることができて良かったと感じた瞬間で、宝物がまた一つ増えました。

◇ 寂しさも増して

残り１年あまり、寂しさが増していくかもしれませんが、私にはたくさんの「宝物」があります。その「宝物」をときどき引き出しから出して、眺めながらさらに次の道に進んでいこうと思っております。

「弱さに寄り添い　立ち上がる強さを信じる

いつまでも被災者ではない

生活支援相談員もいつまでも続く事業ではない

つらく厳しいけれど

それでも生きていく強さ

支え合う力を岩手の人は持っている」

これは 2018（平成 30）年度の生活支援相談員活動研究会で、山下興一郎先生が「今、どういう時期なのか、現状を把握する」の講義のなかでおっしゃった言葉です。それから私は、この言葉「弱さに寄り添い　立ち上がる強さを信じる」を机に貼って、道しるべにしてきました。

震災が発生してから復興までの間、生活支援相談員のかかわる時間は短くとも、重要な役割を果たしていたと信じて、沿岸の生活支援相談員より早く事業を終えますが、最後の１日まで働きます。2021（令和 3）年 3 月 30 日には、平成 30 年 7 月豪雨により配置され同じく 2021（令和 3）年 3 月いっぱいで活動を終了する、愛媛県八幡浜市社協の生活支援相談員とも交流できました。

この仕事に出会えたことに感謝いたします。

いつになっても初心（あの頃）を忘れずに

陸前高田市社会福祉協議会　佐藤尚子

　2011（平成23）年8月。当時の岩淵惠子事務局次長より、「生活支援相談員の統括」をするように言われました。生活支援相談員の設置については聞いていましたが、その業務内容も把握しておらず、また当時抱えていた業務と兼務する自信もなく、なかなか相談員に向き合うことができませんでした。

　採用された相談員のなかには、福祉や医療関係の仕事を全く経験したことがない方も多く、実技研修は家庭訪問の仕方から始まりました。当時、支援に入っていただいていた桃山学院大学の川井太加子先生のご指導をいただき、訪問時の声の掛け方や不在時の安否確認の仕方を現場（応急仮設住宅）で行いました。特に不在時の安否確認は、部屋の中で倒れている方の発見にもつながるので、新聞や郵便物がそのままになっていないか、ガスのメーターは動いているか、水は出しっぱなしになっていないか、悪臭は感じないか、家の中から音はしないか、日が落ちてから再訪問し明かりが灯っていることを確認した方がいいかなど、細かに行われました。

　社協の事務所は津波で全壊流失したので、私たちの居場所はありませんでした。もちろん市内の公的な施設等はすべて避難所になっていたこともあり、市内にある陸前高田市ドライビング・スクールのご協力をいただき、宿舎の一部を事務所として貸していただきました。そのような状況でしたので、新たに採用された15人分の相談員のデスクは確保されるはずがありません。毎日の朝終礼は、私を含む16人が自動販売機のある限られた共有スペースで肩を寄せ合って行いました。パソコンの入力を交代で行ったり、机替わりの椅子にパソコンを置いて床に座って入力作業をしたりと、決して恵まれた職場環境ではないなかで、生活支援相談員たちは毎日それぞれの地域へ足を運びました。

　1日が終わり、帰ってきた相談員それぞれから報告を受けました。住民の方々の被災状況、避難所での生活のこと、応急仮設住宅での生活の不便さや住宅の不具合、近隣との不仲等。また、なかには「お前たちには何も話すことはない」「また来たのか、もう来ないでくれ！」といったような拒否の声。相談員たちは涙を浮かべながら報告をしてくれました。

　そんな生活支援相談員へ私は、「私たちは専門職ではない。その場で自分が話を聞いて判断し、結論を出したり指導できることは何もない。まずは、真摯に相手の話に耳を傾けること。そして行政や医療の専門職へしっかりつなぎ、住民の方へ報告する

こと。たとえ知っていることであってもその場で結論を出さず、一旦持ち帰ってみんなの意見を聞き、翌日落ち着いて住民さんに伝えること。それが一番大事であり、私たちの仕事である」と伝えました。当時を思えば、素人集団だった相談員たちには、一人で悩まず、一人で抱えず、みんなで相談しながら進んでほしいとの思いだけで話していたように思えます。

　ときには思いが通じない歯がゆさにみんなで泣き、またあるときには小さな達成感をみんなで喜び笑い、1日の振り返りは持論で終わることもありました。そのなかで、私は生活支援相談員といる日々が当たり前の毎日になっていきました。

　その後、生活支援相談員は生活支援部門の所属となり、統括主任もほかの者に代わりました。

　毎年、岩手県社協の主催で行われる事例検討会や情報交換会、マップ研修やファシリテーター研修等に参加しながら、生活支援相談員はどんどん力をつけていきました。採用当時は無資格だった者も、介護研修を受講し社会福祉主事を学び、さらには社会福祉士の資格を取得した相談員もおります。コツコツと前向きに専門的な知識を身に着けようとするその姿勢はとても頼もしいです。

　先日こんなことがありました。ほかの部門の職員と一緒に仕事をした相談員から、相談を受ける姿勢についての指摘を受けました。それは、これまで生活支援相談員として培ってきた傾聴姿勢や相談時間、第三者の介入の仕方等を明確にしたものでありました。相談員の相談技術の向上は常々感じてはおりましたが、改めて彼らの成長を感じた出来事でもありました。市民に一番近いところから、市民目線で寄り添う姿勢そのものでした。

　市内には応急仮設住宅がほとんどなくなり、被災された方々は公営住宅や再建した土地での新しい生活に移っています。それぞれの場所で、また新たな生活が少しずつ始まっているなかで、混乱していたあの時期に丁寧に訪問を続けた生活支援相談員の存在は、きっといつまでもその方々の心の支えになっていくのだろうと信じています。

　決して上から目線ではなく、理屈ではないところに気がつけるアウトリーチ型の生活支援相談員は、社協としての大きな強みです。今後も「行動は積極的に、気持ちは謙虚に」のスタンスで、今まで学んだノウハウを新しい地域づくりに活かしていってくれることを期待しています。

◈ **激甚災害後の復旧・復興時の緊急支援として生活支援相談員が登場した背景と終了後の継続性**

　生活支援相談員は、災害による多大な被害を受けた人々への寄り添い支援等のために配置されるものです。したがって、恒久的な制度ではなく、復旧・復興、地域の再生により、状況が平時に戻ると、生活支援相談員の配置は終了に近づくという特徴があります。

　では、生活支援相談員の配置はいつまで続くのか、続けていかなければならないのか、という問いが出てきます。

　この10年間で、支援の関係性が形成された被災者（住民）と生活支援相談員の間では、現在も訪問、見守り、相談が続いている方もいれば、かかわりが終了された方もいます。岩手県社協では、訪問の頻度、内容等に関するアセスメント基準（**巻末資料／資料2**参照）を作成しましたが、それは訪問を終了させることを目的に作成したのではなく、なぜ、被災者宅の訪問を継続するのかについて、生活支援相談員をはじめ社協全体が気づき、共通理解するための材料として開発、活用されたものです。

　結果、生活支援相談員によって被災者の地域生活課題が可視化されたことにより、10年経った今こそ訪問が必要だ、今後ももう少し訪問を継続したほうがよいという心のケアの必要性も明確にしました。これらは岩手県、復興庁等が生活支援相談員の配置継続を判断した根拠の一つにもなっているのではないでしょうか。

◈ **事業終了に関して、生活支援相談員の気持ちにも寄り添うこと**

　岩手県、岩手県社協、市町村、市町村社協、生活支援相談員のそれぞれが思い悩む事柄があります。それは「関係性の一旦の終了」です。つまり、人と人との別れが生じることです。しかもその思いには2面性があります。一つは、生活支援相談員が住民の生活課題に、あるいは千年に一度の悲しみにかかわり、寄り添ってきた人間としての情緒的な気持ちの側面です。もう一つは、多くの生活支援相談員は非正規雇用により単年度で契約更新されるという、ある意味では不安定な労働状況のなかで従事してきた労働者です。生活支援相談員の期限の終了により、いよいよこの仕事を荷下ろしする作業に直面するという側面です。私たちは、生活支援相談員がこうした両面の気持ちを抱えている現実を忘れてはなりません。

◈ いつまで続けるのか、いつ終了するのかという問い

　生活支援相談員等の配置と終了については、前例があります。例えば、阪神・淡路大震災の一例では、復興住宅で兵庫県芦屋市陽光町の南芦屋浜団地に常駐する生活援助員（LSA）について、2017（平成29）年度に廃止に向けた検討を芦屋市が始めたという報道例があります。市は震災から22年が経ち、すでに役割を終えていると判断したのでしょう。また、新潟県中越地震で配置された生活支援相談員は5年で終了するという判断でした。

　岩手県では、岩手県社協とともに「岩手県・中長期的な見守り・支え合い等支援体制検討会」を2018（平成30）年度、2019（令和元）年度の2か年開催し、その検討会において生活支援相談員の今後の配置等について議論がなされました。

　検討会は、その名称のなかに中長期的という文言が示しているように、これからの地域における見守りや支え合い等を意識したものです。市町村における復興・創生期間後の見守りや支え合いといった生活支援の体制について、各市町村がどのように整備をしていくか、また、県の復興・創生期間後の役割を示すことが内容でした。重要な検討課題の一つは、国10分の10の公的財源により成り立っている生活支援相談員の予算の継続と終了時期の見極めでした。

　岩手県・岩手県社協では、生活支援相談員の配置について、これまでは国の復興予算をその財源のすべてとして、市町村負担は一切なく、県を通じて県社協が市町村社協に委託する方式をとってきました。したがって、生活支援相談員の事業がいつまで続くのかについては、国はこの予算をいつまで続けることとしているのかという制度・予算面の見極めと、国の予算のあるなしに関係なく、岩手県での被災者支援はいつまで必要なのか、という検討をいつかはしなければならないということも、この検討会が設置された背景だと推察されます。

　検討会のメンバーは、被災者の支援やコミュニティの維持・形成、産業・生業の再生にかかわっている、市町村の福祉関係部署、地域住民（自治会）、社協、生活協同組合、民生委員・児童委員（協議会）、社会福祉施設や相談機関、NPOと学識経験者などのさまざまな関係者、関係機関の参画により構成されました。メンバーのなかで特に被災者にもっとも身近な市町村は、この10年、岩手県社協が進めてきた被災地におけるコミュニティソーシャルワーク機能を持つ生活支援相談員の活動実態を知り、市町村の役割を再考する機会となりました。

◈ 生活支援相談員の役割の評価と今後の継続性の方向

　検討会で議論されたのは、災害が発生した5か月後から配置され、見守り・支え合

い活動を積極的に展開してきた「生活支援相談員」の役割の評価と今後の継続の必要性についてでした。

岩手県の生活支援相談員は、訪問活動、見守り・支え合い活動など幅広い地域福祉活動を避難所、応急仮設住宅のみならず災害公営住宅とその周辺のコミュニティにも働きかけるなどして重要な役割を果たしてきたということは、検討会メンバーのおおむねの評価を得ることができました。

なぜなら、被災地の市町村でも、支援員（さまざまな名称）による被災者支援を講じて応急仮設住宅の終了とともに支援員の配置を終了していますが、岩手県の生活支援相談員は、今もなお活動を継続し、東日本大震災がもたらした被災者のさまざまな課題に向き合い、いくつもの指摘を地域社会に投げかけているからです。

そこで筆者は、今後の継続性について、機能と財源の二つの側面を意識する必要があると考えています。

まず、機能面では、三つのエピソードをもとに考えてみます。一つ目は、ある生活支援相談員は「応急仮設住宅が解消されれば、被災者ではなくなり、生活も元に戻るから生活支援相談員は必要なくなると思っていたら、それはまったく違った」と指摘しました。災害公営住宅に一人暮らしをする高齢者がいます。その方は、応急仮設住宅に住むことになった際、それまでの三世代同居の生活をやめ、複数の部屋を借り家族単位で暮らしましたが、転居にあたり、元の大家族ではなく、別々に住まうことを息子たちが選択し一人暮らしになったといいます。家族とのかかわりは減り、外出も減り、ご近所づきあいもなくなり、畑もできないといいます。東日本大震災がなければ、すぐにはこのようなことにはならかったでしょう。

二つ目は、ある生活支援相談員は、「孤立死、自殺企図、うつ、アルコール、認知症などメンタルヘルスが必要な被災者のことが気になる」と指摘しました。特に心配になるのは、家族との関係が希薄で、近隣との関係も悪く、経済的に余裕がなく、保健医療福祉の資源につながっていない人たちだといいます。そうした人々に積極的に接近し続けた結果、心を許し、話をしてくれるのは生活支援相談員だけという事例はいくつもあるといいます。これらすべてが東日本大震災に起因するとは言いきれませんが、被災により顕在化した生活課題であることは間違いありません。

三つ目は、ある中堅の社協職員は、災害公営住宅が完成してからこそ、被災地における地域福祉を本格的に始めなければならないと指摘しました。元の自宅に戻れず、応急仮設住宅で暮らした人々は、災害公営住宅への転居によりコミュニティの再々分離を経験した人が少なくありません。災害公営住宅に住む人同士の交流とともに、もともとその地域に暮らしている住民との交流も進め、地域の支え合いを再構築する必

要も痛感されたのです。

これらの指摘から、生活支援相談員は地域生活課題における発見と気づきの機能をこの10年で果たし続けてきたといえます。生活支援相談員は、真に支援が必要な方々が潜在化していることや生活課題は表出されない場合があることも気づき、訪問活動の重要性を実感したのです。

高齢の一人暮らしや核家族化、認知症の支援、うつやアルコールのメンタルヘルス、自殺防止、経済的困窮等生活困窮者への支援やコミュニティ形成支援は、いまや、どの地域でも起こりうるものであり、平時の保健医療福祉サービスや地域福祉活動で対応、推進を図ろうとしています。その平時のシステムが機能するためには、発見と気づきが重要であることを生活支援相談員は証明し、平時の地域社会にもその機能の必要性を投げかけようとしているのです。

次に財源の側面です。生活支援相談員の財源は、全額公費で賄われています。岩手県においては、この10年、国の予算で整備されてきました。引き続き国の予算が確保されれば今後の継続性に問題はありません。一番の解決方法です。しかし、県や市町村の財政は厳しい状況ですが、国が財源を確保できない状況になった場合、それなら止めるという結論は避けたいのが筆者の意見です。県、市町村は、どのような形でなら生活支援相談員の配置を継続させることができるか、もし配置が難しい場合は、別の形でどのように機能を維持するかといった検討を、中長期的な視点で、市町村のなかで進めること、その検討に県が支援するという体制を期待したいところです。

◇ 復興・創生期間後の生活支援相談員

「復興・創生期間」とは、東日本大震災の年に政府が策定した「東日本大震災からの復興の基本方針」において示された、2011（平成23）～2020（平成32）年度までの10年間をいいます。被災地の発展基盤となるインフラの復興、コミュニティの形成や産業・生業の再生等、暮らしの再開や地域の再生が進められてきました。

岩手県、岩手県社協にとっては、復興・創生期間の10年を区切りとして、生活支援相談員による「見守り・支え合い」の支援体制を終了してよいのか、あるいは必要ならばどのように継続していくかは懸案事項となっていました。2020（令和2）年度は復興・創生期間の10年目であり、翌年度に向けてこれらのことを考えなければならない時期です。この前例のない検討課題に、現場の市町村社協や生活支援相談員の本音もあります。それは、これからのことについて、国の方針がなかなか聞こえてこないがどうしようと考えているのか、岩手県、岩手県社協はどのように考えているのか、一方で、まだまだ支援が必要という認識を持ちつつも、いつまでも被災者ととら

えていいのか、被災地域でなければならないのかというさまざまな不安です。

そうしたとき、私たちに必要な姿勢は、その地域社会、そこに暮らしている人々へのまなざしを、真正面からとらえることをいつまでも忘れないということではないでしょうか。このことは、筆者が10年の年月、岩手県社協とともに市町村社協の生活支援相談員活動に伴走し、検討会の2年間の協議を終えて実感することは、災害公営住宅が完成の時期を迎えた今でも、多くの地域で新たな生活課題が生まれているということです。現場の生活支援相談員、岩手県社協の職員とも共有しました。したがって、「復興・創生期間」の終了後も、被災者の生活の安定のために生活支援相談員は必要という結論に至るのです。

◇ 岩手の底力～地域福祉の厚みをつける

そのようななか、国の方針が示される前から、岩手県が主体となって、岩手県社協と一体となり検討会を設置し、市町村における見守り・支え合いの今後の方向を中長期的な視点で検討する体制を整えようとしました。このことを筆者は、生活支援相談員へのまなざしを忘れない姿勢と高く敬意を表し評価します。

生活支援相談員が活動している市町村自治体は、創設当初より配置や予算編成過程にかかわっていませんでしたが、検討会をとおして10年間の生活支援相談員の活動をたどり、もう少しの間は継続する必要性があることを理解したのではないかと感じています。

また、検討会の終盤（2019（令和元）年12月）には、国の「復興・創生期間」後の対応も明らかになりました。国は「復興・創生期間」後における「東日本大震災からの復興の基本方針」（2019（令和元）年12月）を閣議決定し、地震・津波地域においては、復興・創生期間後5年間において、国と被災地方公共団体が協力し、残された事業に全力を挙げて取り組むこととされました。そこでは、心のケア等の被災者支援として「コミュニティ形成、心身のケア、心の復興、見守り・生活相談、遺児・孤児支援等について、事業の進捗に応じた支援を継続。個別の事情を丁寧に把握し、5年以内で終了しないものについては、事業の進捗に応じた支援のあり方を検討し、適切に対応」とされています。もう少しの期間、生活支援相談員による支援、地域福祉の厚みをつけることの重要性は、国の方針でも認識されたということではないでしょうか。

結果、2021（令和3）年4月からも岩手県に生活支援相談員の配置が継続されることになりました。2020年初頭より、新型コロナウイルス感染症が世界的に起こり、生活支援相談員は感染対策に留意しながら、訪問活動、見守り活動、サロン活動等を

展開しています。

　今後の中長期的な視点においては、これまで岩手県や岩手県社協が中心となって体制を整えた生活支援相談員による「見守り・支え合い」の事業は、次のステージでは、市町村自治体による地域における見守り・支え合いの支援体制整備に移行することも論点です。これまでの生活支援相談員の活動が地域福祉の推進にどうつながっていくかという具体策が模索される時期になっていきます。

　そのとき、そのプロセスに県と市町村が協働して作業する、つまり、一緒に汗をかく、一緒に考えるという過程を大切にしながら進めていくことを筆者は願います。

　被災地は、震災以前から抱えていた人口減少や産業の空洞化といった課題が、震災を経験し、さらに急速に進んでいます。これらは全国各地域にも共通する中長期的な課題です。国の福祉施策にも掲げられている、地域包括ケアシステム、地域共生社会の実現における支援体制の整備とも親和性があります。

　これからの被災者支援やコミュニティの維持・形成、産業・生業の再生においては、市町村の福祉関係部署、地域住民（自治会）、社協、生活協同組合、民生委員・児童委員（協議会）、社会福祉施設や相談機関、NPO等の多様な担い手による市町村レベルでの協働がより一層重要となります。

　今後は、地域包括ケアシステム、地域共生社会の実現といった福祉施策の展開事業を基礎自治体で取り込みながら、他分野の政策にも視野を広げ、特に市町村社協の地域を基盤としたソーシャルワークの機能も強化しながら、福祉コミュニティづくりを進めることがめざされます。生活支援をキーワードにした魅力ある地域の創造、社会資源の活用・調整・開発・創生や創造的な産業復興、地域のコミュニティ形成の取り組みなどは、全国も注目することになるのではないでしょうか。

第 **2** 部

生活支援相談員活動の
進め方

第**1**章

生活支援相談員の配置と財源

1 生活支援相談員の配置の判断

　これまでに生活支援相談員が配置された災害は、阪神・淡路大震災 1995（平成 7）年の生活支援員を原点に、新潟県中越地震 2004（平成 16）年、新潟県中越沖地震 2007（平成 19）年、東日本大震災 2011（平成 23）年、熊本地震及び台風 10 号 2016（平成 28）年、平成 30 年 7 月豪雨 2018（平成 30）年等です。これらの災害に共通することは、多くの方が住まいを喪失し、応急仮設住宅等での避難生活を強いられたことです。

　東日本大震災でも、岩手県では家屋の倒壊数は全壊、半壊併せて約 2 万 8,000 棟にも及び、応急仮設住宅には 2011（平成 23）年時点で 1 万 7,373 戸数、4 万 1,911 人の方々が入居していました[i]。

　このことから、岩手県社会福祉協議会（以下、社協）では、岩手県、全社協、国からの情報を得ながら、市町村社協に生活支援相談員を配置する検討を 2011（平成 23）年 4 月頃より開始しました。配置にあたり重要視したことは、当該地域の市町村社協の意向確認と、なにより財源の確保でした。そして生活支援相談員の採用と育成等を市町村社協に丸投げにせず、共に進めたことです。

　岩手県における、生活支援相談員の配置財源は、当初、国の生活福祉資金貸付事業[ii]関連の補助金（セーフティネット支援対策事業費補助金）に上乗せされる形で始まりました。当時の被災地は、津波により通帳や現金が流出したり、金融機関自体が壊滅的被害を受けるなかで、生活費を確保できない人が多くおり、当面の生活費の確保が大きな課題でした。

　発災直後から被災地の市町村社協では、すぐに岩手県内の社協職員の応援（その後、全国の社協職員の応援）を得て、被災直後から緊急小口資金の受付開始、避難所等を回ってチラシを配布する等の周知、資金の受け渡しは現金支給で行っていました。その相談活動を発端に、さらに生活全体の支援を進める一環として生活支援相談員が位置づけられました。

---

i 「いわて復興のあゆみ」2019（令和元）年 5 月

ii 生活福祉資金貸付事業：都道府県社協を実施主体として、収入の減少や所得に応じて、低利または無利子で貸付を行う事業。窓口を市町村社協とし、東日本大震災では「緊急小口資金特例貸付」が実施され、岩手県では 2011（平成 23）年 3 月から 2012（平成 24）年 3 月の約 1 年間で 3,002 件、4 億 201 万 9,000 円の貸付が行われた。

その後、岩手県における生活支援相談員を配置する財源は、「緊急雇用創出事業」「被災者健康・生活支援総合交付金」（岩手県介護サービス施設等整備臨時特例基金との組み合わせ）を経て、2016（平成28）年からの「被災者支援総合交付金（被災者見守り・相談支援事業）」と移り変わっていきました。

2 県の実情に応じた、生活支援相談員の配置

これまでの例から、生活支援相談員は災害で住まいを喪失し、応急仮設住宅やみなし仮設住宅等での避難生活の長期化が見込まれる場合に配置されています。

東日本大震災での生活支援相談員は、生活福祉資金貸付事業財源のなかで手当てされており、多くの認識としては、新潟県中越地震、新潟県中越沖地震で「生活支援相談員」の名称が使用されて以降、被災地に配置される相談員には、この名称が使われています。

当時、生活支援相談員事業は法定事業ではないこともあり、実施方法や実施主体、配置人数等が各県で異なりました。つまり、県の実情に応じた形で実施されていきます。岩手県では、県が主体となって、岩手県社協を実施主体として補助を行い、岩手県社協が市町村社協に業務を委託する方法で進めてきました（盛岡市は一部地域を除き、市がNPO法人に委託）。

なお、福島県も岩手県と概ね同様の仕組みで実施されています。被災地の行政機能が壊滅的被害を受け、その機能の復旧が急がれるなかで、被災者に対する早急な生活支援を目的に、県が生活支援相談員の配置を早急に進めたことは、広域支援の観点からも効果的でした。

その効果は、県下の生活支援相談員活動の標準化、共通研修による質の向上、情報の一本化等、副次的な効果を生んでいます。特に、県社協が作成したアセスメント基準[iii]（**巻末資料／資料2**参照）に基づき、見守りを要する世帯の標準的な判断基準を定め、すべての生活支援相談員が取り組んできたことは特筆すべき点であると言えますが、今後配置される場合は、配置数、業務内容、実施主体等の運用面について、それぞれの自治体で実情にあわせて決めていく必要があります。

---

iii アセスメント基準：岩手県では2018（平成30）年1月に作成したアセスメント基準表を用いて、被災者の身体、社会的関係等の状態を確認し、統一した基準で生活支援相談員による支援の必要性を判断し、支援対象世帯像の標準化を図ってきた。基準表はフェーズに応じて改訂しており、現在は「暮らしの定着期版」を用いている。

3 生活支援相談員配置のバリエーション

　先述のとおり、生活支援相談員の配置にあたっては、被災地の状況を踏まえて検討していく必要があります。生活支援相談員にどのような役割を期待するかによって配置規模も変化します。

　岩手県の場合は、災害の発生時から生活支援相談員を配置したことを活かし、災害に関連するさまざまな地域福祉の事業に生活支援相談員の配置を進めることとし、生活福祉資金の担当者、災害ボランティアセンター（以下、ボラセン）の担当者、訪問や地域支援を担う担当者、これらを統括するリーダーや管理職級についても生活支援相談員をあてることにしました。

　災害が発生すると、真っ先に被災者の生活支援に動き始めるのがボラセンです。そのため地元の職員をボラセン職員に配置しなければなりません。実際、東日本大震災では、発災の翌日にはボラセンを立ち上げて、被災者の生活相談に対応した市町村社協もありました。

　ボラセンの機能は状況にあわせて大きく変化していきます。【図】のとおり、設置当初は主に、避難所支援、物資配布、泥出し、片付け等の生活復旧の支援活動に比重が置かれますが、応急仮設住宅への入居が始まると被災者が集うサロン、地域との交流事業、見守り活動、相談・情報提供等の日常の生活に必要なニーズが高まってきます。

　また、名称も一定の時期を過ぎると、「災害ボランティアセンター」から「復興支援センター」等に変更し、より被災者の生活に密着した機能に重点化していきます。この頃から、支援内容も個別支援と地域支援の両面から行う形になります。そのため、個別支援と地域支援を長期的かつ継続的に実践できる専門の職員として、ボラセン職員の次に、生活支援相談員が必要となります。

図　岩手県における災害ボランティアセンターと生活支援相談員活動のイメージ

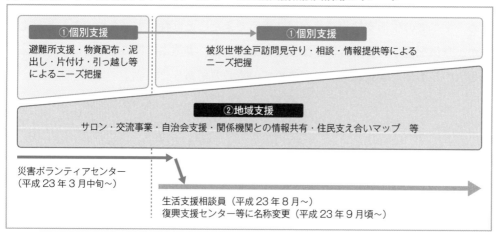

しかし、生活支援相談の専門知識や経験がある職員を採用するのは極めて困難でした。採用の実態をみると、福祉に関する仕事を経験していない方々も採用されました。さらに、被災した市町村社協の状況をみても、個別支援と地域支援の職務に精通する職員は限られていました。このことからも、生活支援相談員の育成には現任研修を強化していく方策が効果的かつ効率的でした。

4 生活支援相談員の配置は最低二人以上で

生活支援相談員の配置数は各市町村における地域福祉の推進の状況にあわせ、この10年間、市町村社協からの要望により調整を進めてきました。アウトリーチ、訪問活動がなにより重要であり、かつ、生活支援相談員の孤立・不安をなくすためにも、最低二人以上配置することを第一条件に、被災者数、応急仮設住宅数、地理的条件を鑑みて、孤立状態にある人、孤立死の防止を含めた活動ができる人数を配置できるよう、調整してきました。

災害から10年を迎えますが、現在も生活支援相談員の配置が必要とされる地域があります。岩手県における今後の配置や配置数については、被災者や地域の状況、社会福祉関係施策との関係を踏まえて、県レベルだけではなく、市町村においても検討される必要があります。

第2節 生活支援相談員にかかる国の予算

◈ 国庫補助による生活支援相談員配置事業の創設

国では、生活支援相談員を配置し、被災者の生活を支える際、「被災者見守り・相談支援事業」という国庫補助事業があります。本事業はほかの多くの福祉制度と同様に、各地の実践が制度化されたものです。本事業は2019（平成31、令和元）年度から一般事業化（災害を特定せずに予算化）されています。

本事業の創設以前は、東日本大震災がそうでしたが生活支援相談員の配置については、災害が発生した後に補正予算等により被災自治体と国とで協議を行い、必要と判断された場合に、その都度、事業を創設し、実施されてきました。さらに遡ると、阪神・淡路大震災以降、被災地において見守りと地域のつながりづくりを行う支援は積み重ねられてきましたが、その主な財源は公費ではなく、共同募金の助成金など民間財源によるものでした。

東日本大震災被災地では、国費による基金を財源として10県以上の市町村で生活支援相談員の配置等の事業が実施され、岩手県、宮城県、福島県の3県では現在も東日本大震災復興特別会計予算により全額国庫補助を活用した事業実施が継続されています。

その後の大規模災害においては、被災自治体と厚生労働省とが協議を行い、「被災者見守り・相談支援事業」は国庫補助事業として実施されてきました。2016（平成28）年の熊本地震後に熊本県、2018（平成30）年7月豪雨の被災地である岡山県、広島県、愛媛県において、それぞれ補助率10/10により実施されています。

そのほかの被災地では、ほかの補助事業（地域における生活困窮者支援等のための共助の基盤づくり事業）を活用して生活支援相談員を配置された例もあり、2017（平成29）年の九州北部豪雨（朝倉市）、2016（平成28）年の台風10号（岩手県岩泉町）、2018（平成30）年の北海道胆振東部地震（北海道厚真町）の発災後に生活支援相談員の配置が行われてきました。

◈「被災者見守り・相談支援事業」創設の背景と内容

「被災者見守り・相談支援事業」は、生活支援相談員を配置し、災害救助法に基づく応急仮設住宅に入居するなど被災前とは大きく異なる環境で生活することとなる被災者に対し、孤立防止のための見守り支援や生活上の相談を行い、必要に応じて各種の支援関係機関等につなぐことにより、その環境でも安心した日常生活をおくること

図 1　被災者見守り・相談支援事業の概要

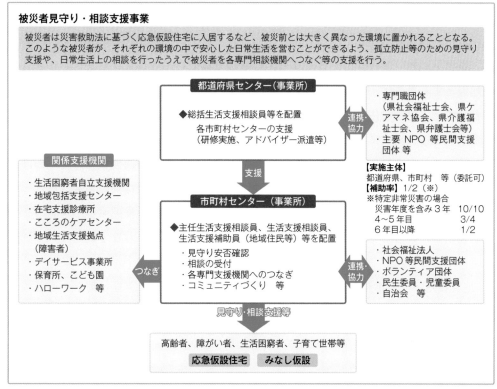

出典　厚生労働省資料を一部改変

を目的としています。そのため事業実施の要件は、「災害救助法に基づく応急仮設住宅が供与されていること又は供与される見込みであること」とされました。

　事業創設にあたり、補助割合は 1/2 としましたが、特定非常災害に指定された場合に限り、発災年度を含む 3 年は補助率 10/10、4・5 年目は 3/4 で実施することとしています。

◇ 地域福祉施策と生活支援相談員～平時と災害時の支援体制の連続性

● 被災者支援から平時の地域福祉推進へ

　生活支援相談員を配置する「被災者見守り・相談支援事業」は、前述の通り、応急仮設住宅が提供されている期間に限られることとなります。これは、「被災者への支援」から、徐々にいわゆる平時の生活支援体制へと移行すべきとの考え方が背景にあります。

　災害が起こった地域では、生活環境が一変し、生活に困窮する住民が急増します。また、周囲には見えづらい課題を抱えた人が、より困難な状況に陥る場合や、災害を

きっかけに顕在化する場合もあります。そうした状況に対応し、必要な支援を届けるために生活支援相談員を配置し、見守りや相談支援、住民同士のつながりづくりのための取り組みを行うことで、一人ひとりの生活を支えることが求められます。そのため、厚生労働省では「被災者見守り・相談支援事業」を一般事業化しましたが、災害を起因とする事業は、どこかの段階で終結させる必要があります。その終結のポイントとして、応急仮設住宅の設置の有無が設定されています。ただし、応急仮設住宅がなくなったら、被災による被災者の心身への影響、地域生活への影響が、たちどころになくなると考えているわけではありません。すべてが災害の前の状態に戻るわけではありません。筆者は、むしろ、応急仮設住宅から元の住居とは別の地域に移り、それぞれの生活拠点で生活を始める状況も合わせて、地域福祉を推進する平常時のしくみを強化し、暮らしやすい地域づくりを進めていくことが求められていくという認識を持っています。

　「被災者見守り・相談支援事業」を行う際には、「今、必要な支援は何か」を地域の状況を見て考え、組み立てることが必要であることは当然ですが、復興後の地域の状況も想定しながら事業を進めていくことで、誰もが生活しやすい地域に近づくのではないかとも考えています。

● 災害にも対応できる地域を作る
〜包括的な支援体制構築を核にした地域福祉の推進

　災害発生後からではなく、平時から災害に備えるという方向に視点を変えてみます。すると、本書にあるように、岩手県の各被災地で取り組まれてきた生活支援相談員の実践は、昨今の地域福祉の推進を目指して施策化されてきた内容と共通点が多いことに気づかされます。

　それは、2017（平成29）年、2020（令和2）年と2回にわたる社会福祉法の改正により進められている、地域共生社会の実現に向けた「包括的な支援体制の構築」によりめざされている支援の形です。

　こうした地域福祉施策が登場した背景には、地域における福祉課題が複合化、複雑化し、地域において孤立している地域住民が増えていることがあります。そうした課題に対しては、これまで分野別・対象別に専門性を高めて充実させてきた既存の福祉制度では対応しきれていません。課題を抱えた住民が声をあげるのを待つだけではなく、地域住民に身近なところで、状況によっては支援者が出向いて課題を把握し、個別に必要な支援につなげる対応が必要であることが明らかになってきました。そのためには、相談支援と地域づくりとを一体的に進める必要があるということが地域力強化検討会（2017（平成29）年9月最終とりまとめ）、地域共生社会推進検討会（2019

（令和元）年12月最終とりまとめ）の2回の検討会で議論されました。その検討会の報告を受けて、今後は各地の地域福祉実践を踏まえたしくみづくりが国でも事業化され、市町村において進められていくことになりました。

　そうした検討の結果をふまえて、2回の社会福祉法改正が行われました。2017（平成29）年の法改正では、地域福祉の推進にあたっては、地域住民と福祉関係者は、①個人のみならずその属する世帯に着目し、②狭義の福祉領域にとどまらない住まいや就労、教育に関する課題や、地域社会からの孤立を含む幅広い「地域生活課題」を把握し、③「支援関係機関」と連携してその解決を図ることを留意するよう定めています（社会福祉法第4条第2項。2017（平成29）年改正で追記）。

　そして、その具体化のために、市町村に対する努力義務として、①地域福祉を推進するために必要な環境整備、②身近な地域で地域住民や福祉関係者が地域生活課題に対応する体制づくり、③より複雑な課題の解決のために支援関係機関が協働して地域生活課題を解決する体制構築などを行うことにより、包括的な支援体制を整備することを規定しました。

　2020（令和2）年の社会福祉法改正において、第4条1項に地域福祉の推進によりめざすべき社会像（理念）を新設し、「地域住民が相互に人格と個性を尊重し合いながら、参加し、共生する地域社会」と規定するとともに、モデル事業をはじめとする各地での実践を踏まえ、市町村による包括的な支援体制の整備をさらに促進するため、「重層的支援体制整備事業」が創設されました（2021（令和3）年4月1日施行）。

　こうした体制整備の議論のなかで共有されてきたのが**図2**【包括的な支援体制の構築に必要な支援のイメージ】に記載されている各支援の内容です。包括的な支援体制に必要と考えられる三つの支援（①相談支援、②参加支援、③地域づくりに向けた支援）について、それぞれの支援を構成する支援内容や機能を細分化して表しています。

　図2のなかに説明されている各支援の機能は、生活支援相談員の取り組み内容と共通するのではないでしょうか。

　2020（令和2）年の法案審議の際にも、重層的支援体制整備事業の実施等により包括的な支援体制の整備を進め、セーフティネットの強化を図ることが、災害発生時の支援体制の充実につながっていくことが指摘されました。具体的には、地域住民と専門職が協働しながら、平時の相談支援の充実や支え合いの強化に向けた取り組みを継続的に実施していくことが災害時の備えとしても重要という考え方です。特に地域住民同士の見守り体制（安否確認、見守り活動等）を構築することや、課題解決が困難なケースについては、専門職が中心となって、地域住民とも連携しながら、早期にアウトリーチを含めた継続的な支援を行うことといった、重層的支援体制整備事業で新

たに法定化した支援の機能を活かした体制整備が有効であるという認識が共有されています。

　こうした新たな地域福祉施策に基づく事業や、2020（令和2）年度から予算事業としている「災害ボランティアセンター設置運営研修事業」なども活用し、平時から一人ひとりの暮らしと地域社会への参加を支える地域づくりに取り組むことで、災害により地域住民が被災者となり、地域生活課題が急増した場合の対応力も高める準備が進むことが期待されます。

図2　包括的な支援体制の構築に必要な支援のイメージ

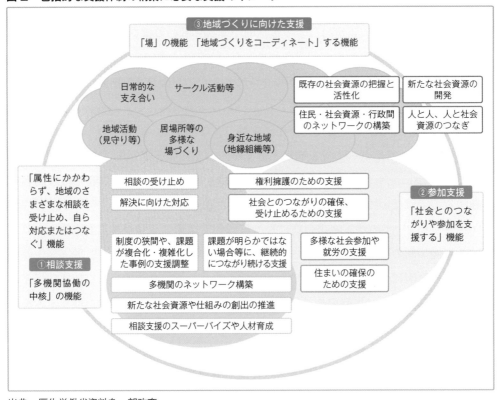

出典　厚生労働省資料を一部改変

第**2**章

生活支援相談員
活動の実際 Q&A

第1節 生活支援相談員活動をわかりやすく理解するために

　生活支援相談員の活動は、生活支援相談員だけではなく、市町村職員、社会福祉協議会（以下、社協）、関係機関が理解しておく必要があります。

　災害支援にあたり、自治体によって生活支援相談員の配置や財源などの背景は異なると思われますが、岩手県及び岩手県社協の尽力により10年余の生活支援相談員活動の実際を可視化した本章は、今後の災害における生活支援の諸場面で役に立つのではないかと考えました。

　生活支援相談員は被災者に寄り添い、被災者が暮らす地域づくりを進めるための福祉の仕事ですが、そのときの社会情勢等の影響を大きく受けることから、採用される方々の多くが社会福祉の仕事は初めてという方が少なくありません。

　また、地方自治体においては、福祉関係部局（子どもから高齢者まで横断的に）はもとより、ライフライン関係部局も、生活支援相談員が被災者に寄り添うことで果たしている役割、連携上の留意点等をよく理解しておくことが重要です。

　さらに、地域の関係者、例えば、地域包括支援センター（以下、包括）等地域の相談機関、民生委員・児童委員、ボランティア・NPOの方は、生活支援相談員の役割を理解し、協働する視点が個別支援、地域支援の両面において効果的です。

　第2節のQ&Aは三つのPARTで構成され、PART1は生活支援相談員を配置する決定する行政や所属する組織に向けて、PART2は初めての訪問を想定し、PART3では個と地域の一体的支援において生活支援相談員が直面した実際の悩みに答えるように作成しています。

　このQ&Aは、災害時の支援体制のためのものではありますが、実は市民による丁寧な訪問活動と地域づくり支援（福祉なんでも相談など、市民もあらゆる相談にのっていこうとする相談の仕組み、とりわけ、発見と気づき、福祉総合相談における訪問型対人援助活動や地域づくり支援）のヒント集の一つでもあることを読み終えた後にお気づきくださったならば、この上ない喜びです。

第 **2** 節　生活支援相談員活動 Q&A

PART 1　生活支援相談員配置の必要性
～主に配置する自治体・社協役職員、関係機関向け

Q01　生活支援相談員はどのような目的で配置されるのですか？

A01　生活支援相談員は、自然災害により、家族・親族、友人・知人、職場の同僚を失い、また、住まい、生活基盤を喪失した避難所の被災者、その後、応急仮設住宅に移り住む被災者、さらには災害公営住宅等へと住まいを変えていく被災者と周辺住民に対し、ケアを担うことを目的に配置されます。

解説

　生活支援相談員の名称で初めて配置されたのは、新潟県中越地震（2004（平成16）年）、新潟県中越沖地震（2007（平成19）年）で、社協の職員となった数十名が生活支援相談員として採用されました。新潟県における財源は県の復興基金でした。東日本大震災の被災県では、避難所で暮らす人々が、2011（平成23）年6月頃以降、応急仮設住宅の完成とともに、順次、引越となることから、そこで生じる不安や社会的孤立、孤立死を防ぐための見守りや相談、地域交流を図ることを目的として、生活支援相談員を配置することとなりました。

　被災者に対しては主に見守り、情報提供、関係機関へのつなぎ役として、さらに地域社会、コミュニティ、住宅群のなかでの孤立防止、孤立死の防止を図るため、家庭訪問や地域交流等を進めます。あわせて、周辺住民に対しては、被災者が移り住むコミュニティ形成における相談、地域支援等地域づくり活動を進めるなど、地域コミュニティ、福祉コミュニティ形成をサポートする身近な相談相手として地域づくりの役割が果たせることを目的に、国の支援を受けて配置されるものです。

　生活支援相談員は家庭訪問を行い、いわゆる「なんでも相談」に近い形で被災者の生活相談、暮らしの不便や不安の解消、見守りを行ったり、閉じこもり防止のため地域で運営するサロンなどに誘ったり、解決が必要な課題に対しては、各種制度やサービスの情報提供、関係機関へのつなぎを行ったりしながら、被災者の伴走者として、孤立防止と生活再建が自身でできるようにサポートします。

　相談活動の初期やフェーズにより生活の変化があった際、もっとも重要なのは家庭訪問です。相談窓口を設置して待っていても、被災者は必ずしも来所できる人ばかり

ではないからです。相談窓口に来ない背景には、そうした支援者を知らない、喪失感や悲しみから閉じこもりになっているなど、さまざまな理由があります。そのような方々を独りぼっちにしないため、全戸訪問やローラー作戦と称し、応急仮設住宅全戸の状況を確実に把握し、必要な支援やサービスにつなげ、被災者の心に寄り添いながら社会から孤立させない取り組みを行う専門の相談員が生活支援相談員です。生活支援相談員は、激甚災害を受けた被災地では必要とされる社会資源です。

Q02 生活支援相談員の役割はどのようなものですか?

A02 訪問活動と住民同士の関係づくりなど、地域支援活動が中心です。生活支援相談員の役割が評価され、職歴は社会福祉士の受験資格を得るための実務経験として年数の算入が認められました。

解説

生活支援相談員は、支援を要する被災者の避難時から生活再建までの生活を支えながら、同時に、彼らが地域で孤立せず、住民同士のつながりのなかで安心安全に生活できる地域づくりを進める専門の支援員です。

そのため、被災者宅への訪問活動を主体に、見守り、暮らしのサポート、傾聴等による心のケアなどの個別の支援を行うとともに、閉じこもり防止や住民同士のつながりづくりを進めるため、関係機関等と連携、協働しながらサロンや各種イベント開催等を通じて被災地の地域づくりの取り組みを進めます。

東日本大震災では、生活支援相談員等が長期避難を続ける被災者に寄り添いながら、見守り等を担いました。この相談業務を通じて、多くの経験とノウハウを身につけた人材に成長した相談員が岩手県からも多く輩出されました。復興庁ではそうした実態に注目し「今後、高齢者のケアが重要な課題となる地域にとって重要な人材であり、その経験が福祉分野でのキャリアアップにつながる仕組みについて、被災者支援の「総合対策」（2015（平成27）年1月策定）において、対策の一つ」に位置づけられ、復興庁から厚生労働省に検討が要請され、結果、新たに生活支援相談員としての職歴は、社会福祉士国家試験の受験資格を得るために必要な実務経験として、算入が認められること（同年度国家試験から適用）となりました。生活支援相談員が、主に被災者に対するソーシャルワーク実践を地域で行ってきたことが評価されたのです。

国では相談員に対し「長期避難を続ける非常に多くの方に集中的に対応され、見守りや相談業務において高いノウハウも身につけられた人材が多く輩出されてきている。これらの方々は、今後、高齢者のケアが重要な課題となる地域にとって重要な人

材であるとともに、大規模な災害にしばしば見舞われる我が国としても大切な人材である。また、このような活動が評価される仕組みを設けることにより、活動される方々のモティベーションを上げることもできるものと考えられる」と評価しています。

Q03 生活支援相談員の配置人数、体制の考え方を教えてください。

A03 災害の規模、市町村の規模、財源等さまざまな条件から配置人数は導かれることになります。しかし、訪問活動を行うことを考えると、少なくとも、二人一組で活動できるような体制の確保は考慮される必要があります。

解説

　避難所暮らしを経て、応急仮設住宅に住まいを変えた被災者への当初の生活支援相談員の主な活動は、被災者宅への訪問活動です。災害の規模、市町村の日常生活圏域、地区社協の数、小地域福祉活動のエリア等を踏まえ、かつ、二人一組で活動できるグループづくりなど、エリアごとのチームケア体制の確保を検討します。そのための生活支援相談員の配置を検討するにあたり、業務の統括、助言・指導ができるリーダークラスの生活支援相談員を配置することが理想的です。なお、岩手県の場合、定められたルールはありませんが、概ね生活支援相談員10名に対して1名のリーダーが配置されています。

　なお、応募時に専門資格保有等を要件とした場合、応募数が少なく、結果的に被災者支援活動の開始が出遅れるという事態が想定されます。募集時は過度に福祉、医療の専門性を求めることは避け、採用後に研修に厚みを付けて、実践を重ねて養成する体制をとることが現実的です。立ち上げ時は、すべてを新規採用にするのではなく、相談業務や地域活動に経験がある職員の異動や出向等、リーダー配置も含めた体制づくりを進める必要があります。

Q04 生活支援相談員の支援体制（県社協、市町村社協等）側には、どのような知識、態度が必要ですか？

A04 支える側にとって大切なのは、助言指導に加え、生活支援相談員の悩みに共感すること、悩みや不安を発信できる機会を作ることです。支援者側は、現場に学ぶ姿勢を忘れず、これまで培ってきたネットワーク、経験、知識、技術を惜しみなく提供しましょう。都道府県社協が支援する場合は、実態把握、関係者との連絡調整や交渉、中期的視点に立って、市町村ごとのバラつきが

出ないような配慮を行いましょう。

　生活支援相談員は被災者の悲しみ、怒り、諦念、呻き、不満、自責、喜び等々、日常では考えられない多種多様な人間の感情に遭遇します。一番つらいのは、解決策が見いだせず、生活支援相談員自身が無力さに苛まれてしまうことです。このような感情は他者が解決できるものではなく、被災者自身が解決できるよう想いを馳せ、寄り添い続けることが大切です。生活支援相談員を支える側にとって大切なのは、助言指導に加え、生活支援相談員の悩みに共感すること、悩みや不安を発信できる機会を作ることです。また、これまで培ってきたネットワーク、経験、知識、技術を惜しみなく提供してください。

　加えて、広域で県内全体を支援する組織の役割（例えば都道府県社協）は、被災者支援においては、（地域性、その地域の独自の判断によるものを除き）各市町村の支援体制にバラつきが出ないように一定の標準的な量が確保され、支援の質が向上される仕組みを構築しながら、常に現場の状況を把握して、個別または全体的にサポートする体制を確立することが求められます。

　また、生活支援相談員の事業は現時点では、生活支援相談員の雇用は単年度、さらに配置は中期的に見ても時限的な制度となっていることから、国や県からの財源は常に影響を受ける場合もあります。このことから、実態や必要性を可視化し、国、県、市町村と連絡調整するにあたっては、生活支援相談員の配置の必要性を定期に確認しあう取り組みを進めるとともに、特に、国、県、市町村の復興施策の動向についても、担当者等と日頃から情報共有を密に図る必要があります。また、収束期においては、中長期的な視点で生活支援相談員活動の在り方を検討しておくなど、市町村における地域福祉の推進につなげていく取り組みまで意識して、かかわることが大切です。

PART 2　初めての訪問活動
〜初回、2回目の訪問で特に気をつけたいことは？

Q05 私たちは、生活支援相談員になりました。どのようにこの仕事に臨めばよいでしょうか？

A05 「独りぼっちを作らない」「心と心がつながり合う関係を作る」ことを目的に、「あなたは一人ではない」と伝わるような訪問活動をチームで、生活支援相談員全員で進めていきましょう。

【解説】

　災害直後の混乱を経て、ようやく避難所から応急仮設住宅に住まわれる方々が増えてきました。自身も被災した生活支援相談員がいらっしゃるのでおわかりの通り、住む場所や仕事がなくなったり、健康面にも変化があったり、なにより落ち着かない毎日で、不安が募っているなかで、行政等からの情報もないという状況にある被災者の方々のお宅を訪問するところから活動が始まります。特に、孤立状況、孤立死は防がれなければなりません。

　初回の訪問では、特に次の七つのポイントを心がけ、生活支援相談員同士で励まし合って一歩を踏み出しましょう。

【初回訪問時の七つのポイント】

◎初めての訪問ではしっかりと自己紹介をしましょう。

◎できれば身分証明カードを見せることができるように用意しておきましょう。

◎必要な情報を届けるため、各種チラシやパンフレットを持参し、配布する作業を分担しましょう。

◎訪問の目的をしっかりと伝えましょう。

◎相手の顔、目を見て、できれば笑顔で話しましょう。

◎どんな言葉から始めるか、いくつか言葉の引き出しを心の中に作っておきましょう。

◎訪問する方の背景はさまざまだということを認識しましょう。

　このように、生活支援相談員の仕事（立ち上げ期）は、まずは、①動くこと（知ってもらうこと）、②（必要な関係機関、資源に）つなげること（結び手になること）からスタートするとよいでしょう。

　とにかく、顔、名前、役割（機能）を住民に知ってもらいましょう。岩手県は立ち上げ期、生活支援相談員がオレンジ色のベストを着用し、イメージを統一させる取り組みをしました。住民からは「オレンジの人だ」と言われるようになりました。

　住民に生活支援相談員の存在を覚えていただくために、たとえば、名刺サイズの紙に似顔絵や写真を入れた自己紹介カードを作るなどの工夫をして、親しみやすいイメージを提供するということもアイデアの一つです。

　「独りぼっちを作らない支援を！」生活支援相談員による家庭訪問活動では、その人にとって必要なつなぎ先の確保、そして、近隣の人々とつながりを持つことができるような結び手になりましょう。

Q06 初回訪問は、とても緊張します。何人で訪問するのがよいですか？

A06 一（はじめ）が肝心。相手にも緊張が伝わらないような心づもりと体制で計画性を持って訪問しましょう。特に平時は関係のなかった方々への訪問が多くありますので、訪問の際は二人一組がよいでしょう。

解説

　個別訪問の際、生活支援相談員が一人で訪問していけないわけではありません。二人体制で訪問するという手法は、新潟県中越地震等の取り組みを参考に、柏崎市社協等の生活支援相談員の活動、配置経験から定着化しているものです。

　生活支援相談員になる人は社会福祉の専門職ではない場合が多く、また、専門職であっても被災者に訪問し、相談に応じる経験が十分ではないことに加え、訪問される側も相談に慣れていません。このように、すべてにおいて厳しい状況のなかで訪問することになるため、二人一組の訪問は生活支援相談員にとっては負担が少なくなると思われます。

　また、二人一組とした場合、生活支援相談員が二人ということではなく、民生委員・児童委員、保健師、地域包括支援センターの職員、仮設支援員、応急仮設住宅の取りまとめ役、地元自治会・町会の役員等、訪問先に関係がある人々と共に訪問する体制も考えられます。

　また、このような工夫もあります。岩手県内の市町村のなかには、例えば大船渡市社協では、午前中は応急仮設住宅でサロンを開き、そこに来なかった高齢者などを中心にした訪問活動を午後に行う取り組みを工夫したことがありました。ほかにも、同行訪問に、他県からの応援社協職員が同行し、岩手県民が使わない方言を使うなどして被災者と新鮮な交流のなかでコミュニケーションを図った事例もあります。

　二人一組で訪問することのメリットはまだあります。それは、必要な情報（チラシやパンフレットの入手、作成や配布など含めて）をそれぞれの得意分野や担当分野を決めて役割分担して提供すること、聞き取った情報に漏れがないように、生活支援相談員同士で確認しながら記録をとること、そして生活支援相談員もお互いを支え合って訪問先の方とかかわることで、結果として訪問先の人に緊張感を与えさせないような状況を作ることができるのです。

Q07 相談活動において、なるべく避けたほうがよい生活支援相談員の対応は
ありますか?

A07 主導権をとってしまうような態度、言葉掛けは避けましょう。そのためには、
待つことと、丁寧な観察を意識しましょう。

解説

　ゆっくりと、丁寧にお話をうかがいたいと思う気持ちと、訪問時間の制約もあり、
ついつい話を先に進めていきたくなる気持ちもあるのは事実でしょう。そうすると、
せっかちな話し方、畳みかけてしまうような話し方、断定して聞いてしまうなど、結
果として、こちらが主導権をとってしまうような相談となってしまいます。

　なぜ、主導権をとるといけないのかというと、生活支援相談員側が先に先に話を進
めていくことによって、相談者(本人)が問題解決の主体であることを忘れてしまう
からです。

　きつい話し方をしたり、決めつけたような話し方をしないよう、日々の訪問の終わ
りに、チームでお互いの相談のしかた、言葉の掛け方の特徴やうまくいった相談の流
れを振り返り、話し合い、学び合いながら、修正することが大事です。

Q08 2度目の訪問時です。ドアが開きましたが、会話に詰まってしまい困りま
した。どんなことを話したらよいのでしょうか?

A08 まだ、2度目の訪問ですね。生活支援相談員であることを先方は理解してく
ださっているでしょうか? まずは、顔を覚えてもらいましょう。そして、
相手の警戒心をほどき、訪問する目的をきちんと伝えましょう。

解説

　2度目の訪問ですから、初回訪問のときよりも相手の表情や対応の変化があるかも
しれません。初回訪問は自己紹介や訪問の目的を伝える程度だったかと思いますが、
2度目は、お久しぶりです、お元気ですか、応急仮設住宅の暮らしはいかがですか?
お食事はとれていますか? など、さらに質問する内容を深めていきましょう。

　訪問の目的が達成されたら、またお会いしましょうといって、再会を約束すればよ
いのです。会話に詰まった場合、無理に訪問時間を長くする必要はありません。

　ここで、改めて生活支援相談員の役割を振り返ってみましょう。生活支援相談員の
行う訪問活動にはどのような支援があるのでしょうか。筆者らが作成したテキスト『生
活支援相談員の手引き』(全社協)を参考に、岩手県内の生活支援相談員活動と結び

つけて以下の7点に再構築しました。

（1）見守り支援

　見守り支援は、定期、不定期の訪問活動を通して、情報提供、孤立防止、孤立死や自殺防止、日常生活の変化の察知を通して精神・身体的な支え（①健康面、②精神面、③日常生活場面、④話し相手、⑤サロンなどの通いの場での見守り、⑥さまざまな生活課題（引越、家族内やご近所付き合いなど）の把握を行うもので、生活支援相談員活動の中心ともいえるものです。

　特に孤立死、自殺の防止は重要な取り組みです。応急仮設住宅、災害公営住宅などで自死が起こりました。被災者すべての人が当てはまるわけではありませんが、大切な人を亡くした人、生きる意欲を失った人、周囲から孤立した人などに監視・見張り役ではなく、見守り役として生活支援相談員が関係機関と連携しかかわってゆくのです。

（2）経済的支援（義援金、支援金他生活福祉資金貸付制度に関する相談）

　特に被災直後は、当座の生活のためのお金をどうするかといったことなど、深刻な状況に対する情報提供が必要で、その後、再建に関する制度の情報が確実に届くためのつなぎ役を市町村や市町村社協等を補完する形で行うものです。

（3）福祉的支援（福祉サービス、その他生活支援サービスの利用相談）

　保健医療福祉サービスが必要な人に対しては、制度による福祉サービスのほか、市町村独自の生活支援サービスにつなぐことを通して福祉的支援につなげる役割を担います。

（4）支え合い支援（近隣住民のたすけあい、ボランティアの調整）

　社会福祉サービスのほかにも、それまでのご近所同士のつながりが途絶えてしまった人々には、近隣住民同士のたすけあい、ボランティア・市民活動団体による生活支援活動へのつなぎ等を行います。

（5）直接的生活支援（頻回の見守りも含む）

　被災者のなかには、社会福祉サービスの対象ではない人（若年層、介護の必要がない高齢者層など）、支え合い支援が届かない人、制度上の支援を拒絶する人がいます。つなぎがうまく進まない場合、生活支援相談員自身が頻回の定期的な見守り、相談相

手となりながら、社会福祉サービスへ移行する調整、直接支援も想定したかかわりを行います。東日本大震災の被災地では、社会福祉サービスは利用しない、拒否するけれども、生活支援相談員なら会うという人々も存在しました。このような方々に対しては、訪問回数を増やした定期的な見守り活動も生活支援相談員の役割となります。

(6) 社会参加の支援

生活支援相談員は、社協の進める地域づくりと連動して、支える側の人づくり、人の発見もしていきます。サロン活動、就労など、社会的役割につなぐ活動を担います。

(7) 消費者被害への対応、権利擁護の調整

被災地では、被災者の不安につけこみ不要な工事の契約を結ばせるなどの消費者被害がおこることが考えられます。住宅に見慣れない人物が出入りしていないかどうか注意するとともに消費生活センターなどの関係機関と連携します。また判断能力が十分でない人の場合は、社協の実施する日常生活自立支援事業へのつなぎ等関係機関との連携を行います。

Q09 「何かお困りのことはないですか?」と尋ねたら、「あなたに解決できるのか!」と怒りをぶつけられました。どうしたらよいでしょうか?

A09 怒りの表情も含めた言葉をぶつけられたとき、一律にこのように対応しようという、ある意味単純な対応策をとろうとするのではなく、その人の発した言葉の意味を表情も含めて受け止めながら「この方のおっしゃりたいことは何だろう」「緊急性はあるのだろうか」あるいは「もう少し時間をかけてお話を聴かなければならないかもしれない」と気に留めながらチームで感じて、聴いて、共有していきましょう。

解説

家庭訪問では、その人や家族の困りごとを把握したいために「何かお困りのことはないですか?」と尋ねることが多いと思います。初めから、なんでも答えられる知識を持ち合わせていたらそれに越したことはありませんが、そのような人はほとんどいません。

では、どうすればよいか。まずは、被災されている方の相談を受ける者としての役割として、①行政の発信する被災者支援の情報の入手と、それをわかりやすく説明できるようになること、②地域の社会資源に関する知識があり、つなぐことができるこ

と、③そのほか、地域特有の情報等について、定期的に生活支援相談員同士で打ち合わせや学習会をするなどして、知識を貯めていくことが必要です。

　また、一方で、何事も初めは手探りです。どのような相談が持ちかけられるかわからないという前提でかまいません。むしろ、わからないから始めていく、悩みを教えていただくことから、被災者の持つ生活課題を把握するという態度であることも大切です。

　災害の後、避難所、応急仮設住宅、みなし仮設住宅、自立再建、災害公営住宅等住まいの移行時期や地域の再生・復興の段階や状況を踏まえ、今、目の前にいる人は、どのようなこと、何に支障があるのか、そして、繰り返される喪失感、悔しさ、焦り、憤り、どうしようもない気持ちを生活支援相談員に怒りをぶつけながら語ってくれているという状況を察するのです。ただ、内容が緊急事態（生命、生活困窮等）の場合は行政他関係機関に速やかにつなぎましょう。

　つまり、一問一答のような相談ではなく、その方の様子、顔色、お話しされる口調、異変などを五感で受け止めていくような相談をし、「何かお困りのことはないですか？」という言葉を「また会いに来ました」「お元気そうですね」「会えて嬉しいです」「最近はいかがですか？」というように、言葉を変えて声掛けしていきましょう。

Q10 ドアをノックしたら、不在の様子でした。確認するための工夫はありますか？

A10 次の訪問の約束をしましょう。「不在票」をただ置いて帰るのではなく、生活支援相談員の名前を書いたり、「お会いしたいです」とひと言添えたりして、「あなたに会いたくて来ました」ということが伝わるようなメッセージ性のある、生活支援相談員の願いを残した訪問をしていきましょう。

[解説]

　ドアをノックして不在だった場合、どうして不在なんだろう、仕事に行っているのかな、畑に行っているのかな、と想像しながら皆さんはドアの向こうの人々の姿を想像されていることでしょう。

　そして、不在が続く場合、用意した不在票をメールボックスに投函する場合が多いと思います。そこで、ひと工夫をし、次回は会えるような方向を強めていきます。不在票の余白に、生活支援相談員さんのコメントを一筆お書きになってはどうでしょうか。また、生活形態により、そもそも不在の時間に訪問しても意味はないので、生活支援相談員の業務時間をうまくやりくりし、訪問時間帯を再考するといった工夫も必

要です。

　岩手県内の市町村のなかには、生活支援相談員の顔写真やイラストを添えた名刺を不在票とした事例もあります。ほかにも、対面で配布予定であったチラシなどに少しメッセージを書いて、また訪問することや何かあったらいつでも連絡を待っていることを伝える方法もあります。

　このように、不在の場合にも、何かの応答があるような働きかけをしてみることが重要です。

PART3　個と地域の一体的支援の実際
～自らの五感を活かして、市民感覚豊かな訪問活動と地域づくり支援を！

Q11 家庭訪問において、信頼関係を作って、なんでも相談してもらえる生活支援相談員になるにはどうしたらよいでしょうか?

A11 定期的に訪問し、親身にかかわることです。生活や福祉課題を解決するためのつなぎ先である地域の諸機関とも、社協職員であることを活かし、普段から関係性を構築する努力を重ねましょう。

解説

　相談援助活動において、両者の信頼関係を作っていこうとする態度は、何事においても大切なことです。しかし、訪問先は震災を契機にむごい経験をした人、家族です。初めは拒絶、なぜ来たんだ、何をしてくれるんだ、お金をくれるのか、仕事をみつけてくれるのか、流された家を返してくれるのか、亡くなった家族に会わせてくれるのか、なんのために来たんだと怒りや悲しみをぶつけられることもあり、ある意味とても重たい相談を受けることになります。生活支援相談員が扉をたたいたとしても、相手の扉は固く閉ざされた状態が続くと、いつになったら関係が変わり、信頼関係を作ることができるのだろうか、と思い悩みます。

　重たい課題だけれども、簡単には解決しないかもしれないけれども、時間もかかるかもしれないけれども、よい方向に行くかどうかもわからないけれども、いずれはなんらかの方向に進んでいくという気持ちを生活支援相談員自身は崩さないでください。

　特に生活支援相談員の態度が崩れてしまうことは避けなければなりません。そうした意味でも、生活支援相談員のバックアップシステムを構築しておきましょう。バックアップシステムとは、生活支援相談員の仲間、社協職員、関係機関の専門職、民生

委員・児童委員等、何か困ったときに知識を提供してくれる人、そしてあなたを気遣ってくれる友人や家族などです。

Q12 ノックしても出てこない家があります。どうやら居留守の様子。どうすればよいでしょうか?

A12 心に響くファーストノックは生活支援相談員の私たちから発信しましょう。居留守には何か理由があります。そこも踏まえて、ノックをしていきましょう。

解説

　相手との波長合わせも大切です。こちらはどんどん相談を進めようと思っていても、先方には先方の生活があります。相手が疲れているのか、気持ちが沈んでいるのか、居留守という反応、つまり、扉を開いてくださらない理由は複数あることを理解しながら考えていきましょう。

　たとえば、働いていて、家で休息をとっており、困っていない、むしろ疲れているので生活支援相談員の訪問は遠慮したいという場合です。夜勤の仕事であったり、子どもを学校に送り出してホッとしているときに訪問されれば居留守を使いたくなるのも当然です。こうした場合は、こちら側の都合や時間で訪問するのではなく、何か心配があった際に連絡していただけるような関係さえできれば、訪問にこだわる必要もありません。

　では、どういう人々を心配するかというと、震災を契機に、あるいは、震災前からの事情も含め、ふさぎ込んでしまっている人、哀しみ、喪失感、家族間の課題で思いあぐねている人、すでになんらかの重要な局面をむかえ、誰にも相談できない状態の人、あるいは、一人暮らしで体調管理が十分ではない人、認知症の発症が疑われる人、精神障害で通院や服薬をご自身の事情で中断している人などです。

　そうした方々の居留守、つまり、シャッターが閉まっている状態にはさまざまな理由があるということから、次の動きを考えていきましょう。ご本人に会うにはどのようにかかわりのきっかけを作ればよいか、ご近所付き合い、ご近所の方はその方の情報をお持ちか、関係機関にすでにつながっている、あるいは、以前つながっていたことがあり、そのときの状態はどういったことだったのか、つまり、ご本人とご本人を取り巻く周辺に関心を寄せながら情報を手繰り寄せ、そして、ご本人に誠意を持ってかかわっていくという姿勢を貫いていきます。時間がかかるかもしれませんが、ふっと扉が開く瞬間があります。一人で抱え込まず、じっくりとかかわっていきましょう。

Q13 訪問を続けると、だんだん相談内容が深くなります。生活支援相談員の態度等で心がけることを教えてください。

A13 相談はかかわる力と捉える力の2本のレールの上を走るようなものです。私たちがその人の人生を決めるのではなく、私たちの情報や力をその人が活用しながら、自らの生活を自らが作っていくお手伝いのために相談はあります。また、必要な資源につなぐことで生活支援相談員のみで解決できないこともあることを理解することが重要です。このことから、生活支援相談員は相手の訴えに気づく、相手の望んでいることを受け止める、共感を持って理解しようと努める、家族で暮らしている場合は家族全体の様子をさりげなく観察するといったことも必要です。あくまでも、生活支援相談員は話を聴く役割であることを忘れないよう心がけましょう。

解説

　相談や地域福祉の仕事が初めてという生活支援相談員は、現場に飛び込み、さまざまな相談を受ける機会を重ね、人と環境を実感しながら理解していくなかで、相談内容の深さ、自立支援にどうかかわっていけばよいのか、自身の態度や方法について疑問を持ったこと、自分だけではなく地域の機関との連携の必要性に気づいていきます。これは市民がソーシャルワークに参加し、学んでいくプロセスにおいてとても重要な過程です。生活支援相談員は話を聴く役割であることを忘れてはいけません。そして、つなぐ先を確実にするということと、つなぎきるまで終わらせないということです。

　聴く力には、言葉を聴くだけではなく、言葉にならない（言えない）ものもあります。五感で感じ取っていきましょう。あらためて、生活支援相談員として、家庭訪問をするときのドアの開け方、家の様子、におい、音（耳）騒音などを感じとっていきましょう。こうした日常生活の変化の察知は、民生委員・児童委員の訪問、日常生活自立支援事業の生活支援員の訪問、住民参加型在宅福祉サービスの友愛訪問等市民活動にも共通する態度、視点です。

Q14 訪問時、相談の最中に沈黙がありました。どうすればよいかわからなくなり、焦りました。

A14 沈黙も言葉なのです。沈黙の持つ意味を読み解きながら、かかわりを続けていきましょう。

解説

　問い詰めた相談により沈黙してしまった場合はその相談自体に課題がありますが、ここで考えていきたいのは、もし、話の流れのなかで沈黙が生じたのであれば、その沈黙は壊さなくてもよいのです。生活支援相談員は焦ってしまうかもしれませんが、沈黙の持つ意味を読み解きましょう。沈黙は、どう話せばよいか躊躇しているとき、心の準備をしているとき、拒否しているとき、困ってしまいどうしたらよいかわからなくなっているとき、涙を流しながらの沈黙もあるでしょう。生活支援相談員が思う以上に、沈黙とそれを読み解く時間は必要かもしれません。

　生活支援相談員は、間の取り方、相手のためらいに気づく、顔の表情に気づく、声の高さ・低さ、速さ・遅さ、語尾にも意味があることを意識しましょう。そして、傍らにあるという態度を保ちながら「あなたの今の気持ちを言葉にしてみるとこういうことですか？」と絵解きをしてみることもできます。そうしていくなかで怒りをぶつける人もいます。涙を流す人もいます。わかってくれたと言ってくれる人もいます。「あなたには私の気持ちがわかるわけがない」とやり切れない思いをぶつけてくるかもしれません。怒りなどはあなたへの苦情のように聞こえても、実はそうではないかもしれません。なぜなら、沈黙には意味があるからです。その人の怒りや悲しみを受け止める存在を、生活支援相談員が果たしているからです。

　こうした相談の後は、生活支援相談員も疲れが増幅することがあります。バックアップシステムを発動させ、しっかりとオンオフを作り、ご自身の胸の中に閉じこめないようにしましょう。

Q15 多くの被災者が身近な方を亡くされました。そうした悲しみに生活支援相談員が寄り添うときの態度を教えてください。相談で、大事な人を亡くされた話をされ泣かれていました。生活支援相談員も一緒に泣いていいのでしょうか？

A15 一緒に泣いていいのです。その人の悲しさをわかることはできないかもしれませんが、わかろうとすることはできるからこその涙はあってよいのではないでしょうか。

解説

　生活支援相談員が受け止める相談には、お子さんや配偶者の死といった大切な人を亡くした話や、何もかも失ってしまい、生きる希望がないといった壮絶なエピソードがあります。

　特に発災直後は家族、親族、友人等の身近な人を亡くしてしまった人、行方不明に
なっている人、長く住み続けていた場所に戻れなくなった人、戻れない可能性がある
人、仕事を失ってしまった人、今までのライフスタイル・文化・趣味・人間関係を失っ
てしまった人からの相談が多いでしょう。

　また、発災から数か月経過した頃は、これらに加え、転居して仮住まいをしている
人、転職した人、商売がうまくいかない人、経済的困難に直面した人、心身に不調を
訴える人、心身に障がいが生じた人、つながりをなくした人、生きがいを見失った人
の声を聴くことになります。

　そこで、生活支援相談員の立ち位置と目的は、暮らしを取り戻すために一緒に伴走
すること、被害を受けた人としっかりとコミュニケーションをとることです。被災地
の人々に寄り添う活動やつながりづくりといった活動を進めることは、住民活動を応
援するために行う活動です。地域を再生することが目的ですが、そのなかで、大切な
人の死について語られたとき、どうかかわっていくか、そこにやりきれないものがあ
ることを共有していくつらさに直面します。

　そこには「看取る」あるいは「弔う」といったことができぬまま、心の準備もでき
ず、想像もしなかった一瞬の出来事をきっかけに別れざるを得なかったという現実が
あります。亡くなった今もその人の心のなかに生き続けているということに留意しま
しょう。

　2020（令和2）年初頭より世界的に感染が広がった新型コロナウィルス感染症にお
いても、面会禁止等により看取れぬまま、火葬にさえ立ちあえず、最期の別れができ
なかった人々がいます。三密の回避といいますが、人と必要以上に会わないようにす
るという行動は、人々の間に孤独を作ることであり、人間本来の歩みとは反対のこと
を社会全体で取り組もうとしているのです。人間は一人では生きてゆけないことを強
く実感する状況にあります。そのようななかで、岩手県、岩手県社協では「新型コロ
ナウイルス感染症対応に係る生活支援相談員活動マニュアル」を作成し、さまざまな
形で活動の継続を試みています。

　いずれにせよ、生活支援相談員は「あなたにまた会いたい」「今日も会えてよかった」
と伝える存在であってほしいです。

Q16 相談相手の訴えと生活支援相談員が課題ととらえたことが違うときは、
　　　 どのように対応すればよいでしょうか?

A16 面接の主導権は私たちにはないということを改めて理解しておきましょう。

　まず、確実におさえておかなければならないのは、相談は、相手の訴えから入り、その内容に生死にかかわる緊急性がある問題の場合は、生命の安全を優先し、行政、警察、病院などしかるべきつなぎ先に連絡します。緊急時、危機状況の対応は例外的に生活支援相談員・相談機関が主導するのです。

　次に、相談相手の訴えと生活支援相談員がとらえた課題やその方の支援において必要だととらえたことが違う場合です。もしかすると、ケアマネジャーや行政の福祉職等福祉関係者とケースの話をする際に、ニーズという言葉が出てきたかもしれません。ここでいうニーズとは、多くの場合、客観的なニーズを指します。客観的とは、専門家などが考えやある一定の基準に基づきその人の状況がよくない場合に、支援が必要（ニーズがある）という考え方です。また、ある一定の基準とは行政等で定められている、例えば、介護保険制度による介護サービスを利用するための基準などです。

　生活支援相談員は、高齢者、障害者等の福祉サービスの調整を具体的にする立場にはありません。そうしたニーズがきちんとサービスに結びつくかという観点と、ケアマネジャーや相談支援事業所、行政につなぐ役割があれば十分です。一方で、そうした制度上の支援ではないニーズの理解の仕方は、生活支援相談員が持つべき大切な視点になります。それは、その人ご自身の主観的なニーズ、ご本人がどのような望みがあるか、どうしたいか、どう思っているか、というものです。逆に、拒否的、必要ないという考えも同様に存在しています。

　こうしたものに、生活支援相談員はどのようにかかわっていけばよいかというと、その人に課題が生じたとき、その人が潜在的に持っている力を見ようとする視点、その人が自らの力で利用できそうな支援を探すことです。生活支援相談員がすぐに引き取って結論に至ろうとはせず、生活支援相談員の自己判断は避けることが大事なのです。それは、援助する側、援助される側という関係性を作らない相談の姿勢です。援助する側、援助される側という関係性を超えて、パートナーとして相談を進めることが大切です。なぜなら、その人が自らの力で、生活支援相談員や地域の社会資源の力を借りて自立した生活を営んでいくという、本人の主体形成を大切にしたいからです。弱さのなかにこそ力を発揮する内在的な力、可能性があります。本人をエンパワメントする視点を大切にしなければなりません。

Q17 応急仮設住宅で暮らす一人暮らしの方が孤立しているようです。孤立を防ぐために、生活支援相談員にできることは何でしょうか？

A17 孤立とは、社会的孤立、地域の中で孤立状態にあるということです。孤立を防ぐための生活支援相談員の取り組みはとても重要です。その人にかかわりながら、周りの人とのつながりがあるかを確かめながら、さりげないつながりづくりと、小さな社会資源づくりをしていきましょう。

解説

　孤立と孤独とは違うと言えます。孤立するには理由があります。例えば、震災を理由に突然一人暮らしをせざるを得なくなった人、応急仮設住宅への引越先に誰も知り合いがいない状況になった人、長い間一人でいることに慣れてしまった人などは、孤立しやすい状況にある人たちです。

　なかでも、突然一人暮らしをすることになってしまった人、それも、慣れぬ場所、新たな地域、コミュニティもない状況にある人は、その前までは濃い関係で生きていたならば、一人暮らしに慣れるまでの期間がない状況で、突然の事態に戸惑うはずです。

　今後、日本社会は一人暮らしがさらに増加することが見込まれ、一人暮らしに慣れていくということは大事かもしれませんが、それは、一人でいる時間があることは当然としても、ずっと一人でいることに慣れるということではありません。むしろ、地域福祉を進める生活支援相談員は、さりげないつながりづくりを意図的に仕掛けていくことが重要です。

　「寂しくて、寂しくて、寂しくて仕方ありません」とメッセージをした女性がいます。その女性は続いて「助けてください」と重ねます。さらに孤立が常態化すると、こうした寂しささえ伝えることをしなくなり、自死念慮がより強くなる可能性もあります。

　生きることに疲れていたり、生きる意欲を失いかけている方に、さりげないつながりづくり、例えば、サロンやお茶っこ等に誘ったり、無理なら訪問を重ねていったりしながら、その人とその人に関連する情報を集めて接近していきましょう。また、生活支援相談員が知らない生活場面での人とのつながりがあるかどうか、周りの人とその方との関係性があるかどうかも確認できる機会を探りましょう。当初、生活支援相談員が把握していなかった地域の相談者がその人にはいるかもしれません。そうした場合は、完全に孤立しているのではなく、その人自身が何か困ったときに相談する相手がいる、そして、解決のための相談相手を手繰り寄せる力があるということにもなります。

また、孤立状態の人への物理的な環境整備もその人が孤立しない状況につながります。サロンやお茶っこ、見守りネットワークの形成など人的資源だけではなく、ペット、あるいは、毎日通える田畑など物理的なつながりもとても重要です。もし、もともとは一軒家で庭で畑をしていたのに、災害公営住宅に住むようになりコンクリートと鉄の扉の家で常に鍵を閉めて暮らすという、それまでと環境が大きく変わってしまった人が孤立状態になっている場合、以前の畑仕事まではいかないけれども、土がいじれるような、その人が生きていることを実感できる小さな社会資源を地域社会に作っていく、つまり、その人と、その人に関連する情報を集めて「あったらいいな」と思える社会資源を作っていくということが訪問の次に重要なことになります。「あったらいいな資源」をみんなで話し合って見つけていくことも大切なのです。

　このことから、生活支援相談員には、被災者支援と被災地支援の両方が必要なのです。地域支援だけでもダメ、地域支援こそが社協の本来の役割という発想や発言もダメ、声掛けの訪問、うめきへの応答、そのうめきを吟味する、哀しみ、虚しさ、つらさ、また、弱さの持つ力にも心を寄せて、そして、行政の役割と民間の役割、ボランティア・NPOとのかかわり、連携、協働を進めていきましょう。こうして被災地では、よってたかって支援を継続するという姿勢のなかに、社会的孤立状態の人がもう一度地域社会の中で生きていることを実感できるようなお手伝いができるのです。

Q18 訪問先は家族全体になんらかの課題がありそうです。どのようにかかわり、支援していけばよいですか？

A18 一人だけでは整理できない状況だと思われます。チームで共有するために、まずはみんなでアセスメントしていきましょう。課題が大きい場合は、事例検討することをお勧めします。そのとき、家族関係図と社会資源関係図を作り、それをときどき更新しながら共有して、個人、家族、地域社会を理解していきましょう。

[解説]

　特定の方から、あなただから話すと言われ、結果、長時間話を聞くことが増えていくのも家庭訪問の相談の特徴です。一人暮らしで寂しいという方もいれば、家族で暮らしている方で、家族がいないときに本音を語るといったさまざまな相談があります。

　生活支援相談員としても、発してくださった言葉に、なんとかしてあげたいと思います。では、こうした場合、生活支援相談員として気を付けることはどういうことなのでしょうか。まず、こうした体験を持つ生活支援相談員は、とてもよい発見と気づ

きをされたのです。気づいて発見して解決するという支援を意識しましょう。それは、その人固有の問題なのか、周囲の人も持つ共通の問題なのかどうかということをチームで話し合ったりして判断していくのもよいでしょう。

　個人の問題として取り組んでいても、そのうち家族の問題に発展していくことはよくあります。そうすると、次は、その人が家族や周囲の人たちとどうつながっているのかについて、相談活動を通して情報を得られれば、また新たな視点、支援の方法が見えてきます。

　さて、個人、家族、地域社会を横串に刺してみていくという視点は、家族関係図（ジェノグラム）と社会資源関係図（エコマップ）（242ページ**図1**参照）を作成して理解していきましょう。生活支援相談員同士だけではなく、ときには関係者で共有して、被災者の生活、環境の変化をたどっていき、今、必要な資源を手繰りよせ、それがない場合は小さな社会資源、あったらよいなと思う社会資源を創生、創出していきましょう。

　大切なのは、一つの事例を手がかりに、①個人、家族・集団・組織、コミュニティまでを視野にいれること、②その事例について発見・気づきのシステムが地域にあること、③発見・気づいたことのなかで、実は同じような課題で苦しんでいる人、家族がほかにも何人かいることに気づくことです。これを「地域共通課題の抽出をする」といいます。ほかの生活支援相談員や関係機関も含めて、解決までの話し合いの場づくり、仕組みづくりを進めていくのです。このように、生活支援相談員が一人で抱え込まず、課題解決のために支え合う機関、資源を発見し、作り、開発する力を生み出すという「支援のネットワーク」づくりと「あったらいいな資源」づくりを一つの事例から始めていくという姿勢は、個と地域の一体的支援の一連の実践という形で考えられるようになりました。

　例えば、地域やご近所に、その人を見守っている人がいるかどうか確かめて、寄り添っている人、相談にのっている人、困ったときに手伝いをしてくれる人か、これらについて、一つの事例をもとにジェノグラムとエコマップを作り、あわせてその人の強みをリスト化するなどしながら明確にしていきます。こうした取り組みの延長に、普段活用している社会資源のリスト化、地域を点検する仲間を増やし、新たな資源を作っていくということに広がっていくのです。

Q19 生活支援相談員になる前から知り合いだった人がいる応急仮設住宅の担当になりました。どのように対応すればよいでしょうか？

A19 人口の少ない市町村、濃密な関係性のある土地柄でみられることです。しか

し、できれば担当を変えることをお勧めします。なぜなら、生活支援相談員になる前からの知り合いに対して、一方が生活支援相談員としてかかわっていくということは、専門的な援助関係が構成しにくいからです。

解説

コミュニティのエリアが狭く、昔からの人間関係、近隣関係が濃密な地域の場合、それぞれの暮らしをすべて知っていることが、関係形成やたすけあいにおいてプラスになる場合もあります。

しかし、被災者支援の場合、一瞬のうちに何もかも失い、生活すべてにおいて困窮状態にある場合も少なくなく、そうした場合は公的な制度の活用も含めた生活の立て直しをしていくことになります。知り合い同士でたすけあうのではなく、一定の距離間を保ちつつ、支援においては寄り添いながら、自立支援に導くという立場が生活支援相談員には求められます。したがって、できることなら、以前の関係がない人が担当になった方が進めやすいでしょう。

Q20 命について語られる場面に直面したとき、どのようにすればよいでしょうか?

A20 家族など大切な人を失ったことを通し、その悲しみとともに、それを超えてご本人の生死にもかかわる話をされたとき、生活支援相談員の人間としてのかかわり、反応が求められることがあります。とても深刻で、いたたまれないような気持ちになったり、話を聴けるものならなんでも聴いて受け止めようと思ったり、そのときの状況で生活支援相談員が置かれる立場も変わります。そうした話がある場合を想定して、ここでは、人生、生活、生きがいの三つの命についてお伝えします。

解説

大切な方の死について語られたときもそうですが、それも含めて、ご自身が「私は生きていてよかったのか」と語られるときがあります。東日本大震災で親族を亡くした人の多くがそう感じた瞬間を筆者も目の当たりにしました。

東日本大震災では、突然の死に直面した人、津波で命が奪われるその場にいて死を覚悟した人、自らは奇跡的に命を取り留めたものの身近には命を落とした人、自らを省みず他者を助けようとして亡くなった人がいます。筆者らは、そうした場面に直面した生活支援相談員の事例にも出会いました。もっとも印象深いケースを紹介します。

生活支援相談員がいつものように訪問すると、突然、ご自身の置かれている厳しい

現実を語り出した方がいました。生活支援相談員は心の準備をしていません。突然、とつとつと語り始めたのです。それまでは、誰も信じられず、かたくなに口を閉ざして、さまざまな苦痛をご自身のなかで味わってきた方が、生活支援相談員を前に、堤防が崩壊したかのようにさまざまな出来事を語り始めたのです。きっと、その方のつらい胸の内を、生活支援相談員は真剣に傾聴してくれるとその人が実感したからなのでしょう。被災者と生活支援相談員はともに人間として、ひさかたに人と人が出会えたように感じ、その人の自己否定の感情を超え、自尊感情を回復し、気持ちを共有できたのではないでしょうか。

しかし、数日後、その方は自死されました。生活支援相談員は大きなショックを受け、自らを責めます。そうしたとき、これら一連のこと、それぞれの気持ちをどう整理していけばよいのでしょうか。

生活支援相談員は生活場面で、見守りを通してその方の一場面に継続的にかかわってきました。そこから感じ取ったその人の生き方、その人の人生の閉じ方をどのように受け止めていくか、それを関係する生活支援相談員や事例検討会を通して振り返りたどっていくこと、学び直しをしていくことが私たち周囲にいる者ができることなのではないでしょうか。

その人の問題は、個人の問題でもありますが、今の社会に起こりうる問題として考えると、さらに見えてくることがあります。個人の問題について、その人だけが困っていることとせず、被災地の環境とのかかわりも踏まえてとらえるようにして考えていきましょう。

生活支援相談員は、善意ではなく、一人の人として精一杯の誠意を届ける仕事です。生活支援相談員は、相手を本当に理解することができないかもしれないけれど、懸命に理解しようとする態度、姿勢は持つことができます。生活支援相談員は、相手の望みを受け止め、かかわり、捉えることができます。そして、チームを形成し、そこから見えてくるもの、支え合うものは何かを吟味することができます。

このケースについては、事例検討会で振り返り、仲間同士が支え合うグループスーパービジョンの実施を続けることによって、その人の死を個人的なものにしないというまとめをしました。

こうしたエピソードを通し、人生としての命、生活としての命、生きがいとしての命という三つの命を総合して生きるということ、生活支援相談員は命にかかわっていく存在ともなりえるのです。

そうしたことを理解しながら、生活支援相談員や社協は、地域づくりにおいて、命を支え合うネットワークを作ろう、地域の絆づくりを進めよう、中学校区単位での小

地域活動を作ろう、すでに支え合い活動ができている人とのつながりをさらに活かそう、すでにいる地域のお世話焼きさん、おせっかい役さんと共に新たな仲間づくりを進めよう、世代の違う人と出会える場を作ろう、と地域にさまざまな仕掛けを作るのです。そして、命の尊さを忘れないこと、助かってよかったとお互い抱き合って喜び合い、一方で、生きてなければ今のつらさはなかったと訴える人のつらさも分かち合う存在となるのです。

Q21 多機関で行う事例検討では、どこがそのケースを担当するか、誰が引き取るかといった役割分担の話に終始してしまい、解決方法が見い出せないときがあります。生活支援相談員の心構えを教えてください。

A21 事例検討を通して、もう一度、生活支援相談員の立場を理解しながら、その人が生きている生活世界を理解するようにしましょう。

解説

　岩手県社協で実施している事例検討会は、一つの事例に2時間くらいかけて、その人の生活世界を知りながら、時系列で生活史を理解し、過去、現在、未来において、その人に何が起こったのか、どういった課題に直面したのかを確認していく作業を重ね、これからの支援方法を検討してきました。

　これらを言語化するとともに、特に災害によるその人の悲しみや痛みも理解しながら、これからの支援について考えていく道筋をとっています。

　現場では、ついつい、明日どうしよう、こういった状況の場合どう対処すればよいかといった方法の議論を急ぎますが、よりよい解決法がみつからない場合は、やはりその人の生活世界の振り返りをチームで行いましょう。振り返りは、その人がどうしたいのか、そのためにどんな課題があるのか、あるいは、どうしたらよいかわからない状況にある方に接近しようとしているのかといった現実に向き合いましょう。

　どうしても生活支援相談員が優位に立ってしまい、気づかぬうちに、相談者を弱い存在として保護される立場に位置付け、無意識に相手をコントロールしてしまうときがあります。こうなってしまうと、相談者の問題ばかりに着目してしまい、相談時、一方的に質問攻めのような面接になって、相談者の主体形成が困難になります。さらに、事務所でこのような問題ばかりを指摘するような報告を常態化させてしまうと、いくら事例検討会を開いても、次回の訪問で何をすればよいか行き詰ってしまうことがあります。

　では、どのようにすればよいかというと、生活支援相談員と被災者とのパートナー

シップ、協働作業関係の形成をめざすのです。被災当事者と支援者とで協働作業関係で支援過程の中核を作るのです。生活の主体者である被災者本人の生活プロセスを生活支援相談員が一緒に歩みながら協働作業を行います。相談者自身が問題解決する力を消失させてしまうことがないように行います。

それでも、相談者の困難の核心を理解できないときがあります。その際は、相談者と共に歩む関係、共にある関係づくりの再考が求められます。「当事者─支援者」の協働作業の関係づくりを、もう一歩、当事者の参加する関係へと発展する相互の努力のプロセスが必要になります。例えば、支援が前に進まないとき、その人に何かが起こっていて前に進まないとき、生活支援相談員は共に痛みを共有するときがあります。被災者の悲しみ、苦しみや悩み、さまざまな生活課題に寄り添いながら、痛みを共有するとき、生活支援相談員の福祉観、人間観が問われます。「支援する人─支援される人」という垂直型の人間関係が形成されやすい環境に置かれていることに留意し、今、その関係性を超えるためにどうするか、傍らに立って分かち合える人として、目の前の人を、一人の人間として尊重しましょう。その人が、今、生きているということ自体を尊重する態度を持つ、そもそも、誰にでも生きているだけで尊重される権利があるといった視点でかかわっていきましょう。

人間そのものが尊重されなければならないのです。一人ひとりの人間が持つ内在的な強さ、可能性を受け止め、共感的にしっかり理解し、生活支援相談員と住民との信頼関係が形成されれば、そこに豊かな相談場面が成立します。

東日本大震災における岩手県のこの10年の生活支援相談員活動を振り返えれば、これまで生活支援相談員は相談活動において、寄り添うことに加え、共感的に理解しようとしてきました。共感とは、潜在的な理解への絶対的な信頼のコミュニケーション力であり、否定的、批判的なかかわりではなく、支持的なかかわりです。

こうしてかかわってみると見えるものが違ってくるのです。もし、否定的なかかわりを続けたら、結果、相談も行き詰まり、その人が持っているはずの力が見えなくなり、よい面も知らずに支援が終わってしまいます。生活支援相談員は、その人が持つ力を無視せず、見出し、その人のパワーを活かすことが大切なのです。

Q22 生活支援相談員が創るものは何なのでしょうか?

A22 岩手県の生活支援相談員が創ってきたものは、分かち合う人、つなぎ合う人、一緒に涙を流す人、共に喜ぶ人であり続けようとしたことです。そして、岩手県の生活支援相談員がこれから創っていくことは、これから生活支援相談

員になる方の参考になるよう、これまでの活動の言語化です。次の災害に備え、学び合うことが必要だからです。

解説

決してきれいごとではなく、平坦な道のりでもなく、さまざまなことが生活支援相談員の周辺で、そして生活支援相談員自身のなかでも起こった10年だったと思います。

あの時から10年、生活支援相談員は被災者、被災地に向き合うことによって、被災者それぞれの生活世界、暮らし方、感じ方、息づかいにも触れたことでその人の強みがあることもみえてくる、あるいは、具体的な生の困難の現実がわかりかけてくる体験、実践を重ねてきました。

そこで生活支援相談員が見出した重要なことは、問題解決の主体者は本人自身だということでした。どの人にも強さがあり、その強さに私たちは気づく機会を生活支援相談員活動を通して得たのです。訪問活動時、相談場面では、本人の出番（本人の参加の原則）を忘れないこと、そして、勇気を出して、自分のことを語ってくれている、打ち明けてくれている人だということを忘れないこと、相談時は、まるで尋問を受けているというような気持ちに被災者をさせない、むしろ、明るい笑顔や、その人のそのときの気持ちに寄りそった表情で「あなたに会えてよかった、あなたに会いたくて来ました」とメッセージし、そして、その日のお別れでは、次に会う約束ができるような関係の繰り返しをしながら、心から目の前の人とその環境を理解しようという姿勢を示す実践を重ねてくださいました。

岩手県の生活支援相談員は、分かち合う人、つなぎ合う人、一緒に涙を流す人、共に喜ぶ人です。次、日本のどこかでまた自然災害により被害を受ける方々がおられるとき、その災害に備え学び合うことができるよう、これまでの取り組みを文字化し、伝えることがこれからの生活支援相談員の挑戦ではないでしょうか。

第 **3** 章

生活支援相談員の育成を
支える組織の役割

第1節 事例検討を軸にした岩手県社会福祉協議会の研修会、研修体系

◇ 生活支援相談員配置期における岩手県社会福祉協議会の役割

　生活支援相談員が配置された2011（平成23）年8月は、東日本大震災から5か月程が経過した時期であり、フェーズとしては避難所から応急仮設住宅やみなし仮設住宅等への入居が進んでいる時期でした。

　市町村社会福祉協議会（以下、社協）が募集した生活支援相談員の採用は大きく分類して、①介護事業所等の被災による配置転換、②被災したほかの社会福祉法人からの職員の出向、③ハローワーク等での一般求人に分けられます。

　当時、採用された方の職歴を見ると、ホームヘルパー、介護福祉士、ケアマネジャー等の対人援助職が配置される一方で、特定非営利活動法人FacilitatorFellowsが2012（平成24）年1月に大船渡市、大槌町、釜石市、陸前高田市の生活支援相談員を対象に行った調査によると、相談業務に従事したことのない人は60.9%となっており、その職業経験は多様なものになっていました。

　生活支援相談員のなかには自らも被災し、ご家族や身近な方を突如として失うなどの被災体験を有する方も多く、言い換えると、被災者としての当事者性が極めて高く、被災地の生活者の視点で課題をとらえることができる職種であると言えます。

　一方で、「生活支援相談員は何をする人か」ということに関しては、阪神・淡路大震災、新潟県中越地震、新潟県中越沖地震での生活支援相談員の活動から、応急仮設住宅等に入居する被災者の生活支援であることはわかりつつも、その具体的な手法については独自で開発していく必要がありました。

　その一つが、事務所に訪れる相談者を待つのではなく、自ら被災者を訪ね、生活課題等を把握することでした。ある生活支援相談員は当時を「何を言われようが、とにかく気持ちで行くしかなかった」と振り返っています。それは、訪問を待ち望んでくれる人がいる一方で、「何をしに来た」「あなたたちに話して何になる」「話を聞くだけなら必要ない」など、相当な叱責や怒り、あきらめの感情をぶつけられていたことが先述の言葉の背景にあります。

　今でこそ、生活支援相談員が被災した世帯を訪問することは日常的な業務になっていますが、当時は面識のないお宅に出向いて、生活状況を確認するという訪問面接の手法を心得ておらず、手法を編み出すことが必要となっていました。

　岩手県社協、そして市町村社協でも生活支援相談員の配置当初から基礎研修等は行ってきましたが、出向く訪問活動の必要性はわかりつつも、「では、どのように展

開していくか」については依然として課題が山積していました。

生活支援相談員が悩んだ支援の仕方（例）
・玄関先での面接の仕方、ドアの開け方
・情報提供の仕方、適切なタイミング
・独居の人の見守りの仕方、訪問の頻度、支援の工夫
・生活支援相談員になる前から知り合いだった人への対応
・閉じこもり傾向の人
・いつも不在で会えない人

◈ 出向く訪問活動の意義

　生活支援相談員にとって出向く訪問活動の意義とは何なのでしょうか。生活支援相談員活動を進めるなかで思うことは、被災地に暮らす人にとってもっとも必要なことは、独りぼっちではない、と実感できる地域社会になっていることです。

　被災地では、突如として自宅を失い、働く場を失い、家族や知人を失い、長年住み慣れた地域の変貌を目の当たりにしながら不安定な暮らしをしている人も未だに多くいます。

　特に長年住み慣れた地域から離れて暮らすことは、地域で支えられていた人間関係や社会とのつながりを分断することにもなり、たちまち生活に支障をきたし、とりわけ社会との接点が途切れる人も多くなります。生活支援相談員は、そのような人を個別に支えながらも、地域との関係づくりに取り組んできました。

　出向く訪問活動の意義は、早期に生活課題を把握し、必要な支援につなぐ以上に、その人とつながり続けることで、見捨てられていないということを実感してもらうことにあります。そのため、生活支援相談員は怒りをぶつけられても、拒否されても、居留守を使われればメモや伝言を残したり、物資を持って訪問するなどの工夫を続け、心の扉をノックし続け、「気にかけてくれている人がいる」「忘れてないよ」というメッセージを送り続けてきました。

　なお、訪問活動は訪問という一方向の行為ではなく、特に初回訪問時はその人の生活領域に許可なく足を踏み入れることでもあり、「訪問」自体に価値を見いだすのではなく、「支援」と「受援」の関係により行われるものであることを意識し、留意することが必要でした。

◈ 生活支援相談員に求められた考える力、学ぶ力

　生活支援相談員に必要な力として、全社協発行の「生活支援相談員の手引き」では

次のとおり整理しています。

①聴く力、寄り添う力

②発見する力、気づく力、地域で支える力

③感じる力、観る力

④つなぐ力

　岩手県社協では、その上に、「考える力」と「学ぶ力」を加えました。「考える力」とは、自ら考え、臨機応変に行動するために必要な力であり、多種多様な人々の訪問活動をする生活支援相談員にとって身に付けたい力と言えます。また、「学ぶ力」とは、知識を蓄えるということに加え、日々、活動のなかで出会う人々から学ぶ、言い換えれば「事例から学ぶ」ということです。これは、配置当初から現在に至るまで、生活支援相談員活動のご指導をいただいている山崎美貴子先生、山下興一郎先生がおっしゃり続けている言葉でもあります。事例から学び、学んだことを次の支援に活かすということでもあります。この「考える力」と「学ぶ力」を高めるために事例検討会を継続して行ってきました。

◇ 事例検討会

　岩手県の生活支援相談員研修には、必ず事例検討会を取り入れてきました。先述のとおり、生活支援相談員に採用される方々の職歴はさまざまであり、必ずしも対人援助の経験を持つ人ばかりではありません。対人援助経験と生活支援相談員活動が必ずしもイコールとは言い切れませんが、土台にある職業的価値観の違いは否めません。

　生活支援相談員の活動は、自ら出向き相談をしますが、そこには押し付けや義務といった関係はありません。むしろ何を相談すればよいのか、どうしたらよいのか、という本人でもわからないという場面に遭遇することも多く、そのようなとき、解決策を急がずに、相手のペースで関係を作っていく「寄り添う相談」が求められます。

　また、生活支援相談員に対して、攻撃的、否定的な人であっても、危害を加えたり、人格を否定するような言動等の場合を除けば、極力、見放さず、つながり続けることが重要であり、また、岩手県の生活支援相談員はそのような活動を続けてきました。

　生活支援相談員が自らの価値観で相談者を否定したり、拒否したり、業務範囲外であるという対応をすれば、その人は困りごとを外に出すことをしなくなる恐れもあり、そのような事態は避けなければなりません。とにかく相手の話を聴き、受け止め、その人に何が起こっているのかを発見し、気づきを積み重ね、生活支援相談員としての職業的価値観を磨いていくことが大切です。

　それでは、どのようにしてその価値観を磨いてきたか。それが、積み重ねた事例検

討会です。価値観の醸成には、知識や技術の習得、実務経験を重ねるだけではなく、そこに、考える力、学ぶ力が加わることが必要です。そのため事例検討を通じて、学ぶこと、考えることを体験できる場を提供したいと考えました。

当時、被災地の社協では、管理職や主軸の職員は災害ボランティアセンターの運営や施設の復旧、事業の再開等で多忙を極めており、職場内で数十人の生活支援相談員を育成していくことは相当な困難を伴うものでした。そのため、山崎美貴子先生、山下興一郎先生の協力をあおぎ、事例検討会を各地で継続的に行ってきました。

◇ 被災者から学び、被災者に返す

事例検討会では、参加する生活支援相談員から1事例を提供してもらいました。本来、事例検討を実施するにあたっては、アセスメントシート等に基づいて行われるのが基本ですが、当時、県内で1万3,000件近くの支援世帯数を抱え、1日中訪問活動を繰り返す生活支援相談員にとって、事例を作成すること自体に相当の負担感がありました。また、信頼関係を築くまでに至っていないなどの理由から、生活状況や困りごと、課題をご本人から聞くことも難しい状況でした。

そのため、事例検討会で使用する様式は講師の山下先生が考案し、岩手県社協職員と一緒に作成しました。介護保険制度以降、いろいろなアセスメント様式が専門職団体で開発されましたが、そこで使用するものよりも簡素なもの、市民誰もがソーシャルワークに参加し、何を話し合いたいかについて共有できる項目としようということで【表1】を実際の事例検討会で使用することにしました。事例を掘り下げ、気づきと発見を繰り返しながら研修を行ってきました。提出された事例の内容や課題は【表2、3】のとおりです。

また、職場内でも事例検討を実践できるよう、山下先生が地域福祉権利擁護事業（日常生活自立支援事業）における仲間同士の事例検討会向けにすでに作成されていた「事例検討の進め方」を生活支援相談員向けに改変、共同開発し提供しました【表4】。

さらに、個人の問題だけではなく、複合的な家族の問題への支援、地域づくりや社会資源開発など地域の課題への支援を進めていくため、地域福祉権利擁護事業（日常生活自立支援事業）の実施にあたり、2000（平成12）年に山崎先生と山下先生が開発された、家族関係図と社会資源関係図【図1、2】の作成と提出も事例検討会のなかで進めるようになりました。

事例検討では必ずしもイエス、ノーで答えが出るとは限りません。むしろ生活支援相談員のかかわりだけでその人の解決策が見いだせることは少なく、事例検討会では生活支援相談員による個別の支援策のみならず、地域の関係機関、地域住民と共に支

援のネットワークづくりや社会資源の開発にも主眼を置いて取り組んできました。

　当初、生活支援相談員は自分たちでは解決できない事例を抱え、困惑していました。そもそも、被災者が抱える課題を生活支援相談員のみで解決しようとすること自体に無理があったのにもかかわらず、なんとかしたいという気持ちがあっても、誰とつながって、どのようにかかわっていくかという知識や方法を知りませんでした。被災者が抱える課題を解決し、その願いを実現しようとした場合、生活支援相談員だけでうまくいくはずもなく、言い換えると、被災者が望む願いと生活支援相談員が把握し問題解決できる問題との間には大きな隔たりがあり、それが生活支援相談員にはみえにくいものでした。

　そこで、事例検討では、事例提供者と参加者が共同でアセスメントを行い、事例を掘り下げて、問題点を可視化し、生活支援相談員にできる範囲の支援を探りました。これを私たちは「とりあえずの支援」と呼んで、「とりあえずの支援」を繰り返すことで被災者が望む願いの本質に接近しようと実践を重ね、事例検討のなかに「被災者から学び被災者に返す」という本質的な意図を見いだしてきました。

　この10年間、岩手県の生活支援相談員の活動は目を見張るほどの成長を遂げてきました。それは生活支援相談員個人としての成長はもちろんですが、ここで申し上げたいのは、社協（組織）のなかに事例検討がしっかりと根付き、生活支援相談員が交替したとしても、事例検討を通じて被災者に寄り添う力、社会資源を開発する力が継承されていることです。

　これは、事例検討を通じて、被災者から学び被災者に返すことの繰り返しにより、その職業的価値観を醸成しながら対人援助の専門職としての価値を見いだしてきた取り組みであり、このことはまさに「未経験者」であっても被災地におけるソーシャルワーカーとしての領域に一歩踏み込めることの体現であると言えます。

　生活支援相談員の活動に限らず、相談者から学ぶ姿勢は対人援助職にとって不変の姿勢でありますが、岩手県では事例検討会を繰り返し、被災者から学び続けてきました。今現在、事例検討を通じて、生活支援相談員はアウトリーチを軸として、住民との信頼関係を紡ぎ、困りごと・心配ごとを把握し、アセスメントし、サービス検討・提供の一連の流れのなかで活動しています。

　さらには、住民と共に支え合いマップを作成し、見えていなかった地域の互助を可視化し、見守りネットワークとして位置づけるなどしながら、住民と協働しながら地域の見守り体制づくりにも取り掛かっています。まさに、当事者性といった被災地ならではの強みを活かした地域を基盤としたソーシャルワーカーを育成してきたと言っても過言ではないのではないでしょうか。

表 1　生活支援相談員現地事例検討 事前提出事例様式

<table>
<tr><td colspan="2" align="center">生活支援相談員現地事例検討　事前提出事例

市町村社協名　　　　　　　社協　　　氏名　　　　　　　　　　</td></tr>
</table>

【事例の題名】＜事例の内容を端的に表す＞
【事例の提出理由】＜何が気になって又は何を振り返りたくて、この事例を提出したか＞
【事例の概要】＜相談者の基本情報（年齢、性別、家族構成、各種手帳の有無、サービス利用状況、生活歴など）含む＞

【本人の主訴】	【生活支援相談員から見えるニーズ】

【経過・対応内容】
【対応した感想・振り返り】
この事例について　A. この研修で相談したい　B. 気にはなっているがこの研修ではなく個別にアドバイスをいただきたい　C. 取り上げてほしくない　（いずれかに○）

表 2　提出された事例の内容（例）

- 訪問販売トラブル
- 在宅高齢者、独居高齢者、飲酒量の増加
- 不登校
- 独居の認知症高齢者、応急仮設住宅入居者だが火をつけたまま出掛ける
- 精神疾患、虐待経験ある方
- 実兄を震災で亡くした中年男性
- 応急仮設住宅入居で隣家の生活音による不眠
- 震災で亡くなった長男の妻との関係が不調で飲酒問題が重なり、涙が出るほど将来が不安と話す高齢者
- 近隣の世話がないと外出できない。サロンに誘っても遠慮して参加しない独居高齢者
- 親族が心配のあまり毎日訪問し安否確認しているが、本人にとっては行動を規制されていると感じている

表 3　活動上の悩みや課題（例）

- 玄関先での相談の仕方、何を質問する（情報収集）のか、そのタイミング
- 必要な情報提供の仕方、適切なタイミング
- 一人暮らしの人の見守りの仕方、訪問頻度、支援の工夫
- 宗教勧誘、訪問販売トラブルを抱えている人の対応方法
- 専門職、関係機関へのつなぎ方、問題の共有、連携・協働の仕方と役割分担
- 職場内、チーム内での共有。社協活動につなげる工夫

表 4　生活支援相談員向けの「事例検討の進め方」

生活支援相談員「事例検討」のすすめ方
＜Ⅰ　導入＞（司会者による事例検討会の立ちあげ）
（1）開会、趣旨説明 　司会者は、本日の事例検討を行う趣旨を説明する。参加者（助言者がいる場合は助言者を）を紹介する。
＜Ⅱ　事例紹介・説明＞（司会者が進行する中で事例提供者が説明）
（1）事例提供者による事例説明 　1）事例提供者の自己紹介（できれば職歴や経験年数等の自己紹介） 　2）事例の提出理由（動機など）の説明 　3）事例の説明（事例概要〜基本情報〜援助経過〜まとめ・考察） 　　※この際に、事例を書き終えた後での援助経過や資料に書き漏らしたことなども加えて説明するよう司会者は促す。
＜Ⅲ　本日することの再確認＞（司会者、事例提供者）
（1）提出理由の再確認 （2）利用者の基本情報、援助経過などの明確化、共有化（司会者の進行による参加者と事例提供者との質疑応答）

<Ⅳ　事例検討のための質疑、グループ等による討議>（全員）

(1) 利用者像の具体化と共有のための作業（意見交換）
 1) （グループに分かれて質問出しのための討議を行う場合）グループメンバー同士が顔見知りでない場合はまず、各グループで自己紹介を行う。
 2) 利用者や援助者の状況や課題等ケースの全体像（臨床像）や、事例提供者が検討したいと思っている課題を全員で検討していくために、各人が知っておきたいと思った情報質疑応答する（不足している情報を明らかにする）。
 　（グループで質問出しを行う場合は、司会、記録、発表者の役割分担をする。）
 3) 事例提供者に質問する際のポイント
 　《五つのポイント：基本情報について事例提供者に質問するときの留意点》
 　①簡潔に、わかりやすく、短く質問する。
 　　（長い質問は、質問者の意図が伝わらず、提出者が答えにくくなるため）
 　②質問は一つずつする。
 　　（一度に複数の質問を行うと、その質問から発展した気づきが生まれにくくなったり、問題が明確化できなくなったりするため）
 　③複数の質問をする場合、関連する質問を少しずつ重ねて質問するなど、順序だてることも重要。
 　④質問者は、自らの感想や主観、意見などは交えず、現状・事実に基づいた答えを導くような質問となるよう意識する。
 　　（なぜなら、この段階は基本情報を共有することが目的であり、意見交換は後段で行うため）
 　⑤事例提供者が質問内容を理解できなかった場合、質問者は、質問方法や質問内容を変えて聴いてみることも心がける。
 　　その際には、質問攻めにするような質問の仕方、畳み掛けるような質問の仕方は避ける。
 　＊事例提供者は少なからず緊張しているため、事例提供者がより答えやすい状況になるよう参加者全員が協力することが必要。
 　＊司会者は、この場が単なる批判の場ではなく、これからのよりよいケアを考えるための場であることを意識し、事例提供者の自由な発言を保障し、事例提供者が感じていること、そのときの思い、振り返った今の思いなどを開示できるような場づくりに努め、参加者にもそのように促す。
 　＊質問のやりとりを重ねることで、事例提供者と参加者の関係性が良好になり、発見や気づきが生まれる場合が多い。できれば、司会者はそのような進行を心がける。

 　※司会者が予め踏まえておく枠組み（質疑応答で想定されること）Ⅶも参照
 　①基本情報（心身の状況、生活歴、家族構成、住宅状況、人間関係、被災状況など）
 　②経過情報（事実関係、出来事の展開など、実際の場面の確認）
 　③援助情報（具体的に行われた援助の内容、その経過や結果、援助者自身や援助機関・組織・チーム等の判断、評価、方針、計画などの具体的内容）

<Ⅴ　提出理由を意識した意見交換>

(1) ⅠからⅣまでの過程で得られた情報を総合的に理解したうえで、あらためて提出理由に則し、この事例の課題を共有し、事例提供者の課題を解決す方策について検討（意見交換）する。グループで話し合った上で事例提供者にアドバイスしてもよいし、個人が事例提供者にアドバイスしてもよい。司会者がどちら（あるいはどちらも）がよいか進行上判断する。

<VI まとめ>

（1）司会者による今日の事例検討のまとめにはいる。（助言者がいる場合は助言者のコメントもここでいただく）

（2）事例提供者より事例検討を終えた感想（気持ち）と、これからこの事例にどのように関わっていくかについて発表

（司会者は、援助者である事例提供者自身が最後に話したことを受けて、その日の事例から学んだことを全体の学びとして確認し、終了する）

<VII その他（司会者は、どういう視点で事例報告を聞くか。心得）>

1. 提出理由：表1（237ページ参照）の【本人の状況、本人の主訴】に主に該当

　　なぜ、多くの援助実践の中からこの事例を提出しようと思ったのか（問題意識など）を気にしながら司会をすすめる。なぜ、生活支援相談員がこの利用者・家族の事例を選んだのかということ、あるいは、この事例を提出した目的・意図、検討してもらいたいこと、強調しておきたい部分を司会者として理解します。具体的には、事例提供者や職場の同僚、チーム、関係機関も含めて「なんとなく気になっている」「なんとなくこのままでは心配だ」「どうもうまくいっていないように思う」など、すっきりしないことがあるか等も気にしながら聞く、あるいは、「どうも（生活支援相談員である私は）利用者・家族の気持ちや考えが理解できていないようだ」「すれ違っているかもしれない」「スタッフ間の支援体制がまとまらない」「このままの支援をすすめてよいのだろうか」といった、支援における具体的な課題、問題意識があるかも気にしながら進行を進めます。

2. 事例内容の理解：表1にはないが【個別支援計画シート】に該当

1）事例の概要（おおまかなあらすじ）レベルの理解

　　事例の本人・家族がどのような状況にあるかわかるかどうかを司会者として確認しながら聞いてください。

2）相談経路

　　いつ、誰から、どのような手段で、どのような内容の依頼があり支援がはじまったかを把握します。応急仮設住宅の訪問時なのか、民生委員からの情報提供なのか、お茶っこサロンで関わったのかなど、相談相手とどこからかかわり始めたかを把握します。

3）利用者のプロフィール

　　利用者のプロフィールがよくわからない場合や、詳しく聞いていない場合、あるいは詳細が不明な場合は、分かっていることが何か、不明な部分は何かを把握するという視点で聞いていきます。生活支援相談員にアセスメント自体を理解いただくかどうかは今後の課題としても主任生活支援相談員、社協のサービス提供職員レベルでは、下記の情報について把握し、分析する（アセスメント）は必要な場合が多く、司会者も下記の枠ぐみは把握しておくとよいです。

①医学的情報（診断名、既往歴、治療歴、服薬情報など）

　　発症の時期や経過を知っている場合は、それも把握。

②現在の状態（日常生活動作の状態、認知症等精神面の状態等と手帳の有無）

③家族構成、家族関係

　　家族構成は事例の課題によって、三世代を目途に、家族の年齢、性別、職業、婚姻関係、健康状態、経済状態、居住地など（事例提出上必要な場合は宗教など）を把握します。

　　なるべく「ジェノグラム」（家族関係図）にして把握します。ジェノグラムの場合は、□＝男性、○＝女性、死亡している場合は、■、●と塗りつぶし、家系図のように記述します。在宅の場合で、同居家族の場合は点線などで囲みます。事例の対象（利用者）は、◎など二重で囲み、ほかの家族と区別します。

④生活の歴史（学業、就労、結婚など）

　　わかる範囲で把握します。その理由は、利用者の生活史を把握しておくことで、利用者の理解ならびに今後の援助のヒントが浮かびあがる場合があるからです。進行上、特定の人や場所の名前はわからないように説明いただく等を伏せて記述するなど、プライバシーが保たれるように十分に配慮してください。

⑤経済状況

　　義援金、支援金のほか、各種の手当、年金、生活保護の扶助費、賃金等、通常、定期的に得られる収入や主な支出等、日常生活におけるお金の収支と、財産の状況について把握します。消費トラブルなどがある場合は、利用者・家族に関係する負債（借金）も把握します。また、生活福祉資金の貸付を希望されている場合も把握してください。さらに、就労のことも把握しておく必要がある場合は確認するかどうか考えながら聞いてください。

⑥居住環境、状況

　　応急仮設住宅、みなし仮設住宅、一般住宅などさまざまな居住形態で暮らしておられます。また、コミュニティも仮設住宅ごとに移り住んだか、バラバラに居住しているか等把握する必要があります。在宅の場合に必要な情報では、本人・家族が住んでいる（住んでいた）土地（自身の所有、借地）、建物（持ち家・賃貸、戸建て・集合住宅、賃貸の場合、民間・公営等）の状況と・本人の居室、炊事、風呂、トイレなどの生活スペースについて把握してみる必要がある場合もあります。

4）支援の経過

　　まずは時系列で把握していくことがよいと思います。利用者の状況の変化や支援内容の変更があった場合などがあれば、それも把握します。生活支援相談員のチームや組織、あるいは他機関で検討した場合はその内容も把握していきます。必要に応じて、その時々の生活支援相談員の支援の意図や、その結果に対する生活支援相談員の感想もあとで聞くかどうか考えながら聞いていきます。利用者の状態に応じて、医療機関等、福祉関係以外の機関や社会資源（フォーマル、インフォーマル）についても把握し、どのような支援がなされているか確認します。

3.　生活支援相談員としての対応：表1の【対応した感想・振り返り】に該当

　　生活支援相談員は、本人の主訴や状況に応じて、どう対応したか、事例を自分なりにまとめてみた結果、発見したことや感想、考えをまとめている部分なので、司会者は、「なぜ生活支援相談員はこの事例を提出したのだろうか、ということを意識し聞いていてください。また、今後の検討課題や対応方針として考えていることがあれば、ここで把握してください。さらに事例提供者は、どのような点を検討してほしいか、司会者なりに理解し、事例提供者とあとで確認できるようにしてください。

作成　山下興一郎（2011年）

図1　家族関係図と社会資源関係図（白票）

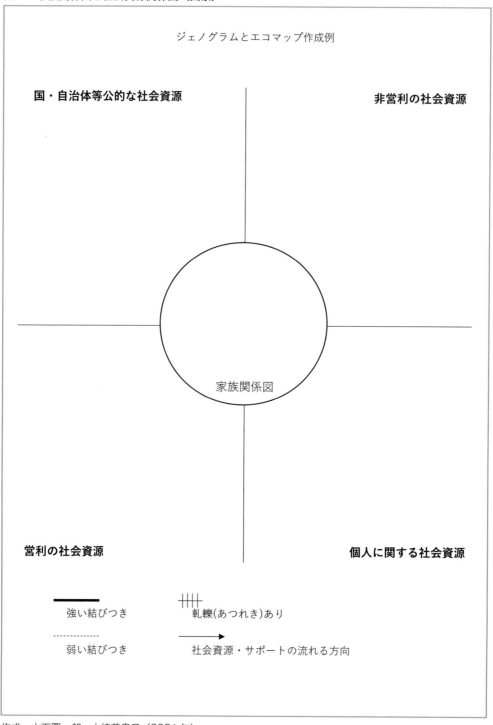

作成　山下興一郎、山崎美貴子（2021年）

図2　家族関係図と社会資源関係図（記入例）

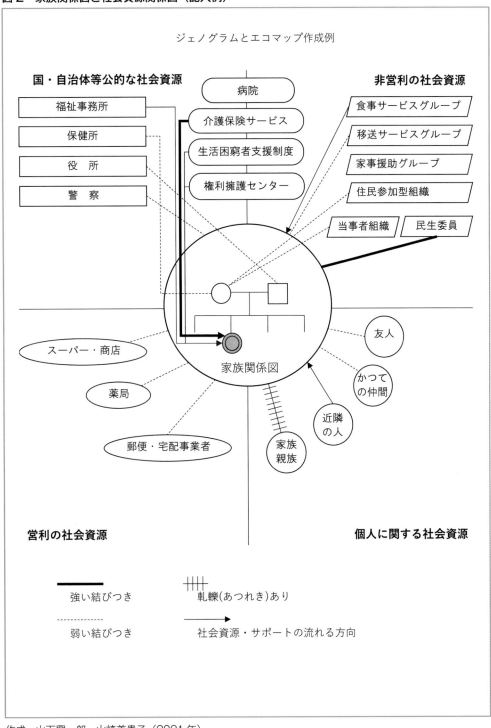

ジェノグラムとエコマップ作成例

国・自治体等公的な社会資源

福祉事務所

保健所

役　所

警　察

病院

介護保険サービス

生活困窮者支援制度

権利擁護センター

非営利の社会資源

食事サービスグループ

移送サービスグループ

家事援助グループ

住民参加型組織

当事者組織　民生委員

スーパー・商店

薬局

郵便・宅配事業者

家族関係図

友人

かつて
の仲間

近隣
の人

家族
親族

営利の社会資源

個人に関する社会資源

―――――　強い結びつき

--------------　弱い結びつき

┼┼┼┼　軋轢（あつれき）あり

――→　社会資源・サポートの流れる方向

作成　山下興一郎、山崎美貴子（2021年）

初めての事例検討会

淑徳大学　山下興一郎、岩手県社会福祉協議会　和山亨

生活支援相談員が聞き取った被災者の心情とその対応でははかりしれないものがあります。継続研修として現地事例検討会を10年間継続し、振り返りを続けているのが岩手県の生活支援相談員の資質向上の取り組みの特長です。

ここでは第1回目の現地事例検討会のやり取りの概要を紹介します。実際の事例を使いライブで学ぶことは臨場感があり、生活支援相談員がその場で感じたこと、振り返って捉えたことからさまざまなアイデアが生まれ、また、その人に会いたいという感情が沸き上がる瞬間でもあります。

2011（平成23）年、第1回目の現地事例検討会が開催された当時は、岩手県社協は、東日本大震災のような誰もが経験したことのない大規模災害のさなかで、手探りで支援活動を展開していることを踏まえると、生活支援相談員自身も不安を抱えながら訪問活動等を行っている状況であり、それを手当てできる研修の必要性を感じていました。

そこで、①住民に寄り添いながらニーズに気づき、それを何かにつなげていく手法を学ぶ、②コミュニティ再生のための支援が生活支援相談員の役割として求められていることから住民に寄り添い、支える存在となるための気づきのポイントを身につける、③気づきを得るためのトレーニングの場として事例検討を行う。この3点を目的に研修会を開催しました。

場所は釜石市社協で、2011（平成23）年12月5日に開催することができました。参加者はほとんど事例検討をしたことがありません。しかし、初めてにもかかわらず、以下の事例にあるような温かい活動を展開していることがわかりました。

▶ 事例タイトル

「妻と長男を津波で流された一人暮らしの男性への、これまでと今後のかかわりについて」

▶ 事例概要

応急仮設住宅には、津波によって一人暮らしになった男性が多くいました。生活支援相談員は料理を作ったことのない男性のために「一人暮らしの簡単クッキング」を企画しました。

その参加者のなかに、独居の70歳代の男性がいました。家も仕事もなく、妻と長男を津波で失いました。少し離れたところに住む次男とは夕飯を一緒にすることがあります。要介護認定で要支援1の状態で、再開した通所介護、訪問介護も利用しています。耳は少し遠いのですが、人々の来訪を楽しみにしています。

▶ 訪問

災害から10か月程経ったある日、生活支援相談員は一人暮らしの簡単クッキングの感想をうかがいに、その男性のお宅を訪問しました。話をしているなかで、亡くなった妻が生活支援相談員の知人であることがわかりました。男性のすぐそばに仏壇があり、笑顔の妻と息子の写真がありました。ご夫婦で手をつないで避難していたのに、目の前で流されてしまったそうです。生活支援相談員は男性の表情を見て、「笑顔の妻の写真を見ると、申し訳ないと思ってしまう」のではないかと感じたそうです。

▶ 振り返り

生活支援相談員はその場でお線香をあげさせてもらい、男性に「一緒に苦労していこうね」と語りかけました。その後の訪問では、男性が将棋好きと聞いたので、将棋を持参して行きましたが、指すことはできず、家族の話を聴くだけで時間が過ぎてしまったと振り返ります。

▶ 事例検討：生活支援相談員同士の質疑・意見交換

この方の事例を生活支援相談員同士で共有してみようと思ったのは、一人暮らしで、顔色もよくなく、食事も十分にとっていないと感じ取ったからです。2011（平成23）年8月に1回訪問し、12月までに3、4回訪問しました。物資を配布したり、声掛けをしたり、クッキングに誘ったりしていました。

ほかの生活支援相談員からは、次男のかかわりについて確認がありました。次男が夕食に来る際には炊飯器のスイッチを付けて待っているという情報もありました。一人暮らしだけれども、独りぼっちではない、まるっきり一人ではないということにあらためて気づかされます。さらに、近所付き合い、友人・知人や親戚付き合いについて確認がありましたが、これはまったくないようでした。

生活支援相談員はこの方の訪問をもう少し続けてみたいと感じています。次は健康面で声掛けをしてみようと、次回の訪問のきっかけを考え始めています。

▶ 事例検討：山崎美貴子先生のコメント

　心の扉を開けることができたのですね。ドアの開け方によってその後のやり取りは大きく影響します。一人ひとりのご家庭によってドアの開け方を変えてみるのです。

　この方は「避難するとき、妻と手が離れてしまった」と語ってくださいました。その前に、食事が十分ではなさそうなことから、その方が料理をしたことがないことに気づき、クッキング教室を開催されました。一人の課題を地域の課題として捉えたからこそできたのですね。

　そして、訪問時には将棋が好きなことも把握し、その二つに着目しかかわりを始めていきました。さまざまな支援物資を配り、関係を作るという訪問の方法もありますが、その人の楽しみを作るためのアイテムを生活支援相談員が工夫されました。

　仏壇があって、そのそばに笑顔の写真があるというのは、毎日そのことに向き合っておられるということではないでしょうか。生きて、逃げられない状況におられる環境に、生活支援相談員がここまでの話を聴くことができたのはドアの開け方がよかったことと、そばに仏壇があったからではないでしょうか。生活支援相談員は、訪問時、家の様子、においなどを感じる力をこうして蓄積していきましょう。

　そして、気づきと発見のシステムを自らに蓄え、訪問の前に「気になること」に寄り添えるような活動をしていきましょう。この事例では、将棋をしようとその人に接近し、寄り添う姿勢ができていますね。その姿勢を感じ取ったので男性が妻の手を放してしまった自分を毎日責めていることを語ったのではないでしょうか。そして、生活支援相談員は「だから、この方にはもう少し訪問することが必要な方」だと気づいたのですね。

　そして、この方の個別のかかわりについては、実は地域にある共通の課題でもあることに気づくということも重要です。家族を亡くした一人暮らしの男性。同じ境遇にある人と時間を共にする場を作ってみるという取り組みもできますね。それを生活支援相談員だけでやることもできるし、社協の地域福祉の担当職員と一緒に作ってみるのも方法かもしれません。

　今回の訪問では、将棋をすることはできませんでした。集会所で将棋ができる時間を宣伝し、興味のある人に集まってもらうような催しもできるかもしれません。生活支援相談員同士で、訪問状況を共有していくうち、共通の話題がある人たちが集まれる場を出会いの場として作るという取り組みも考えられます。

　そして、これからこの方がつながっている先があるかどうかを確認していきましょう。その人の周りに、その人が利用できる社会資源があるかどうか、その人が持っている力を意識しながら資源につなげていくのです。これが地域総合相談の手法です。

この方の場合はまずは次男ですね。次男に支えられているということが、次男が来訪するとき炊飯器のスイッチを付けて待っているというエピソードからわかります。生活支援相談員は、遠くから通われてくる次男にもし会うことがあったら、「いつもお父さんに会いに来てくれてありがとう！」と感謝の言葉を伝え、支える一員になってもらうのです。

　また、この方は要支援1です。応急仮設住宅はこれまでよりも家屋は手狭で、仕事もなくなったこともあり、いつも部屋にいらっしゃるようです。もし、外に出てくるようになられたら、支援する側になる方かもしれません。なぜなら、早い段階で妻のことを自己開示できていたり、訪問介護や通所介護を楽しみに待っているなどコミュニケーションが上手だからです。生活支援相談員は訪問する先の人をすべて「支えることが必要な人」と一方通行にとらえず、その人の潜在的な力を引き出す存在にもなることができるのです。「一人暮らしで、妻を亡くした男性はほかにもいるかもしれないね」とその人と共有できたら、その人は地域のキーパーソンにもなりえます。その人の力を活用させてもらう、つまり、生活支援相談員が耕す地域づくりには、支援される人は支援する側に回ることもできるという強み・生きていく力を見つけ出すという視点を持ってみたらよいと思うのです。

　生活支援相談員活動を開始してまだ5か月。人の悲しみに付き合っていきながら、生活支援相談員はいろいろな経験、気持ちを体験していくことになるでしょう。それを生活支援相談員一人の胸の内にしまわず、事例検討を通して学び合っていきましょう。

　　　　　　　　（2011（平成23）年12月5日（月）　現地事例検討会より）

　この第1回事例検討会を皮切りに、10年間、岩手県の生活支援相談員は定期に仲間同士で事例検討を行い、個と地域の一体的支援を進めるためのトレーニングを欠かさず行い、知識・技術・態度を向上させています。

第2節 生活支援相談員活動事例集の概要

◈ はじめに

　岩手県社会福祉協議会では、生活支援相談員が配置された当初から、山崎美貴子先生、山下興一郎先生を講師役とした事例検討を研修に取り入れてきました。

　生活支援相談員のなかには、これまで福祉にかかわったことがない人も多く、同じ被災地に住む住民目線、あるいは自らも被災した被災者目線で被災者に寄り添う支援ができるという強みがありました。一方で、どのような態度で傾聴し困りごとを引き出すか、ニーズは聴いておくだけでいいのか、社協で話し合うのか、どこかにつなぐのか、つなぐ先とはどのようなところか、それはどのような仕組みなのか等々、専門的な知識は徐々に身につけていかなければなりませんでした。

　被災者のために働きたいという志を持った一住民を、福祉の専門的スキルを身につけた生活支援相談員として大事に育てるために、生活支援相談員の実践事例を振り返ることを繰り返しました。事例の情報、本人の言動や心の動き、関係機関のかかわりなどの事実を確認し、生活支援相談員の心の動きや迷いも汲み取り、対人援助の基本、傾聴の技術、制度の仕組みを学び、今後の支援方針などの助言を得ることが、生活支援相談員自身にとって明日への活動につながる元気の源となりました。

◈ 生活支援相談員の尽力を記録に残す〜事例の冊子化

　1回の事例検討会で深く掘り下げることができる事例は限られていますが、提出される事例は数多く、多岐にわたり、事例一つひとつに被災者と生活支援相談員の悩みが詰まっています。これらは、生活支援相談員の幅広い活動の実態を表す証であり、生活支援相談員がいなければ誰にも気づかれることがなかったけれども、地域ではけっして特殊ではない事例だと思われます。「被災地における生活支援相談員の活動の記録として残すべきだ」との両先生の言葉に押され、2013（平成25）年度末から生活支援相談員活動事例集を毎年、発行してきました。

　筆者は最初、「記録に残す」とは、「何をどう残すのか」見当もつきませんでした。1年目は、そもそもどんな事例があるかがわからなかったので、事例を集めて整理する作業も両先生に手伝っていただきました。翌年は、筆者自身も生活支援相談員事業担当2年目となり、研修体系を整理しつつ事例に触れる機会が増えたこと、各地の生活支援相談員と顔の見える関係ができ情報を得やすくなってきたことから、事例集に残したい、残すべき事例について1年を通じて意識しながら過ごし、掲載事例を選定

できるようになりました。生活支援相談員に限らず、多種多様な関係機関との会議、研修、情報交換会など、すべてが最終的な被災者支援の現場である生活支援相談員の活動事例につながっている可能性があります。日々奮闘している生活支援相談員の活動記録となるたった１冊の事例集は、生活支援相談員を支える側としても１年の集大成ともいえる大きな仕事でした。

現在は、事例を記録に残すだけでなく、全事例に助言コメントを掲載し、生活支援相談員が事例を共有することで、生活支援相談員の質の向上を図ることを目的にしています。

2014年（平成26）度版以降、掲載する事例は、復興の進捗に応じて、その年の傾向から特徴的なものを選定しました。以下、年度ごとに発行した事例集の特徴を編集を担当した当事者として振り返ります。

◇ 活動事例集 2013（平成 25）年度版の主な内容

広く事例を紹介しようと、生活支援相談員配置する各市町村社協から１事例、被災規模の大きい６市町村社協からは高齢・障がい・児童分野で各１事例ずつ計３事例、合計32事例の多種多様な事例を掲載しました。事例を視覚的にわかりやすくするため、次のように事例の流れを図表化しました（**図**）。

「障がいを持つ高齢者の仮設退去後の支援体制づくりと支援者への支援」では、他人を寄せ付けない本人が生活全般を頼りきっていた知人の負担感を、生活支援相談員が傾聴を通じて軽減しつつ、今後の対応を考えていました。「4年半に及ぶ不登校からの脱出」では、震災前から不登校の中学生のいる父子世帯について、生活支援相談員が地域住民や関係機関と連携し、直接会えなくても日常的な声掛けを続け、変化の兆しが見えてきました。「支援の必要な親子３人へのアウトリーチ」では、訪問を重ねるうちに、障がいのある子どもがサービスを受けていない様子などから、大黒柱を震災で失った一家の将来を生活支援相談員が気にかけ、関係機関と情報共有し、訪問

図　事例の流れ

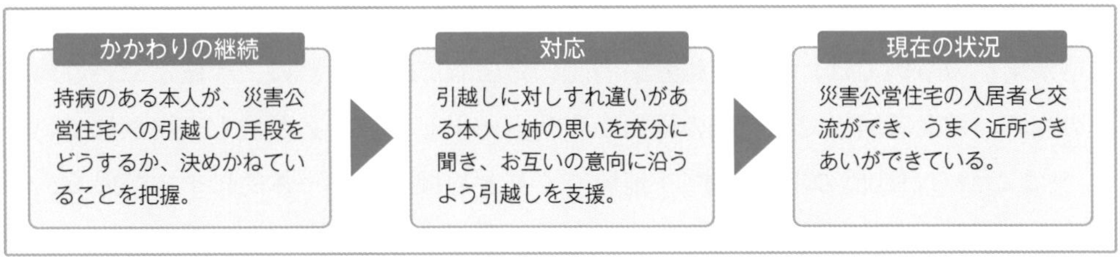
かかわりの継続
持病のある本人が、災害公営住宅への引越しの手段をどうするか、決めかねていることを把握。
対応
引越しに対しすれ違いがある本人と姉の思いを充分に聞き、お互いの意向に沿うよう引越しを支援。
現在の状況
災害公営住宅の入居者と交流ができ、うまく近所づきあいができている。

頻度を上げて一家の状況把握に努めました。「避難により同居を始めた家族間の問題」では、内陸避難者の孤独感や不満を生活支援相談員が受け止めました。「子どもたちの居場所」では、応急仮設住宅の集会所の利用方法について、遊び場のない子どもたちの利用を制限することがないよう、社協から学校に情報提供し、保護者、地域で連携をとり平穏な利用に結びつきました。

また、これまでの事例集のなかで唯一、被災規模の大きい6市町村社協の生活支援相談員の手記が掲載されています。短い文章のなかに、生活支援相談員として活動を始めてからの約3年間の想いが詰まっています。「あぁ楽しかったと1日が終わることはない」という被災者のつぶやき、生活支援相談員の訪問に戸惑いの表情や疑いのまなざしを向ける住民の反応、「ちょっと寂しいけど、再建して私たちはもう大丈夫だから、他の人のところに行ってあげて」という嬉しい言葉。一方で、再建してもなお支援の必要な方が少なからずいる現実、被災者の苦労話や悩みに涙を抑えきれず深呼吸してから次の訪問に向かったこと、活動がうまくいかず涙した日など、住民一人ひとりに向き合った生活支援相談員の姿が見えてきます。また、訪問を重ねることで住民との絆が深まったこと、住民からの感謝やふとしたひと言に救われ、励まされたことが活動の原動力となり、悩みを共有し合える仲間を支えとしてきたことがつづられています。たくさんの人と出会い、共に泣き、笑い、一緒に考え歩んできた生活支援相談員の皆さんの激動の日々が思い起こされます。

◈ 活動事例集 2014（平成 26）年度版の主な内容

地域住民を巻き込んだ活動が見られるようになってきた時期で、地域や関係機関と連携した事例を掲載し、地域支援に焦点をあてた事例集としました。

応急仮設住宅から災害公営住宅等へ転居が進み、地域になじめず応急仮設住宅でのサロンに引き続き参加したい住民の気持ちと、再建した人が引き続き応急仮設住宅のサロンに参加することに違和感を持つ住民の気持ち、被災者の顔を持つ新たな仲間をどう迎え入れたらいいか戸惑う既存地域住民の気持ちなど、今も同様ですが、それぞれの立場で複雑な気持ちがあります。「地域資源を活用したサロン」「自立再建者と既存町内会との交流」の事例では、市町村社協が住民とともに動き始めた経過が記されています。「“被災者”から“定住者”への意識変化」「つながることを大切に、支援に活かす」の事例では、内陸避難者が内陸に定住していくために、今住んでいる地域との交流、被災者同士での交流の両面からサポートしていく必要性も表現されています。「ここからが社協の出番です」「地域づくりと地域支援を一体的にやっていく、その意味と意義をかみしめ進めてほしい」という冒頭の助言者コメントに、勇気づけら

れました。

◇ 活動事例集 2015（平成 27）年度版の主な内容

　前年度の事例集で焦点を当てた地域支援が、復興に向けた活動として広まっていくのだろうと思っていたところが、この年の事例検討会では、個別の事情がさらに複雑化し、支援の難しい事例が数多く提出されました。

　市町村によって、被災者数や社会資源など、生活支援相談員の活動環境が大きく異なるため、次のように「地域の特徴」（**表**）を示してから事例を掲載するようにしました。

　「3世代で暮らす難しさと嫁の孤独」「面談が難しく、数々の複合的な課題を抱える家族への支援」「親の年金で生活する働き世代の子をもつ世帯への対応」「認知症状で悪化する周囲との人間関係」「精神障害をもつ娘に振り回される母への支援」「自宅再建後に孤独感を深める住民」などの事例が並び、多問題家族、8050問題、認知症、精神障がい、再建後の孤独と高齢者の移動手段確保の問題など、生活支援相談員が社会資源の一つとして多職種多機関と連携している事例が紹介されています。また、「会えない住民の安否確認活動」の事例は、生活支援相談員がガスメーターの数値を記録したり見かけたときの情報共有等で安否確認に努めた独居男性について、結果的には死後2週間程度で発見されたケースをきっかけに、行政と連携して夜間訪問を行い会えない世帯の安否確認活動に取り組んだ事例です。

　このほか、応急仮設住宅団地と既存地域、災害公営住宅と既存地域との交流事例が掲載され、災害公営住宅建設進捗が遅めの市町村でも徐々に既存地域とのかかわりを支援する活動が増えてきたことがわかります。

表　地域の特徴

人口	世帯数		高齢化率	
3万6,710人	1万6,938世帯		35.9%	
震災による死者・行方不明者数	震災による家屋倒壊数	応急仮設住宅		災害公営住宅
		入居者数	入居率	完成率
1,144人	3,656棟	2,685人	61.2%	35.2%
生活支援相談員配置数	その他被災者支援のために配置されている人員の名称と人数			
28人	・地区生活応援センター（行政）8か所に見守りスタッフ　各1名 ・応急仮設団地支援連絡員（NPOに配置）22人 ・仮設団地3か所にサポートセンター各1施設（社協管轄外）			

◪ 活動事例集 2016（平成 28）年度版の主な内容

「移行期にあるなか、応急仮設住宅に残る住民の現状と支援」「災害公営住宅への転居を頑なに拒む高齢独居女性」「住まいの移行期に、高台移転を希望する応急仮設住宅入居者が抱える悩み」「5年ぶりの帰村で災害公営住宅に入居し、新生活をスタートさせた世帯への支援」などの事例は、応急仮設住宅の集約など、住まいの移行期に施策など外的要因により環境変化に対応せざるを得ない状況にある事例が増えました。

また、初期に建設された災害公営住宅における、地域との関係や住民主体での活動への移行が思うように進まないときの生活支援相談員の立ち位置など、災害公営住宅での地域支援の展開事例も多くなってきた時期でした。

事例集 1　自治会設立支援の一例

一方、新たに建設された災害公営住宅における自治会設立支援がさまざまな手法で着手され、この年の事例集から、地域支援レポートの掲載が始まりました。行政やNPO、社協等さまざまな機関が、災害公営住宅の入居者が主体性を持って「自分たちが作った」と思える自治会を設立できるよう支援した経過を記録しました（**事例集 1**）。

◪ 活動事例集 2017（平成 29）年度版の主な内容

「被災者の『転居を支援する人』から『生活全体に関わる人』へ」「体調不良を理由に働こうとしない独居男性への対応」「7年間に起きた家族形態の変化と災害公営住宅」「郊外で空き家化する団地のひとり暮らし高齢者の見守り」「両親の死をきっかけに、自殺を図る男性への寄り添いと支援」など、時間の経過とともに被災者本人、家族関係、環境の変化に伴い生活支援相談員がどのようにかかわるかを考える事例で

した。

　また、地域支援レポートでは、災害公営住宅での自治会設立支援や、地域でのサロン運営支援をしている NPO 等と行政、社協が連絡会議を通じて被災者支援に関する情報や課題認識を共有する取り組みを丁寧に記録しました。ひと言で「地域支援」といっても、社協としてできること、生活支援相談員としてできることなど、さまざまなアプローチがあります。

◇ 活動事例集 2018（平成 30）年度版の主な内容

　「支援終結後に民生委員からの情報により再度支援につながった男性」「震災後 7 年目の今も応急仮設住宅で孤立している高齢独居男性」「深い喪失体験による悲しみに気づいた生活支援相談員の継続的な支援」など、被災から 8 年経ってもなお支援を要する人がいること、時の経過で解消できない想いがあることなどがわかる事例です。生活支援相談員が積み重ねてきた経験が小さな気づきとなり、支援のきっかけとなることがあります。事例検討によって気づかされることもあり、日々、生活支援相談員の細やかな観察が被災者支援に活かされていました。

　活動レポートでは、内陸の災害公営住宅や自力再建者と災害公営住宅入居者とが混ざる地域での自治会支援を取り上げ、自治会にかかわる住民の特性に応じて支援を組み立てる必要のあることがわかりました。

事例集 2　住民支え合いマップ活動の一例

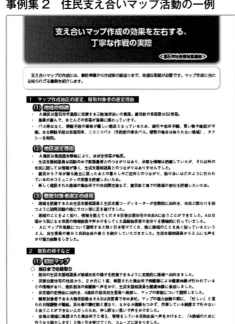
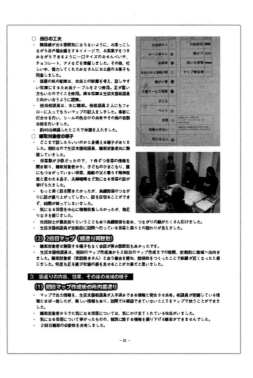

また、支え合いのできる地域づくりのために、生活支援相談員による「住民支え合いマップ」の活動を本格化させたことから、その取り組みレポートも掲載しました（**事例集2**）。個別訪問で得た住民個々の情報や住民との信頼関係を基に、住民から地域の様子を教えてもらう形での地域アセスメント及び地域での活動を促すツールの一つとして、「住民支え合いマップ」は一定の効果を発揮しました。

◇ 活動事例集 2019（令和元）年度版の主な内容

　国が2020（令和2）年度までと設定した10年間の復興期間の終わりが迫り、生活支援相談員活動に大きな変化のあったことが感じられる事例集となりました。令和元年度から、見守り支援拠点（生活支援相談員が常駐し、個別訪問と住民の居場所づくりや住民支え合いマップづくり、地域支援活動を一体的に行う拠点）活動（**事例集3**）が始まったことも要因の一つです。生活支援相談員がいなくても住民主体の活動が継続できるようになること、孤立ぎみな被災者には生活支援相談員がドアを開けて地域とのつながりを作り、その人が地域で生きていけるようになることを目指していることがすべての掲載事例から読み取れます。そして、各社協がこれまでの経験値、知恵、アイデアを駆使して、10年間の復興・創生期間終了のその先に続く5年に向けたラストスパートに入ったようにも感じました。

　また、2019（令和元）年度に生活支援相談員事業を終了した市町村社協の振り返り、2020（令和2）年度に終了を予定している社協の取り組みも紹介されています。約10年近く、「そこにあったもの」「何かあったら頼れる人・場所」が「終わり」を迎えるのは、被災者にも生活支援相談員自身にも気持ちの整理が必要です。やはりこれも、助言くださる山崎先生・山下先生に数年前から言われていたことが、今、現実になっているのです。

　これらの事例集を読み返してみると、淡々とした記述のなかから、被災者の想い、そこに直面した生活支援相談員の想いが思い起こされ、どちらの気持ちにも胸が締め付けられる思いがします。さらに、助言コメントでは事例の読み解きと生活支援相談員の心の内が代弁され、次の糸口を見つけてくれていることにも気づきます。東日本大震災以降、地震や風水害などの比較的大規模な災害が発生し、各地で生活支援相談員が配置されるようになりました。また、国の施策でもアウトリーチや寄り添い支援、地域づくりに力が入れられるようになり、"個"の支援を"面（地域）"から支える生活支援相談員活動の事例は、地域に根差した活動としてどこにでも通用し、活用できるものです。記録に残すことが全国から支援を受けた私たちの恩返しでもあり、苦労を重ねた生活支援相談員への敬意でもあります。

事例集3　見守り支援拠点活動の一例

巻末資料

資料 1　生活支援相談員の採用及び配置に係る対応方針（2011（平成23）年 6月19日作成）

生活支援相談員の採用及び配置に係る対応方針

はじめに

　平成23年3月11日に発生した東日本大震災の復旧復興のため、国において平成23年度第一次補正予算が、過日、可決成立。この予算の中に、相談員等配置経費が措置されており、この国の動きに呼応し県においても6月補正予算が6月8日臨時県議会で審議され、当協議会（以下、県社協という。）で要望していた経費を含む予算が可決成立。今後内示を受け、県社協及び被災社会福祉協議会（以下、被災社協という。）の職員等体制等の強化を図り、被災者支援に早急に取り組むため、次のことを基本として対応していくこととする。

なお、これからの状況変化に適時適切に対応するため、新たな体制等の強化が必要となった場合には、被災住民支援の観点から、さらなる体制の拡充等の実現に努めていくこととする。

1　生活支援相談員の採用等について
(1) 県社協及び被災社協毎に、2の資格等要件を満たす者について、適正な事務手順等にしたがって採用配置の決定を行うものとする。
(2) 採用方法は、一括採用による方法、あるいは段階的に採用する方法など、各社協の実情に応じて、弾力的な方法によるものとする。
(3) 段階的な採用を行う場合には、9月1日付任用をもって事務を完了するものとし、4月1日付の任用を適用する場合にあっては、可能な限り早急に事務等手続きを行うものとする。

2　生活支援相談員の資格等要件について
　資格等要件は、次のいずれかに該当する者とする。
・看護師（准看護師含む）、保健師、介護福祉士、保育士、児童厚生員、ホームヘルパー 2級以上の者、社会福祉主事任用資格を有する者の他、保健衛生や社会福祉に関する相談等実務経験のある者

3　生活支援相談員の配置等に係る考え方について
(1) 県社協関係
【担うべき基本的役割】
・今般の大震災によって、直接、間接を問わず被害、影響を受けたことにより支援が必要な地域住民のニーズ把握及びニーズに沿った相談支援
・生活福祉資金貸付業務の増嵩等によって、事務に支障等を生じている被災社協等の業務支援
・被災社協の建て直しを間接的に支援するための、県社協内部業務の補助等の役割を担うものとする
【配置】17人
・総合的視点で円滑かつ効率的に業務を推進する必要があり、組織体制強化の観点から、各部毎に適正数を配置する。
・具体には総務部4人、地域福祉企画部6人、福祉経営支援部4人、福祉人材研修部3人をそれぞれ配置。
・執務室は、地域福祉企画部を、当分の間、現室から別室に移設し、分室となっていた福祉資金貸付チームと業務を一体的に行うことができる体制とする。
【業務内容】
（福祉資金貸付業務）
　・被災者支援のため拡充等された福祉資金の貸付（緊急小口資金、総合支援資金、

　　生活復興支援資金）について、円滑な事務処理等と、貸付目的を達成するための、借受者からの相談援助・調査・償還計画策定支援、書類整備等に関すること

（担当地域を明確にした支援業務）

　　・担当地域を定めて行う、被災社協からの問い合わせ等に関すること

（被災社協等で行う業務に対する支援）

　　・被災社協が仮設住宅や被災地域で行う、生活支援活動の際の同行訪問等に関すること

　　・被災社協の建て直し全般にかかる業務支援に関すること

　　・業務負担の増嵩により事業運営に支障が生じている、被災社協以外の社協の業務支援に関すること

（災害ボランティアセンターの補助業務）

　　・県災害ボランティアセンターが行うボランティアニーズの収集、その他、諸々の情報の把握整理等に関すること　　　等

(2)　被災社協関係

【担うべき基本的役割】

・被災地に暮らす被災者等が、生活を再建していくために抱える様々な生活課題について、顕在・潜在を問わずニーズの把握と掘り起こしを行い、生活の建て直しをはじめ、生活目標の確立につなげていくための、各種の相談・支援等の役割を担うものとする。

【配置】101 人

○宮古市社協	16 人	○大船渡市社協	11 人	○久慈市社協	2 人
○陸前高田市社協	22 人	○釜石市社協	17 人	○大槌町社協	10 人
○山田町社協	15 人	○岩泉町社協	2 人	○田野畑村社協	2 人
○野田村社協	2 人	○洋野町社協	2 人		

　□配置タイプ1

　　・執務場所を社協事務室とし、事務局長等上司職員のリーダーシップ、マネジメントのもと業務に従事する体制

　□配置タイプ2

　　・仮設住宅等に設置される高齢者等サポート拠点などに常駐等し、他の専門職等との連携のもとに生活支援業務を担うほか、指示、指導事項の確認と情報共有等のために、被災社協本体との適時のミーティングの機会が確保される体制

　□配置タイプ3

　　・配置タイプ1、2の体制にこだわらない、当該社協において最も効率的かつ効果的に業務の執行を可能とする体制

【業務内容】

（被災者支援業務）

　　・被災者への生活福祉資金貸付など、各種福祉、生活関連サービスについての情報提供、利用援助に関すること

　　・被災者の福祉ニーズの掘り起こしと、具体のサービスにつなげる相談支援に関すること

　　・被災者への各種在宅福祉等サービス（配食サービス、ふれあいサロン、子育てサロン等）の開発、実施に関すること

　　・集会所などを活用した仮設住宅の住民支援に関すること（引きこもり防止、声かけ、介護予防、孤独死・自殺防止等の取組み等の各種サポート活動など）

（福祉コミュニティの形成、見守り等支援ネットワーク形成業務等）

　　・関係機関等と連携した被災者支援のネットワークづくりに関すること

257

・被災者支援のための各種イベントの企画及び実行に関すること
　　　・地域再生に向けた福祉コミュニテイづくりに関すること
　　　・地域防犯活動行う機関等との連携に関すること
　　（災害ボランティアセンター支援業務）
　　　・災害ボランティアセンターの補助的業務に関すること　　　　等
４　研修体制に関すること
（1）生活支援相談員が、与えられた役割を自覚し、地域で的確にその役割を果たしていける
　　よう、人材育成・スキルアップの観点から、別に定める研修プログラムにより研修を実施。
（2）研修体系は、採用初期に行う「基礎研修」、一定期間の業務実践を踏まえた後に行う「フォ
　　ローアップ研修」のほか、各社協の事務局長等を中心にしたOJTにより育成支援を行う。
　　また、OJTが有効に機能するための管理者等研修も考慮。
（3）基礎研修、フォローアップ研修及び管理者等研修は、県社協において行うものとするが、
　　研修プログラムは、全国社会福祉協議会、県職能団体、岩手県立大学等の協力を得て編
　　成実施するものとする。
（4）研修方法は、ふれあいランドでの「集中研修」、いくつかのブロック毎に分けての「ブロッ
　　ク研修」、さらには現地に出向く「出張研修」等、研修の実が上がる方法により実施。
５　留意事項
（1）生活支援相談員が業務支援を行う上で留意すべきことは、配置場所が本所を離れる場合
　　も想定されるため、指揮命令系統とともに、スーパーバイズ体制について明確化を図る
　　ものとする。（各被災社協では業務分担により明確化）
（2）仮設住宅隣地に整備される高齢者等サポート拠点、集会所において活動する場合は、他
　　機関・団体の相談員等と連携を図ることが重要であることから、しっかりとした協力体
　　制のもとに活動を行うなど、運営体制について十分留意すること。
（3）業務の進捗状況の把握と指導事項の確認、及びチームリーダーと各生活相談支援員との
　　情報共有化を図るため、活動内容が明らかとなる「業務（活動）日誌」等の整備を必須
　　とする（稼働・実績報告の根拠となるもの）。

出典：社会福祉法人岩手県社会福祉協議会

資料２　東日本大震災被災者生活支援事業アセスメント基準とアセスメント基準の視点

東日本大震災被災者生活支援事業アセスメント基準

社協名：　　　　　　　　　対象世帯氏名：　　　　　　　　　実施時期：

住まい	□ 応急仮設住宅　□ みなし仮設住宅　□ 災害公営住宅　□ 修繕再建　□ 移住再建 □ 住宅被災無し　□ その他（　　　　　　　　　）
世帯構成	□ 複数　□ 単身
（複数の場合）	□ 高齢者（65歳以上）のみ　□ ひとり親（18歳未満の子がいる）　□ 高齢（65歳以上）の親とその単身の子ども　□ 核家族（上記以外の夫婦や親子のみ）　□ どれもあてはまらない
（単身の場合）	性別　　□ 男　□ 女　　　年齢　　　　　　　歳代
	身体状況　　□ 要介護　□ 身体障害者手帳　□ 療育手帳　□ 精神保健福祉手帳

No.	世帯員の状況	現状			左欄網掛けに該当する人数		支援度判断
		ある	ない	不明	1人	複数	
A	**日常生活と心身の健康**						
1	福祉・医療等サービス利用、公的機関や親族等による支援・関与がある						
2	日常生活に支障が出るほどのストレスがある						
3	清潔感や身だしなみへの配慮がされている						
4	家の内外の汚れや乱雑さ、異臭がある						
5	アルコール摂取が適切（量・時間・場所）である						
6	気分の落ち込みや疲労感、生活意欲の衰えがある						
7	身体的・精神的な理由により引きこもりや閉じこもりがある						
8	世帯員間での口論や遠慮、萎縮、他人に話しづらい家庭内の悩みがある						
9	行政情報の理解や手続ができる						
B	**生計の維持**						
10	就労収入がある						
11	就労以外の収入（年金、不動産収入、遺産等）がある						
12	生活保護や親族による金銭的支援がある						
13	生活費の不安の訴えがある、または、家計管理ができない						
C	**社会的な関わりの維持**						
14	近隣住民との関わりがある						
15	1～2週間の間に通い先（勤務先、病院、サロン、趣味活動、デイサービス利用等）がある						
16	買い物や通院等の移動手段がある						
17	1～2週間の間に訪問や交流がある（別世帯の親族、友人・知人）						
18	1～2週間の間に訪問や交流がある（民生委員・ケアマネ・公的機関の支援者等）						
19	生活上の相談事を話せる相手がいる、又は相談先を把握している						
20	困った時に助けてくれる人（別世帯の親族、友人・知人）がいる						
21	困った時に助けてくれる人（民生委員・ケアマネ・公的機関の支援者等）がいる						
22	行政や民生委員等、支援制度活用への不満や拒否感がある						
23	行政や支援者等関係者に対する不信や怒りがある						
24	生活支援相談員訪問時に面会ができる						
D	**震災に起因するストレス等**						
25	震災で大切な人を亡くした大きな悲しみ、喪失感がある						
26	仮設住宅の集約の予定がある、又は転居先・再建先が未定である						
27	住環境の変化や近隣住民との新たな関係づくりについて、不安やストレスがある						
28	震災で失った住宅や車のローンが残っている						
29	再建した住宅のローン、家賃や共益費等の滞納や支払不安がある						
E	**上記以外に生活支援相談員による支援が必要な事項または関係機関との調整により支援が必要な理由等（自由記述）**						
30							
総合的な支援度判断（原則：A～Eの各支援度判断で一番高い支援度を記入）＊他機関との連携・調整結果に基づき支援度が下がる場合有							

【支援度判断基準】 大項目A～Eごとに、小項目1～30の状況から判断するもの

支援度	判断の目安	見守り区分
0	生活支援相談員による関与は必要ない。	対象外
1	生活支援相談員による定期的な関与は不要であるが、引き続き経過の観察は必要である。	不定期
2	生活支援相談員が定期的に関与し、変化があるかどうか気に掛ける必要がある。	通常
3	生活支援相談員が定期的に関与し、他の支援機関と情報共有を行う必要がある。	
4	生活支援相談員の観察と他機関のサービス利用・連携により、多機関多職種で関与する必要がある。	重点

東日本大震災被災者生活支援事業　アセスメント基準の視点

平成 30 年 1 月 5 日
社会福祉法人岩手県社会福祉協議会

アセスメント基準の目的

　標記事業により配置された生活支援相談員が個別訪問を実施する世帯について、一定の基準をもってその状態像を確認し、支援の必要度を世帯ごとに判断することを目的とした方法のひとつです。これにより、見守り区分の割振りを行います。

　また、各項目の内容は、被災者の生活課題の解決や復興に向けた支援において、生活支援相談員が着目すべき点でもあります。

　なお、本基準は上記目的に特化し項目数を限定しているため、世帯の状況に応じて具体的な支援方針を検討する場合には、より詳細なアセスメントが必要です。

アセスメント基準の活用方法

　次のような例を想定しています。
・　支援必要度の再測定（年 1 回程度／ 6 月頃）
・　世帯状況の変化による支援必要度の再測定や、支援終了を検討するとき（都度）
よって、フェイスシートとしてのデータ入力や一覧表整理などは不要です。

アセスメント基準の記入者

　訪問履歴や他機関との共有等で得た情報を基に、生活支援相談員が各項目に記入します。

アセスメント基準の対象

　訪問している“世帯”の状況を確認します。

　世帯員が複数いる場合、主な見守りの対象が 1 人だったとしても、世帯として複合的な課題を抱えていたり、世帯員の相互関係に影響されたりしている可能性もあり、生活支援相談員は世帯を丸ごととらえる視点が必要です。

記入方法

(1)　基本情報【住まい】【世帯構成】は、☑ を記入。
　　　※　修繕再建：被災した住宅を修繕し継続して居住している世帯又は震災前に居住していた地区と同じ地区内に新築や中古住宅の購入等により自宅を再建している世帯
　　　※　移住再建：震災前に居住していた地区とは違う地区に新築や中古住宅の購入等により自宅を再建している世帯（他市町村からの転入・移住を含む。）
　　　※　住宅等被災無し：直接的な住宅被災がないが、震災により何らかの影響を受けた世帯
　　　※　その他：県の借上げによらず賃貸住宅に入居中の世帯、親族宅に身を寄せている世帯、施設等入所など、住宅の被災があるが、上記に該当しない世帯
　　　※　民間賃貸住宅に県の借上げによらず入居している世帯のうち、今後自宅新築・購入の検討や災害公営住宅入居を予定せず、現状を「再建」と捉えている世帯については「修繕再建」又は「移住再建」に区分します。
(2)　質問項目 No.1 ～ 29【現状（ある・ない・不明）】、【左欄網掛けに該当する人数（1 人・

複数)】は、あてはまる欄に ○ を記入。
　　※　網掛けは、当該質問項目に対してマイナスな回答であることを示しています。
(3)　質問項目 No.30 は、No.1 ～ 29 以外に配慮すべき特記事項等を自由記述

A ～ E の各カテゴリの支援度判断

　アセスメント項目は 30 項目あり、それを大きく A ～ D のカテゴリに分けています。A ～ D のカテゴリごとに「支援度判断基準」に従い、支援度 0 ～ 4 を判断し記入します。
　このとき、各カテゴリの判断は、カテゴリに属する項目のみ（他の要素は加味しない。）で判断してください。A ～ D のカテゴリ以外に配慮すべき事柄があれば E 自由記述に記載し、支援度判断を行います。

総合的な支援度判断

　原則として、上記 A ～ E のカテゴリの支援度で一番高い支援度を記入します。
　ただし、生活支援相談員が判断した各カテゴリの支援度が高くても、他機関との連携・調整結果に基づき支援度を低く設定するケースなど、社協単体での判断とは異なる場合があります。この場合、他機関との連携・調整の理由を「E」自由記述欄に記載し、「E」の支援度判断を調整結果と同等に設定した上で、「総合的な支援度判断」には「E」と同じ支援度を記入してください。

支援度判断基準・見守り区分

　本アセスメント基準は、生活支援相談員の支援対象者像の標準化を目的としており、得られた結果により、見守り区分の割振りに活用します。
　ただし、社会資源（住民の安否確認に従事する職員配置や連携する NPO など）の種類や数が市町村ごとに大きく異なり、生活支援相談員の活動の仕方が異なるため、ここで設定する見守り区分によって生活支援相談員による訪問回数を規定するものではありません。訪問回数は、市町村社協ごとにケースの状況に応じて設定することが必要です。

【支援度判断基準】

○　**支援度 0 ：生活支援相談員による関与は必要ない**
　　A ～ E の各カテゴリに含まれる「世帯員の状況」について、生活支援相談員が訪問による相談対応、情報提供などをしなくても、支障なく暮らしている状態。
　　⇒　「総合的な支援度判断」で「0」の場合、見守り区分は「対象外」

○　**支援度 1 ：生活支援相談員による定期的な関与は不要であるが、引き続き経過の観察は必要である。**
　　A ～ E の各カテゴリに含まれる「世帯員の状況」について、生活支援相談員が定期的に訪問による相談対応、情報提供などをしなくても概ね支障なく暮らしているが、ついでの訪問や周囲から得られた情報から、大きな変化がないか経過の観察が必要と思われる状態。
　　⇒　「総合的な支援度判断」で「1」の場合、見守り区分は「不定期見守り」

○　**支援度 2 ：生活支援相談員が定期的に関与し、変化があるかどうか気に掛ける必要がある。**

A〜Eの各カテゴリに含まれる「世帯員の状況」について、生活支援相談員が訪問による相談、傾聴、情報提供などを定期的に行うことで、現在は落ち着いて暮らしているが、世帯の生活や環境変化などがあるかどうか、気に掛けることが必要と思われる状態。

　　　⇒　「総合的な支援度判断」で「2」の場合、見守り区分は「通常見守り」

○　支援度3：生活支援相談員が定期的に関与し、他の支援機関と情報共有を行う必要がある。

　　A〜Eの各カテゴリに含まれる「世帯員の状況」について、生活支援相談員が訪問による相談、傾聴、情報提供などを定期的に行うことで、現在は落ち着いて暮らしているが、世帯の生活や環境変化があった時などは、他の支援機関と情報共有することが必要と思われる状態。

　　　⇒　「総合的な支援度判断」で「3」の場合、見守り区分は「通常見守り」

○　支援度4：生活支援相談員の観察と他機関のサービス利用・連携により、多機関多職種で関与する必要がある。

　　A〜Eの各カテゴリに含まれる「世帯員の状況」について、生活支援相談員が訪問活動等により様子を観察するとともに、介護等サービスの利用や他機関との連携のほか、近隣住民にも見守り役を担ってもらうなど、多機関多職種で連携し役割分担・情報共有を行うことが必要な状態。

　　　⇒　「総合的な支援度判断」で「4」の場合、見守り区分は「重点見守り」

※　アセスメント表に基づき支援終結とした世帯でも、その後の状況変化について民生委員等からの情報により被災者として支援する必要があれば、再度、アセスメント表に基づく判断を行い、支援対象とすることができます。

以下に、各設問のポイントを説明します。

　　被災者の状態像について着目すべき点を記載していますが、生活支援相談員自らが解決することを求めているものではありません。生活支援相談員の役割は被災者支援であり、被災者のニーズを各支援機関等へ繋ぎ、他の複数の機関と連携しながら、通常施策で対応できない震災を起因とする生活課題等へ対応することを基本的な活動としましょう。
　　また、震災の影響による環境変化により人間関係が希薄になっており、つながりの再構築が求められています。ご近所づきあいやお隣同士顔の見える関係づくりのために、生活支援相談員が人と人との橋渡しをする活動を意識しましょう。

　A　日常生活と心身の健康

1　福祉・医療等サービス利用、公的機関や親族等による支援・関与がある

　　本人や世帯員が必要としているサービス等の適切な利用や、親族等（友人、知人、近隣住民含む。）が手伝いに来るなどの支援がありますか。または、公的機関や親族等が利用に向けて関わりを持ったりしていますか。

　　　⇒　日常生活に支障があり利用可能なサービスがあれば、利用を検討したいところです。本人や世帯員が利用に消極的な場合や何らかの理由により利用できない場合も

あるので状況を確認します。社協の別な部署に利用可能なサービスがあるか、相談しましょう。

2　日常生活に支障が出るほどのストレスがある

病気や介護、子育て、学校・職場・家庭内の人間関係、地域との関係、経済状況、大切な方の死など、不安やストレスの原因はさまざまです。不眠やイライラ、体調不良など、日常生活に支障が出るほど強いストレスはありますか。

⇒　誰かに話すことで、課題の解決にはならなくても、気持ちが軽くなることもあり、生活支援相談員としては傾聴することができます。ストレスが過大な場合、うつ病を発症することもあるので、必要に応じて保健師を通じて医師やこころのケアセンターに繋ぐことを検討しましょう。

3　清潔感や身だしなみへの配慮がされている

季節や時間・場所・状況（TPO）に合った服装、髪形や爪の手入れ、肌の状態、体臭など、身だしなみが整い、清潔感がありますか。

⇒　認知症などにより、状況に合った服装や清潔を保つことができない場合があります。また、何らかの事情により自分自身に関心を向けず、健康を保つために必要なことをする意欲を失っている心理状態のこともありますので、注意して観察しましょう。

4　家の内外の汚れや乱雑さ、異臭がある

部屋の中や家の周りは、掃除や整理整頓がされていますか。ゴミをためていたり、異臭がしたりはしませんか。

⇒　生活意欲の衰えや認知症などにより、掃除をしなかったりゴミをためたり、整理整頓ができなくなる場合もありますし、単純にゴミの分別方法や指定日が分からないだけという場合もあるかもしれません。どんなものが散らかっているのかも観察ポイントです。タバコやストーブの上の洗濯物など、火災予防にも配慮は必要ですが、生活支援相談員本人の価値観の押し付けにならないよう気をつけましょう。

5　アルコール摂取が適切（量・時間・場所）である

訪問する時間帯を変えてもお酒の臭いがすることが多い、酔っ払ってろれつが回っていないことが多い、飲んでばかりで食事をとっていない、場所をわきまえず飲酒する、飲み過ぎで周囲とトラブルになる、などはありませんか。

⇒　生活サイクルによって飲酒する時間に人それぞれ違いはありますが、アルコール摂取の量・時間・場所が適切でない場合、依存症を発症することがあります。時間を持て余していることもあれば精神的な辛さからお酒に向かうこともありますので、観察や注意喚起が必要です。度が過ぎる場合、保健師に繋ぐことを検討しましょう。

6　気分の落ち込みや疲労感、生活意欲の衰えがある

会話の内容、声の調子、表情、動作、家の中の様子から、落ち込んでいる雰囲気や疲れた様子などを感じますか。また、投げやりになったりせず、今までと同じような生活（家事や外出など）を送ろうとする気持ちが感じられますか。

⇒　気分の落ち込みが激しいと、疲労感など身体症状にも表れるようになります。普段やっていることをしなくなったなど、いつもと違う様子がないか、注意深く観察

しましょう。また、長く続くと病気を発症することがあるので、傾聴のほか、必要に応じて保健師に情報提供しましょう。

7　身体的・精神的な理由により引きこもりや閉じこもりがある

本人や世帯員の中に、周囲との関わりを拒み、部屋に閉じこもっている人はいませんか。例えば、子どもが引きこもっていて困っている親はいませんか。

> ⇒　精神的な不調により人との接触を拒む方、いわゆる「ニート」のほか、足腰が不自由になって外出できず閉じこもりがちになる高齢者もいます。若い方の場合、自ら就労せず親の年金に頼った生活になっていると、いずれ生活が立ち行かなくなる恐れがあるので、生活困窮者自立支援事業や医療、多機関と連携したアプローチを検討しましょう。

8　世帯員間での口論や遠慮、萎縮、他人に話しづらい家庭内の悩みがある

世帯員間で喧嘩のほか、誰かの威圧的な態度に縮こまったり、怖くて自分の意見が言えなかったり、機嫌を損ねないように自分の行動を制限したりという状況はありませんか。また、周囲の人に話せない「実は…」というような家族の悩みはありませんか。

> ⇒　家庭内での人間関係は、心身の健康や日常生活に大きく影響を与えます。家庭内暴力やDV、虐待などに発展する場合には、安全の確保に配慮しながら専門機関へ繋ぐ等の支援が必要となりますが、その原因が精神の不調や認知症による変化の可能性もあります。家族がいる、いないにより態度が変わるときなど、よく観察しましょう。

9　行政情報の理解や手続ができる

広報や行政から送付される文書を読むことができますか。読んで、内容を理解し、手続が必要かどうかを判断し、手続を実行することができますか。

> ⇒　住宅再建に関わる書類など大事な行政文書もあります。また、各種制度のお知らせなど、日常生活に影響する文書もあるので、郵便物の管理も含め配慮する必要があります。視力が低下して読めない、字が書けない、内容が難しくて分からない、行政への拒否感があるなど様々な理由が考えられますが、必要な手続を行えるよう支援しましょう。

┃B　生計の維持┃

10　就労収入がある

11　就労以外の収入（年金、不動産収入、遺産等）がある

金額の多い少ないは問わず、収入がありますか。

> ⇒　年金には、老齢年金のほか障がい年金も含まれますが、障がいを持たない若い世代では年金収入がなくて当然です。生計維持のためには何かしらの収入のあることが大前提なので、聞きづらいことかもしれませんが、どうやって生計を維持しているか、関心を持ちましょう。

12　生活保護や親族による金銭的支援がある

上記項目No.10・11の収入が不十分な場合、金額の多い少ないは問わず、現金支給のほか医療扶助や介護扶助など現金を伴わない生活保護は受けていませんか。子どもや親族からお小遣いなどもらっていませんか。

> ⇒　ここでは、生活保護制度の各種扶助や親族等からのお金の援助を金銭的支援と捉

えることとします。被災者向けの医療費の減免制度など、一定の基準で一律に対象となるものや、お米の差し入れなどの現物は金銭的支援の対象外とします。収入の不足分を補う手立てがあるかを確認しましょう。

13　生活費の不安の訴えがある、または、家計管理ができない

食費や光熱水費のほか、子どもにかかるお金、介護や医療にかかるお金などの支払について不安の声が聞かれますか。

また、本人が経済的な不安を感じていない場合でも、生活支援相談員から客観的に見て、家計のやりくりができていますか。

⇒　生活費の不安の原因には、収入が少ないのか、支出が多いのか、金銭管理ができていないのか、借金の返済に追われているのか、さまざまな要因があります。生活費の不安があると必要な医療受診や介護サービスの利用を控えることもあります。解決策は、収入を増やす、弁当購入を控え自分でご飯を炊いて節約する、通信費を減らす、就学援助を受ける、貸付を利用するなど各ケースに応じて様々です。また、今、なんとか維持していても将来的に破たんの可能性のある家計もあり、長期的な視点も求められます。さらに、本人が生活費のやりくりについて不安を感じていない場合や、苦手さを自覚していない場合もあります。

専門的な知識も求められるので、生活困窮者自立支援事業、日常生活自立支援事業、生活福祉資金貸付事業など、社協の他部署や行政等他の支援機関と連携することが必要です。生活福祉資金の償還（返済）についても、担当者と協力しましょう。また、経済的な不安は自殺の原因にもなりますので、お金に関することは注意深く情報を集めておくことが必要です。

県の被災者相談支援センターでは、くらしとお金に関わる幅広い知識を持つ専門家（FP：ファイナンシャル・プランナー）による無料相談も行っているので、必要に応じて情報提供しましょう。

C　社会的な関わりの維持

14　近隣住民との関わりがある

ご近所さんとあいさつを交わすなど、近くに住んでいる方との接点はありますか。

⇒　仕事を辞めるなど高齢になるにつれて活動範囲や社会との接点が小さくなるため、ご近所との関わり度合いが生活の豊かさに大きく影響します。いざという時に、助けてもらったり異変に気付いたりするのも周囲との関わり度合いによります。孤立はうつ病の発症や自殺の原因にもなりますので、生活支援相談員としては、住民同士のつながりが持てるよう意識して活動しましょう。

15　1～2週間の間に定期的な通い先（勤務先、病院、サロン、趣味活動、デイサービス利用等）がある

1～2週間程度の中で定期的に外出する先がありますか。

⇒　仕事、通院、ラジオ体操、ご近所の集まり、介護サービス利用、友人・知人宅など場所や目的はさまざまです。外出先がないのか、足が不自由で出歩けないのか、その理由もさまざまですが、閉じこもりは孤立の心配があるほか、活動量の減少によって廃用症候群などの発症にもつながります。外出の機会が作れるよう支援しましょう。

16 買い物や通院等の移動手段がある

　買い物や通院するための移動手段（徒歩、自転車、バイク、自家用車、バス等）はありますか。同居親族に頼るしかなく、自由に外出できないというような状況にはありませんか。

　　⇒　自由に移動できる方法がないことは、生活に不便さを感じるとともに閉じこもりになり、周囲との接点がなくなって孤立することが心配されます。移動手段がない場合、利用できるサービス等について検討しましょう。

　　　　なお、本項目は、社会的な関わりに着目し“物理的な移動手段”の自由を問うものであり、精神的・身体的な理由によって外出が難しい場合には、「No.7　身体的・精神的な理由により引きこもりや閉じこもりがある」で捕捉します。

17 1～2週間の間に定期的な訪問や交流がある（別世帯の親族、友人・知人）
18 1～2週間の間に定期的な訪問や交流がある（民生委員・ケアマネ・公的機関の支援者等）

　1～2週間の間に、同居人以外の人と交流がありますか。それは、別に住んでいる子どもや親せき、友人・知人、趣味の仲間、ご近所の方ですか。民生委員や介護支援専門員、行政職員などですか。

　　⇒　孤立を防ぐために他者との関わりのあることが重要です。介護事業者等を含め公的な機関はサービスの利用や利用相談など業務としての接点が生まれますが、関わりの回数は限定的です。一方、個人的なつながりである親族や友人・知人、ご近所の方との交流は個人的な財産であり、関わりの頻度が多くなることも期待できます。特に、いざという時、身近にいるご近所の方が小さな異変に気づいてくれることがありますので、近隣の方とのつながりを持てるよう意識して活動しましょう。

19 生活上の相談事を話せる相手がいる、又は相談先を把握している

　生活支援相談員以外に、心配事など気軽に相談できる相手がいますか。または、どんな相談をどこにすればいいか、理解していますか。

　　⇒　一人で悩みを抱え込まないためには、信頼を寄せて相談できる相手が必要です。例え、今、困りごとがなくても、困りごとを抱えたときの相談先を知っていることは安心感につながります。生活支援相談員がいなくても、一人で抱え込まずに相談できるようになることを目指しましょう。

20 困った時に助けてくれる人（別世帯の親族、友人・知人）がいる
21 困った時に助けてくれる人（民生委員・ケアマネ・公的機関の支援者等）がいる

　緊急事態など「困った!!」というときに助けてくれる人はいますか。それは、別に住んでいる子どもや親せき、友人・知人、趣味の仲間、ご近所の方ですか。民生委員や介護支援専門員、行政職員などですか。

　　⇒　緊急事態の時にかけつけてもらい対応をお願いできる人はいるでしょうか。どんなに相談相手になっていたとしても、介護事業者を含め公的機関は夜間や土日の対応ができない場合も多いため、個人的なつながりを持てるように近隣住民との接点を探しながら関わりましょう。

22 行政や民生委員等、支援制度活用への不満や拒否感がある

　行政サービスの利用や生活保護の受給、介護保険サービス等の利用について、その対応への不満や拒否感がありますか。

　　⇒　過去の不快な経験や役所の世話にはなりたくないという思いなど、さまざまな理

由でサービスの利用を拒む場合があります。無理やり利用させることはできないので、必要なサービスや各種支援制度を使うためには、不満や拒否感を傾聴により和らげながら、本人が納得することができるよう支援しましょう。

23　行政や支援者等関係者に対する不信や怒りがある

行政や地域包括支援センター、介護保険事業者、社会福祉協議会など、支援者となりうる人に対して、不信感や怒りを感じていますか。

⇒　過去の不快な経験などから特定の人や特定の機関に対して不信感を持ったり、怒りの感情を持ち続けたりしている場合があります。他の受入れの良い機関を窓口として関係機関で情報共有することや、傾聴や関わりを続けていく中でその感情を解きほぐしていくことなど、工夫して関わりましょう。

24　生活支援相談員訪問時に面会ができる

生活支援相談員が訪問したときに、面会できますか。

⇒　就労など会えない理由がはっきりしていれば安心ですが、理由もなく会えない場合には、精神の不調なのか、周囲との関わりを拒否しているのか、一人で悩みを抱えて困っているのか、孤立していないか、死亡していないか、などあらゆる可能性があり心配な状況です。仕事を辞めていることもありますので、会えないことが長期間となる場合、孤立の見落としとならないよう、時間を変えた訪問やライフラインのメーターチェックなど生活感を観察し、他機関との連携や住民からの情報などを駆使して状況把握に努めましょう。

| D　震災に起因するストレス等 |

25　震災で大切な人を亡くした大きな悲しみ、喪失感がある

震災で家族や友人など関わりの深い方を亡くしていませんか。その悲しみや喪失感は少しずつ受け入れたり、消化したりして、うまく付き合えていますか。

⇒　誰かに話すことで少しずつ気持ちが整理できる場合があり、生活支援相談員としては傾聴することができます。ただし、喪失感などが大きい場合は口に出すこともできないこともあるので、無理に話させることは控えましょう。うつ病を発症することもあるので、必要に応じて保健師を通じて医師やこころのケアセンターに繋ぐことを検討しましょう。

26　仮設住宅の集約の予定がある、又は転居先・再建先が未定である

今住んでいる仮設住宅が集約される予定がありますか。仮設住宅やみなし仮設住宅の供与終了を控え、その後の転居先・再建先（新築、中古住宅購入、民間賃貸住宅へ入居、災害公営住宅へ入居など）は決まっていますか。

⇒　望まない引越しが予定されていることや終の棲家が決まっていないことは、お金のやりくりや新しい人間関係を作ることへの不安、早く決めなければいけないという焦燥感、引越しの段取りや手続などこまごまとした判断の連続、人生を左右する大きな決断など、相当なストレスとなることが考えられます。

その不安などを傾聴したり、迷う気持ちに寄り添う支援を行いましょう。

27　住環境の変化や近隣住民との新たな関係づくりの不安やストレスがある

仮設住宅の集約、災害公営住宅への入居、住宅の再建など自分自身の住環境の変化にうまく対応できていますか。また、自分や周辺住民の移動による変化で、近隣住民との新た

な人間関係をつくるに当たり、不安やストレスなどがありますか。

⇒　多くの住民が集合住宅での暮らしや高台移転などは初めての経験です。玄関の扉が重い、エレベーターが遠い、階段を使って階下に降りられない、周囲の生活音が聞こえず孤独感が増すなど住環境の変化で外出の機会が減って閉じこもりがちになったり、ストレスを感じたりすることがあります。

また、住まいの移動で、顔見知りが一変し新たな人間関係をゼロから作り直すことは相当のエネルギーを費やすことです。せっかくうまくいったと思っても、お互いを知らない分、ちょっとした行き違いで関係が壊れることもありますので、生活支援相談員は傾聴によって気分を和らげたり、住民同士が繋がるきっかけを作ったりする活動を心がけましょう。状況に応じて、コミュニティづくりに関わっている支援者同士で情報共有することも検討しましょう。

28　震災で失った住宅や車のローンが残っている

⇒　経済的負担のほか、手元にないもののローンを支払い続ける心理的負担もあります。自宅を再建した場合には、二重ローンとなり経済的負担は大きくなります。震災前のローンが生活再建の支障となる場合には、「被災ローン減免制度（※）」について情報提供しましょう。

※　「被災ローン減免制度」とは、破産手続などの法的な手続によらずに一定の要件の下、震災前に借り入れた債務の減免を受けることができる制度です（正式名称：個人債務者の私的整理に関するガイドライン）。

29　再建した住宅のローン、家賃や共益費等の滞納や支払不安がある

新築や中古住宅購入によって再建した住宅のローンや、災害公営住宅・民間賃貸住宅等の家賃・共益費・自治会費等について、滞納や支払不安はありますか。

⇒　震災がなければ発生しなかった経費です。災害公営住宅の家賃は、上限はあるものの年数の経過とともに値上がりする仕組みであり、扶養している子どもの独立などで収入額が変わらなくても家賃算出に当たり収入として認定される額が増える（※）ことにより家賃が高くなる場合もあります（※親族控除等がなくなることによる）。ローンや家賃の支払は経済的にも心理的にも負担となりますので、生活困窮に陥ったり、自殺の原因となったりしないよう、注意深く観察しましょう。また、家計の見直し等により状況が改善する可能性もあるため、項目 No.13 と同様、ファイナンシャル・プランナーによる無料相談について情報提供しましょう。

なお、個人の考え方により、共益費や自治会費を支払わない場合もあるかもしれませんが、周囲からの孤立を生まないよう様子をみましょう。

E　上記以外に生活支援相談員による支援が必要な事項または関係機関との調整により支援が必要な理由等（自由記述）

30　・・・

上記 A 〜 D のカテゴリ以外に配慮すべき事柄や、他の関係機関と見守り区分の調整を行っている場合に、その影響で生活支援相談員業務における支援度判断を上げたり下げたりする必要があるなど、上記でカバーしきれないことを記述し、支援度を判断します。

⇒　A 〜 D の支援度が低い場合、ここに記述した課題が解決すれば支援終了とすることができます。

また、孤立や自殺念慮（死にたい、消えたい、いなくなりたい、生きている意味がない、まだお迎えが来ない、死んだら〇〇に会えるかしらなど、死を思い起こさせる発言）など心配されることも記載し、注意を払いましょう。

資料3　生活支援相談員研修事業（岩手県社会福祉協議会主催）の変遷

年度	時期	内容
23	8月	○第1回生活支援相談員研修会 ・講義「東日本大震災と岩手県における取組み」 ・講義「生活支援相談員に期待するもの」 ・講義「被災者・要援護者のニーズの理解」 ・講義「訪問活動の進め方」 ・グループ別演習「初回訪問時の面接演習」 ・講義「生活支援相談員活動に求められるもの～新潟県中越沖地震の経験から～」 ・グループ別演習「継続訪問時の演習」 ・総括「支援上のポイント」 ・講義「被災者に起こりやすい、心身・生活上の障がいや疾病等」 ・講義「地域における自殺予防対策について」 ・講義「仮設住宅で想定される弱者被害の防止策（県警）」 ・講義「住民同士のつながり、地域の福祉活動の支援（地域支援）のすすめ方～個人・世帯の支援から地域福祉への展開～」 ・講義「世帯支援、個別支援、地域支援における記録のとり方」 ・被災者への生活支援と地域福祉活動～管理職に求められる視点と役割 ○地区別研修 ・講義「生活支援相談員事業の位置付け」 ・講義・実技「高齢者の体調不良の接し方」 ・講義「住民同士のつながり、助け合いの活動の支援（地域支援）の進め方」
	10月	○第2回生活支援相談員研修 ・講義「訪問活動の進め方」 　　（生活支援相談員の職務、全戸訪問と個別訪問、訪問で何をするか、訪問できない際の支援） ・講義「相談援助面接の基本～対人援助の基本的な視点、知識、技術、態度」 ・講義「被災地における女性支援の視点と実際」 ・講義「生活支援相談員に期待するもの」 ○管理職研修会 ・講義「生活支援相談員に期待するもの」 ・講義「仮設住宅居住者の社会的孤立を防ぐ取組み」 ・講義「管理職に求められるスーパーバイズ入門」 ・講義「伸びる組織を支える職員と管理職の関係を築くために」 ・講義「管理職が担う生活支援相談員のためのメンタルヘルス対策」 ・講義「岩手県内の自殺予防対策の取組み」 ・事例演習「困難事例の助言指導のポイント」
	12月	○現地研修 ・事例検討会

年度	時期	内容
24	6月	○実践力向上研修 ・講義「医療的支援を要する方の状態把握のための基礎知識」 ・講義・演習「医療的支援を要する方への生活支援の視点と関係機関との連携のポイント」 ・講義「生活支援相談員に求められる視点〜活動の成果と今後の展開〜」 ・グループワーク ・講義「事例検討の意義と進め方」
	7月	○管理業務従事者研修 ・メンタルヘルス ・職場研修と福祉人材育成
	10月	○実践事例研修 ・事例検討会
	12月	○実践力向上研修 ・医療的支援を要する方への生活支援の視点と関係機関との連携 ・生活支援相談員に求められる視点
25	7月	○管理職のためのスーパーバイズ研修 ・社協における相談援助部門の強化と生活支援相談員の位置付けにみる管理的職員の立ち位置 ・生活支援相談員を支援するための社協組織のマネジメント ・生活支援相談員の活動を発展させるための視点 ○新任研修 ・対人援助の基礎知識 ・生活支援相談員の役割と求められる力
	10月	○活動研究会 ・生活支援相談員活動を振り返り、これから果たす役割を考える ・アウトリーチと解決力の実践 ・復興に向かう中での自死対策と対応方法 ・生活課題を解決する力を高めるワークショップ
	12月 1月	○現地研修 ・事例検討会
26	4月	○現地研修 ・事例検討 ・講義「事例検討の意義と相談力の高め方」 ・講義「事例の振り返りと生活支援相談員による住民支援の方向性」
	5月	○新任研修 ・講義・演習「生活支援相談員の役割と対人援助の基礎知識」

年度	時期	内容
26	9月	○活動研究会 ・事例発表 ・講義「被災地において復興格差が生じる中での住民支援の方策〜長期化する 　　　応急仮設住宅での生活がもたらす生活課題への対策〜」 ・ワークショップ「住民支援の方向性を考える」
	2月	○スーパーバイズ研修 ・講義・演習「スーパーバイズの機能」 ・講義・演習「所属組織とスーパーバイザーの役割」 ・演習「模擬事例検討」
27	4月	○新任研修 ・講義「社会福祉協議会は何を目的とする組織なのか」 ・講義・演習「対人援助技術の基本を身に付けよう」
	7月	○現地研修 ・講義・演習「私は、誰に対して、どこで、何をしているのか？〜日頃の相談 　　　対応を振り返ってみよう〜」 ・講義「住民を支えるための生活支援相談員のあり方」 ・事例検討
	10月	○活動研究会 ・事例発表「新たな支援体制の構築に向けて」 （災害公営住宅内拠点での活動・協議体設立による被災者支援・行政との協 定締結） ・講義「被災者の自殺予防と支援者のメンタルヘルス」 ・講義「支援者が支え合うために」 ・講義「"一歩先"を考えた支援のために」 ・事例検討「これからの支援方策を考える」 ・講義「各事例への助言コメント」
	1月	○生活支援相談員等統括担当者のための人材育成研修 ・講義「スーパービジョンの機能」 ・演習「所属組織におけるスーパーバイザーの役割」 ・講義「事例検討の意義」 ・演習「事例検討」
28	5月 6月 8月 9月	○現地研修 ・講義・演習「複雑・多様化する被災者の生活課題に合わせた支援を進めるた 　　　めに必要なこと〜事例検討とは何か・なぜ必要か〜」 ・事例検討・講義
	11月	○活動研究会 ・講義「災害公営住宅を中心としたコミュニティづくりから学ぶ」 ・演習「復興期に目指すべき生活支援相談員の役割と住民や地域への関わり方」 ・事例検討「これからの支援方策を考える」 ・講義「復興期に目指す地域の姿について」

年度	時期	内容
28	1月	○生活支援相談員等統括者研修 ・講義「スーパービジョンの機能」 ・演習「被災者や地域支援に関するスーパーバイザーの役割」 ・行政説明「岩手県東日本大震災津波復興計画・復興実施計画(第3期)について」 ・事例検討
29	4月	○新任研修 ・講義「社協と生活支援相談員の役割を学ぼう」 ・実践発表「先輩に聞く!生活支援相談員活動について」 ・体験「対人援助技術のポイントを知ろう」
	5月 6月 8月	○現地研修 ・講義「住民同士のつながり形成支援・地域の福祉活動支援の進め方〜目の前の要援助者個別の困りごとや課題を、地域の課題として捉える視点をもつ〜」 ・事例検討 ・講義「戦略的なアセスメントの進め方〜世間話や立ち話で終わらせない。目の前の要援助者の根底にある課題を浮かび上がらせるために、どんなアセスメントが必要か〜」 ・事例検討 ・まとめの講義
	8月	○第2回新任研修 ・講義・演習「対人援助の基礎知識・対人援助技術の基本を学ぼう」 ・情報交換「日頃の活動について情報交換しよう」
	11月	○活動研究会 ・報告「東日本大震災被災者実態調査報告」 ・講義「事例検討にむけて」 ・講義・演習「今後必要になる生活支援相談員の視点〜再建期における支援とは〜」 ・事例検討「課題と具体的支援策を考える①」 ・事例検討「課題と具体的支援策を考える②」 ・講義「多機関と連携した支援とは〜事例検討から学ぶこと」 ・講義「心のケア視点からみる相談支援活動」
	1月	○生活支援相談員等統括者研修 ・説明「地域支援と生活支援相談員への期待」 ・実践報告「市町村社協が実施する生活支援事業の役割」 ・講義「生活支援相談員事業との連携を考える」 ・講義「スーパーバイズにおける事例検討の意義と方法」 ・事例検討①、②
30	4月	○第1回新任研修 ・講義「社協と生活支援相談員の役割を学ぼう」 ・実践発表「先輩に聞く!生活支援相談員活動について」 ・体験「対人援助技術のポイントを知ろう」 ・情報交換

年度	時期	内容
30	5月 6月	○現地研修 ・講義「支援対象者の置かれた状況を理解するために」 ・事例検討 ・まとめの講義
	8月	○第2回新任研修 ・講義・演習「対人援助の基礎知識・対人援助技術の基本を学ぼう」 ・情報交換「日頃の活動について情報交換しよう」
	11月	○活動研究会 ・報告「アセスメントの集計結果について（速報値）」 ・講義「今どういう時期なのか、現状を把握する」 ・事例検討「課題と具体的支援策を考える①」 ・講義「収束期の対応について」 ・事例検討「課題と具体的支援策を考える②」 ・演習・講義「再建後の生活支援相談員の関わり方」
	1月	○被災者生活支援事業推進会議及び生活支援相談員等統括者研修 ・説明「これからの被災者支援について」 　（復興庁岩手復興局・県地域福祉課・県社協） ・講義「収束期の対応について」 ・講義「社協として先を見据えた新たな支援展開について」 ・情報交換 　（収束期を見据えた各社協の課題、新たな支援展開をいかにつくるか、生活支援相談員に対するケア　等
31 （令和元）	4月	○第1回新任研修 ・講義「社協と生活支援相談員の役割を学ぼう」 ・実践発表「先輩に聞く！生活支援相談員活動について」 ・演習「対人援助技術のポイントを知ろう」
	6月	○現地事例検討会 ・講義「個と地域の一体的な支援に取り組むために」 ・事例検討 ・まとめの講義
	7月	○第1回ファシリテーション研修 ・講義・演習「場づくりと意見を引き出す技術」
	8月	○スキルアップ事例検討 （第1部） ・ディスカッション ・講義「この時期における事例検討の目的と進行役の役割」 ・演習・事例検討① ・演習・事例検討② ・まとめの講義 ○第2回ファシリテーション研修 ・講義・演習「論点を整理する技術」

年度	時期	内容
令和元	9月	○第2回新任研修 ・講義「対人援助の基礎知識・対人援助技術の基本を学ぼう」 ・演習「対人援助の基礎知識・対人援助技術の基本を学ぼう」 ○第3回ファシリテーション研修 ・講義・演習「まとめる合意形成の技術」
	11月	○活動研究会 ・講義「個と地域の一体的な支援に取り組むために」 ・事例検討① ・事例検討② ・事例検討③ ・講義「収束期の対応について」
	1月	○統括者会議・研修 ・説明「これからの被災者支援について」 ・情報交換①「東日本大震災からの9年」 ・講義①「生活支援相談員活動9年の歩みと被災者支援の未来予想図」 ・講義②「生活支援相談員活動から社協活動への展開」
令和2	7月	○第1回ファシリテーション研修 ・講義・演習「場づくりと意見を引き出す技術」
	8月	○第2回ファシリテーション研修 ・講義・演習「論点を整理する技術」 ○現地事例検討会 ・講義「個と地域の一体的な支援に取り組むために」 ・事例検討 ・まとめの講義 ○新任向け研修（市町村社会福祉協議会職員基礎研修と統合） ・講義①「社協の組織運営と求められる職員像」 ・講義・演習②「職業人の心得と仕事の基本」「お客様への接遇、電話・メール等の対応」 ・講義③「社協の基本的理解」 ・取組報告「私の社協活動」 ・講義④「社協の災害対応」 ・講話「伸びる社協職員の心得」
	9月	○第3回ファシリテーション研修 ・講義・演習「まとめる合意形成の技術」
	3月	○活動研究会 ・講義①「岩手県の生活支援相談員活動9年半の歩みを振り返る」 ・実践発表 ・講義②「第2期復興・創生期間の被災者支援、地域支援の方向性」 ・講義③「被災者支援のこれからと生活支援相談員へのメッセージ」 ○座談会「生活支援相談員活動を振り返る」

むすびにかえて
震災から10年、岩手県の軌跡を、地域共生社会実現における
市民ソーシャルワーク実践の礎に

あの日から、10年が経ちました。

当時の筆者は、全国社会福祉協議会（以下、社協）の予算対策、制度政策への対応や広報の再構築担当を命じられ局内外のさまざまな連絡調整を果たそうと数年が経っていました。

震災により、局内では災害対策本部が立ち上げられ、毎日会議に出席し、各地の被災状況の確認、市町村社協の状況、災害ボランティアセンターの設置の方向性などを収集し、総務部や地域福祉部ボランティア・市民活動振興センターとともに、広報室長としてマスコミにも対応するという日々が続きました。とはいえ、新霞が関ビルのデスクでパソコンを前に、あるいは、先遣隊の全社協職員、災害ボランティア活動支援プロジェクト会議（以下、支援P）のメンバーの報告を聞くばかりで、現地はどうなっているのかもう少し知りたい、何か現地の役に立ちたいと、私のなかのボランティア精神が沸きあがりました。

そこで、全社協の被災地社協への出張命令を前に、社会福祉法改正前より社会福祉法人における公益的活動を積極的になさっている青森県の社会福祉法人宏仁会の長根祐子理事長のお力を借り、山崎美貴子先生、蛭江紀雄先生（広島県）らと共に陸前高田市の広田町泊地区の慈恩寺（避難所）を訪問し、都賀潔子さん（当時、全社協）、諏訪徹さん（当時、厚生労働省）、阿部陽一郎さん（中央共同募金会）と合流します。実際、テレビで見るだけでは想像もつかない姿を目の当たりにし、そこで活動をする炊き出しボランティア、避難所に身を寄せた吉田千壽子さんら地域の方々、慈恩寺住職古山敬光さんの姿を見て、これからも被災している方々が許してくださるならば、そばにいたいと願い、陸前高田市社協につなぐまで、山崎先生、長根さんと何度も通いました。

震災直後から数か月、マスコミから全社協への問い合わせは、現地のボランティアの受け入れ態勢や、実際の受け入れ状況などに対する批判的な取材も含め混乱を極めました。それは、ライフライン自体がまだ不十分なこと、マスコミも災害ボランティアの報道に慣れていないこと、そして、本書にもあるように各地の社協で災害ボランティアセンターの設置環境、受け入れ環境も十分ではなく、運営も未経験なことが重なり、県外から押し寄せてくるボランティアの力が、かえって現地を疲弊させることになってしまっていました。

そこで、筆者は、全社協のデスクから、マスコミの問い合わせに対し「支えたい気持ちを胸に、もう少し現地の状況に気持ちを寄せて」とコメントし、それが新聞で掲載されたほか、全社協職員が発信した情報は、新聞、NHK、嵐の櫻井翔さんがキャスターを務める日本テレビの夜のニュース番組などでたびたびと取りあげられました。だんだんとメッセージが伝わっている、という実感を得たことを鮮明に記憶しています。それが、現在の災害時のボランティアの報道に活かされているのは言うまでもありません。

　その後、筆者は、若い頃7年間配属された全社協地域福祉部での市町村社協や市民活動の支援担当の職務経験を活かし、被災3県における研修計画、訪問時のアセスメントシートのガイドライン等を開発し、『生活支援相談員の手引き』（全社協）を山崎美貴子先生、故・奥川幸子さん、渡部律子先生のお力を借りて編集しました。

　また、全社協職員が各県社協の支援を行うこととなり、岩手県社協に向かったのは全社協の石井信祥（当時、地域福祉部）さんでした。その後、岩手県社協で生活支援相談員の配置準備、特に研修の準備期に至り、石井さんからバトンタッチしました。この間、筆者と社協の入職時期と年齢が同じ、そして、新潟県中越地震で大活躍した親友である長岡市社協の本間和也さんに相談し、山崎先生、岩手県のメンバーと山古志にも行きました。さらに、縁あって、淑徳大学に奉職する話があった際、全社協の職員としての立場を離れることで、引き続き岩手県での生活支援相談員とかかわる機会となることを願い、結果そうなって今日に至っています。

　被災者支援において、かかわった人誰もがそう感じ、行動した一瞬があったのではないか、と思うことがあります。

　それは、被災者支援において、支援する側は、当人ができうる、持ちうるすべてを差し出そうと思う瞬間があるのではないかということです。福嶋美奈子さんは山口から福島県に生活支援相談員のフォローに身を投じました。筆者は、生活支援相談員の研修の企画内容を考えた折、実際に目にした岩手県沿岸部すべての情景や喪失感等さまざまな風景を心と体に感じながら、生活支援相談員は福祉の専門職ではなく、そこに暮らす住民、周辺に暮らす住民で多くを占めるのではないか。そうした生活支援相談員が受け止めるさまざまな相談は、専門職でも言葉に詰まってしまうような、解決策がすぐには見いだせないような声を聴くことになるのではないか。そうであれば、単に専門機関や行政につなぐ、そして地域づくりのための活動をするということだけを生活支援相談員の役割とするのでは行き詰まることがあるのではないか。そうであ

るならば、即効性のある、手当てができるような研修でないと、生活支援相談員も生活支援相談員を支える県社協や市社協の役職員もつらい思いを自らの心のなかに積み重ねてしまうのではないか、と僭越ながら予見したのです。

　そこで、筆者の経験知のなかで、もっとも有効で、もっとも癒される経験を実感できる、山崎先生の事例検討会を岩手県社協の生活支援相談員の研修会に組み込んでいただくよう提案しました。山崎先生の事例検討会は、私が21歳のとき、宿所提供施設塩崎荘（大迫正晴さん、寺内知子さん、小川一幸さん、東京望みの門の目黒眞理さんら）によりほぼ毎月実施され、形を変えて30年を経て現在も続いているもので、生活困窮、社会的孤立、権利擁護といった現代の生活課題の諸相をリアルに映し出すような時間です。個人、家族の多様な生活問題、そして地域社会の矛盾を体現させるような課題に、ちょっとましな生活を考え、小さなゴールを作りながら、ネットをかけながら、真正面から利用者と向き合うソーシャルワーカーのかかわり方、支援のネットワークの作り方、社会資源の作り方を学ぶ機会です。

　筆者のこの経験があったからこそ、全社協地域福祉部では地域福祉権利擁護事業における「中央ケースカンファレンス」（2000（平成12）年、福祉基礎研修として国庫補助事業化）や、市民が主体となって地域福祉サービスを展開する「住民参加型在宅福祉サービス」におけるコーディネーター養成（1996（平成8）年）において実際の事例を組み込んだ研修を企画し、各種研修で事例を取り扱う必要性を全国発信することができたのです。

　山崎先生の事例検討会は、岩手県社協が進める生活支援相談員への継続研修における、悩み、傷つきながら活動する生活支援相談員の応援策として、必ずやその仕事内容の充実や被災当事者でもある支援者の感情にも手当てができると、当時の根田秋雄地域福祉企画部長にご理解いただきました。本格的な研修の実施では、和山亨さん、田澤晶子さんが事例集の刊行も含め尽力されました。そして、現在は宇土沢学事務局長、斉藤穰地域福祉企画部長と生活支援相談員でもある佐々木美樹さんらが生活支援相談員の市町村社協支援を中心に担ってくださっています。生活支援相談員の活動事例集を毎年作成することも他県社協ではみられないことで、画期的なことです。

　市町村社協の生活支援相談員、事務局長、課長・係長、地域福祉担当職員との出会いも多くありました。始めは生活支援相談員にとっては、浅学菲才の筆者が話すことがさっぱりわからなかったというのも本音かと思います。課長・係長、担当職員においても同様だったと思います。しかし、拒絶されることなく、むしろ、受け入れてくださり、事例を毎回提供くださる生活支援相談員や地域福祉担当職員、ときには事務

局長と多くの時間を共有し、関係を深めました。そうして、次に会うことを心待ちにし、あるいは、落ち込んでいるという情報を得た生活支援相談員や社協職員の会いに行きたいという感情もたびたび実感した10年間でした。

　また、いつまでも被災者ではない、被災地域ではないと徐々に感じながら、平時の体制に戻るなかで、地域包括ケア、権利擁護、生活困窮者支援、地域共生社会の実現に向けて市町村社協の地域福祉戦略に取り組み始めた沿岸社協の方もいらっしゃり、そうした相談、事業等を共にする機会をいただきました。結果、数えなかったのですが、この10年間の岩手県の訪問は感謝しかありません。

　震災から10年が経ち、これまでの生活支援相談員の取り組みを可視化し、次の災害の備え、学び合うことができる実践書づくりはやはり必要だということが、岩手県社協、生活支援相談員を統括する市町村社協職員、そして生活支援相談員さんの全体の空気のなかで、誰ともなく沸きあがり、本書は刊行の運びとなりました。

　本書刊行の実現をけん引してくださったのは、震災前より仕事をさせていただいている、右京昌久岩手県社協事務局長（当時）のご理解と行動によるものです。本書は2019（令和元）年春頃より構想され、打ち合わせを重ねました。特に、同年8月には、三陸鉄道のレトロ車両を貸し切り、長年生活支援相談員をされた方、右京局長をはじめとした岩手県社協職員、山崎先生、中央法規出版の寺田真理子さん、筆者とで釜石駅から盛駅間の往復のなかで、涙、涙、笑いの交流・意見交換をし、本書のイメージをふくらませました。2020（令和2）年初頭より本格的な企画と執筆依頼が始まり、あの日からのことを思い出し、つらく、筆の運ばない日も重ねながら執筆いただきました。全社協時代からの親しい同僚で、現在厚生労働省の玉置隼人地域福祉専門官にもご協力いただきました。編集においては寺田さんに多くの時間を費やしていただきました。本書の刊行にあたり、執筆者の皆さまに特に感謝申しあげます。

　執筆者一覧に掲載されている以外の生活支援相談員さん、社協役職員の皆さま、民生委員・児童委員の皆さま、社会福祉法人の皆さま、地域の自治体、NPO、その他関係機関、大学等教育研究機関の先生方、そして、ブロック派遣で定期的、長期に活動した全国の都道府県・指定都市、市区町村社協職員の方々、支援Pの方々、特に岩手県社協の役職員の皆さまなど、お一人おひとりの名前をここに記し、心からの感謝を述べたい気持ちでいっぱいですがそれが叶わぬことをお許しください。

　岩手県の生活支援相談員は、わかちあう人、つなぎ合う人、一緒に涙を流す人、共に喜ぶ人だったのではないかと山崎先生はおっしゃいました。生活支援相談員は、こ

れからも、もう少し続けていくことは必要で、また、一方で、生活支援相談員が終了した後も、地域共生社会をめざす住民同士のたすけあいを育む福祉コミュニティづくりのなかで、その精神と行動が別の形でも根付いていくことを願っています。

　今を生きるということ、決してきらびやかではないけれども「生きる」ということ。被災者の呻き、悲しみ、生活問題を知ることは、つまり、苦しみの終わらせ方を見つけることでもあるということを被災者と共に体現してきた生活支援相談員は、東日本大震災津波を経験した岩手県民の皆さんが生活に向き合う態度そのものだったのではないかとも思うのです。

　生きていくということを、生活支援相談員自体も突き付けられた10年でした。「声にならない声に寄り添い、共に沈黙のなかで、涙だけがあふれ、強く握りあった手の感覚。言葉にしなくても、目と目を見つめあっただけで思いが通じたり、心を通わせたり。その反対のこともたくさんありました。どのすべても宝物の10年間でした！新型コロナウイルスにより世の中の人、孤独化してしまう。本当につらいのは人とのつながりがないこと。この危機的状況を乗り越えた先に明るい未来が待っている。それを10年かけて私たちは学んできました。人生とは大変な人間関係。それでも私は幸せの花の種をまきますよ！」と大船渡市社協の生活支援相談員である今野智子さんは言います。私たちはあったらいいなと思える、小さな社会資源をたくさん作りながら、住みたい地域に住民主体の種をまいていく。生活支援相談員は、参加と協働の地平の一端を担った、地域福祉実践者の一人として、地域福祉の歴史にその名を刻んだのではないかと思ってならないのです。

　岩手県の生活支援相談員を支える県社協の活動の10年において、山崎先生の存在なくしては今日に至っていなかったと思います。編者を代表し、生活支援相談員の皆さんの気持ちを代弁し、日頃の公私含めた長年の感謝も込めて、日本の社会福祉実践者、ボランティア・市民活動者みんなのソーシャルワークの母である山崎美貴子先生にここ深くお礼申しあげます。

　本書が時代の記録として、記憶に残ることを願ってやみません。

編著者を代表して
山下　興一郎

編著者、執筆者及び執筆分担

◆ **編著者**

山崎美貴子 (やまざき・みきこ)
　現・東京ボランティア・市民活動センター所長
　元・明治学院大学副学長、神奈川県立保健福祉大学学長

山下興一郎 (やました・こういちろう)
　現・淑徳大学総合福祉学部准教授
　元・社会福祉法人全国社会福祉協議会広報室長

社会福祉法人岩手県社会福祉協議会

◆ **執筆者及び執筆分担** (50音順)

赤石友子 (あかいし・ともこ) …… 第1部第5章第3節8
　滝沢市社会福祉協議会

阿部寛之 (あべ・ひろゆき) …… 第1部第1章第2節2
　山田町社会福祉協議会

有原領一 (ありはら・りょういち) …… 第1部第1章第2節1、第5章第2節1
　宮古市社会福祉協議会

伊藤　勉 (いとう・つとむ) …… 第1部第1章第2節4、第5章第2節4
　大船渡市社会福祉協議会

伊藤美子 (いとう・よしこ) …… 第1部第4章第2節2、第5章第3節2
　山田町社会福祉協議会

右京昌久 (うきょう・あつひさ) …… 第1部第1章第1節、第5章第1節
　岩手県社会福祉協議会福祉サービス運営適正化委員会

浦田大輔 (うらた・だいすけ) …… 第1部第3章第2節2
　大槌町社会福祉協議会

岡澤真理子 (おかざわ・まりこ) …… 第1部第4章第2節4
　大船渡市社会福祉協議会

川端伸哉 (かわばた・しんや) …… 第1部第5章第2節3
　大槌町社会福祉協議会

菊池律子 (きくち・りつこ) …… 第1部第1章第2節7
　遠野市社会福祉協議会

菊池　亮 (きくち・りょう) …… 第1部第1章第2節6、第5章第2節5
　釜石市社会福祉協議会

黒澤　寛 (くろさわ・ひろし) …… 第1部第5章第2節2
　山田町社会福祉協議会

斉藤　穣 (さいとう・ゆたか) …… 第1部第4章第3節
　岩手県社会福祉協議会

坂庭たか子（さかにわ・たかこ）…… 第1部第4章第2節3
　大槌町社会福祉協議会

坂本道子（さかもと・みちこ）…… 第1部第5章第3節4
　大船渡市社会福祉協議会

佐々木直美（ささき・なおみ）…… 第1部第5章第3節3
　大槌町社会福祉協議会

佐々木伸子（ささき・のぶこ）…… 第1部第4章第2節1
　宮古市社会福祉協議会

佐藤尚子（さとう・なおこ）…… 第1部第3章第2節5
　陸前高田市社会福祉協議会

高橋洋子（たかはし・ようこ）…… 第1部第5章第2節7
　遠野市社会福祉協議会

瀧澤　恵（たきさわ・めぐみ）…… 第1部第5章第2節3
　大槌町社会福祉協議会

田澤晶子（たざわ・あきこ）…… 第2部第3章第2節
　岩手県社会福祉協議会

玉置隼人（たまき・はやと）…… 第2部第1章第2節
　厚生労働省 社会・援護局 地域福祉課

土橋眞由美（どばし・まゆみ）…… 第1部第3章第2節4、第5章第3節5
　釜石市社会福祉協議会

飛澤友香利（とびさわ・ゆかり）…… 第1部第3章第2節1、第5章第3節1
　宮古市社会福祉協議会

永澤龍子（ながさわ・りゅうこ）…… 第1部第3章第2節3
　大船渡市社会福祉協議会

新田和代（にった・かずよ）…… 第1部第4章第2節5、第5章第3節6
　釜石市社会福祉協議会

松本崇史（まつもと・たかし）…… 第1部第5章第3節7
　陸前高田市社会福祉協議会

安田留美（やすだ・るみ）…… 第1部第1章第2節6、第5章第2節6
　陸前高田市社会福祉協議会

山崎美貴子（やまざき・みきこ）…… 序章第1節、第1部第3章第2節、第4章第2節、第2部第2章
　再掲

山下興一郎（やました・こういちろう）……第1部第2章、第3章第1節、第4章第1節、第5章第4節、
　再掲　　　　　　　　　　　　　　　　第2部第1章第1節、第2章、第3章第1節、むすびにかえて

渡辺賢也（わたなべ・けんや）…… 第1部第1章第2節3
　大槌町社会福祉協議会

和山　亨（わやま・とおる）…… 第1部第2章第2節、第2部第1章第1節、第3章第1節
　岩手県社会福祉協議会

岩手県における
生活支援相談員の活動と地域福祉
東日本大震災からの 10 年「誰一人、独りぼっちにしない」

2021 年 3 月 31 日　発行

編　著	山崎美貴子・山下興一郎・ 社会福祉法人岩手県社会福祉協議会
発行者	荘村明彦
発行所	中央法規出版株式会社 〒110-0016　東京都台東区台東 3-29-1　中央法規ビル 営　　業　TEL 03-3834-5817　FAX 03-3837-8037 取次・書店担当　TEL 03-3834-5815　FAX 03-3837-8035 https://www.chuohoki.co.jp/
印刷・製本	大日本印刷株式会社
本文デザイン・装幀	株式会社ジャパンマテリアル

ISBN978-4-8058-8292-4